AF552011

S. FISCHER

RALF KONERSMANN

Welt ohne Maß

S. FISCHER

Aus Verantwortung für die Umwelt hat sich der S. Fischer Verlag zu einer nachhaltigen Buchproduktion verpflichtet. Der bewusste Umgang mit unseren Ressourcen, der Schutz unseres Klimas und der Natur gehören zu unseren obersten Unternehmenszielen. Gemeinsam mit unseren Partnern und Lieferanten setzen wir uns für eine klimaneutrale Buchproduktion ein, die den Erwerb von Klimazertifikaten zur Kompensation des CO_2-Ausstoßes einschließt.

Weitere Informationen finden Sie unter: www.klimaneutralerverlag.de

Originalausgabe
Erschienen bei S. FISCHER

Satz: Dörlemann Satz, Lemförde
Druck und Bindung: GGP Media GmbH, Pößneck
Printed in Germany
ISBN 978-3-10-397473-7

INHALT

SCHLUSS

Wer zu schnell oder zu langsam liest,
versteht nichts.
Pascal, *Pensées* (41/69)

EINLEITUNG
Was ist das Maß?

Die Kultur des Maßes – »Genug ist nicht genug« – Ein ökologischer Hochbegriff – Vom Zauber der Zahl – Der Ruf nach Abhilfe

Alles beginnt mit dem Maß. Kaum sind wir geboren, werden wir auch schon auf die Waage gelegt, werden unsere Maße genommen und von flinken Fingern in die Datenbank eingegeben.

Die ersten Maße, denen wir begegnen, sind Messwerte und Zahlen. Aber das ist nicht alles. Schon wenig später lernen wir das Maß des Handelns, des Wägens und Urteilens kennen: als Verhaltensvorgabe und Orientierung. All dies ist in Reichweite, wenn wir vom *Maß der Dinge* sprechen.

Zwei Anwendungsbereiche ragen heraus. Da ist zum einen die Praxis des Messens und der messenden Wissenschaften, die uns die Welt in ihren Proportionen und physikalischen Einheiten zeigt, als ein berechenbares, zahlenmäßig erfassbares Ganzes. Dem gegenüber stehen die Anforderungen der Alltagsmoral, wo es Abwägungen vorzunehmen und Entscheidungen zu treffen gilt, die, wenn sie angemessen sind, Bestand haben. Eine Moral, die gelebt und von Dauer sein will, verlangt nicht Rechenkünste und *Maße,* sondern etwas anderes, ungleich Einfacheres: ein *Maß.*

So wäre also, dem ersten Eindruck nach, der Begriff des Maßes ein Homonym – dasselbe Wort, doch grundverschiedene Verwendungsweisen. Aber dieser Eindruck täuscht. Für die längste Zeit der europäischen Geschichte waren Maß und Maße, Ethik und Technik, Moral und Wissen zwei Seiten ein und derselben Medaille. Es galt, sich nicht bloß hier oder da, sondern überhaupt und ganz generell an das Maß zu halten – an das, was sowohl sachlich als auch sittlich geboten ist. Die Geschichte des Maßes erzählt davon, wie dieses Verhältnis wechselseitiger Bestätigung von Maß und Maßen einmal gedacht und gesichert war, unter welchen Umständen es dennoch zerbrach und welche Konsequenzen das Auseinandertreiben der einmal getrennten Begriffswelten nach sich zog.

Wie all diese Geschichten – die Geschichten der Gedankenfiguren, der Theorien und Ideen – erzählt auch diese vom Verhältnis des Menschen zu seiner Welt: von Absicht und Einsicht, von Aufklärung und Verblendung, vom Entgegenkommen und Entgleiten der Dinge.

Die Kultur des Maßes – Der alteuropäische Begriff des Maßes bildet den Bezugspunkt eines gedanklichen Feldes, dessen Vergegenwärtigung die gesamtantike, bereits den Vorsokratikern geläufige Kultur des Maßes hervortreten lässt. Kurz gefasst besagt dieser Vorstellungszusammenhang, dass den Dingen eine ihnen eigene Entwicklung innewohnt, die ihnen im Rahmen der allumfassenden Ordnung, in die sie eingelassen sind, die Richtung weist. Das sprichwörtliche *Maß der Dinge* ist Ausdruck dieser Erwartung.

Im Rahmen einer Kultur des Maßes ist die Frage nach dem, was das Maß ist, immer schon beantwortet, oder genauer: Sie stellt sich gar nicht. Das Maß ist das, was die Dinge in der Spur hält und sie in der Ausprägung ihrer inneren Form bestärkt. Der klassische Grundsatz, wonach das Ganze mehr ist als die Summe seiner Teile, ist dadurch begründet, dass diese nicht allein und für sich selbst, sondern erst in Relation zu ihr, der alles Einzelne umgreifenden Totalität, ihre Bestimmung finden. Das Maß lässt ontologische und moralische Qualitäten hervortreten und führt sie in der gegebenen

Situation zusammen. Es bietet, was heute Orientierung heißt, und sichert allem und jedem seinen Platz in der Welt. Das Maß ist dazu in der Lage, weil es an die Dinge nicht erst umständlich von außen herangetragen und ihnen, wie die ›Normen‹ und ›Werte‹ unserer Tage, zugewiesen und *auferlegt* werden muss, sondern in ihnen *angelegt* und mit ihnen gegeben ist. Es ist ein Maß in den Dingen, versichert kurz vor der Zeitenwende der römische Dichter Horaz: *est modus in rebus* (I, 106).

Der Satz des Horaz, der das Weltvertrauen eines ganzen Zeitalters resümiert, verdeutlicht das mit dem Begriffswort gegebene Versprechen. Das Maß ist Ausdruck der Situation und ebenso des Gelingens – Ausdruck zum einen der internen Bezüge, deren Zusammenwirken die Situationen entstehen und als solche hervortreten lässt, Ausdruck aber auch der begründeten Aussicht, dass die anstehenden Herausforderungen sich werden bewältigen lassen. Es versteht sich, dass das Maß sowohl seinem Status als auch seiner Idee nach niemandes Besitz oder Privileg ist. Es ist eine Daseinsbedingung, die der Mensch als gegeben vorfindet und nutzt, um herauszufinden, wer er ist, und zu tun, was in seiner Macht steht.

Im Zusammenspiel mit den Einschätzungen und Abwägungsprozessen, denen es Raum gibt, entscheidet das Maß über Gewichte und Gewichtungen, über Mengen und Dosierungen, über Abstände und Entfernungen, über Größen und Proportionen, über Rhythmus und Takt. All diese Konkretisierungen des Maßnehmens und Maßhaltens erfasst es als Zusammenhang: als situativ gebundene Ausdrucksgestalten der einen, der zeitlos gegebenen und alles Geschehen übergreifenden Ordnung der Dinge. Der Ausgriff in metaphysische Dimensionen sichert den Zusammenhang zwischen dem Maß, das – wie das *Messen* – eine Technik und ein Instrument ist, und dem Maß, das – wie die *Mäßigung* – eine Tugend und eine Verhaltensvorgabe ist. Die Mal um Mal bestätigte Erfahrung, dass die Welt messbar ist, und, weil messbar, auch gestaltbar, rechtfertigt das Vertrauen in ihre Stabilität und Bejahungswürdigkeit. Das vielzitierte Messen mit zweierlei Maß gilt zu Recht als Regelverstoß, weil es dieses Vertrauen in die Ordnung der Dinge untergräbt. In der Welt des Maßes ist alles an seinem Platz.

Alles Einzelne, sagt die Lehre des Maßes, alles, was ist und wird, hat sein Maß. Der erste der drei Sprüche, die einst die Eintretenden im Orakel von Delphi empfingen – »Nichts im Übermaß«, »Erkenne dich selbst«, »Du bist« –, vergegenwärtigt die Unverbrüchlichkeit dieses Zusammenhangs zwischen den Geboten der Moral und der Ordnung der Dinge. Es ist die in solchen Weisungen zugesagte Geltung des Maßes, die sich, nachdem sie über Epochengrenzen hinweg Bestand hatte, zunächst allmählich und zögernd, dann aber plötzlich und mit einem Schlag verlor.

Alt und beinahe zeitlos ist die Befürchtung, dass die Tugenden des Maßhaltens gefährdet seien durch Leichtsinn und Unwissen, durch Bosheit und Schwäche, durch Überschwang und Gier. Auf dem Boden der Moderne ändert sich die Situation jedoch entscheidend. Die Sorge um das Maß überspringt die Ebene der Einzelfälle und wird allgemein. Mit Beginn des 19. Jahrhunderts, im Zeitalter der Revolution, wird die Feststellung, dass die Welt ihr Maß verloren hat, tagesaktuell und bestimmt die Selbstwahrnehmung der neuen Zeit. Diffuse Einzelerfahrungen verdichten sich zu dem Gesamteindruck eines ›Zeitalters der Extreme‹: zu dem Eindruck, unvermittelt in eine von Grund auf veränderte Wirklichkeit hineingeraten zu sein, die nach einer neuen Sprache mit neuen Bildern und Begriffen verlangt.

»Genug ist nicht genug« – Das Ergebnis dieses Kulturbruchs sind die Szenen und Schlagworte der unbedingten Modernität. Plötzlich versteht sich nichts mehr von selbst – und am wenigsten das, von dem man eben noch glaubte, dass seine Fraglosigkeit zeitlos gesichert sei. Im Jahr 1860 bringt schließlich der Schweizer Lyriker und Romancier Conrad Ferdinand Meyer die Formel zu Papier, die den mit Beginn der Moderne vollzogenen und von den Zeitgenossen mit teils bangen, teils hoffnungsfrohen Blicken verfolgten Austausch der Normalitäten besiegelt: »Genug ist nicht genug.«

Aus dem Ausruf des Dichters, der Erschrecken und Verlangen unentwirrbar vermengt, spricht der dramatische und offenbar längst schon eingetretene Ansehensverlust, den die Kultur des Maßes zu diesem Zeitpunkt bereits erlitten hatte. Die Geschichte des Maßes ist eine Kette solcher Verkehrungen und Reformulierungen, solcher Einbrüche und Überbietungen, und es sind, wie ich zeigen möchte, hauptsächlich zwei Tendenzen, die für den Verlauf dieser Geschichte bestimmend gewesen sind. Ich nenne zum einen die wachsende Bereitschaft, das klassische Wertungsgefälle zwischen Maß und Unmaß außer Kraft zu setzen und, zum zweiten, die gleichfalls wachsende Bereitschaft, mit dem Übermaß bestimmte, vor allem aber unbestimmte Erwartungen zu verbinden.

Beide Tendenzen haben sich als unwiderstehlich erwiesen. Binnen weniger Generationen sollten die Möglichkeiten, die Übermaß und Überschreitung in Aussicht stellen, den hergebrachten Realismus der Maßethik überflügeln. Das Maß und sein Tugendkatalog schrumpften auf das Format einer ›Ethik des Mittelmaßes‹, die angesichts der immer neuen Verheißungen der Überschreitung zum Gegenstand der Herablassung und sogar des Gespötts wurde. Das Maß, das einmal die Welt zusammenhielt, war bloß noch Konvention und Phrase, nur noch Spießbürgerlichkeit und Prüderie – die billige Ausrede der Lauen und Unschlüssigen, der Verklemmten und Verzagten. Das Gemäße geriet in den Ruf, eine Einschränkung zu sein, ein Instrument der Willkür und der Unterdrückung, die Blockade von Veränderung, Fortschritt und Emanzipation.

Unter dem Eindruck dieser Sinnverschiebungen trieb die Geschichte des Maßes auf den Punkt zu, an dem Maß und Übermaß die Plätze tauschten. Der Nimbus der Maßethik verblasste, während die Überschreitung sich mit dem Versprechen verband, dass die Dinge ihr Maß eben darin haben, verändert zu werden und auf jene künftigen und zweifellos besseren Zeiten zuzulaufen, die sie im Geltungsraum der Maßethik niemals erreicht hätten.

Ein ökologischer Hochbegriff – Bereits der Philosoph Georg Wilhelm Friedrich Hegel (1770–1831) spricht die Entwicklungen an: als Zeitzeuge, der die Umbauten im System der geistigen Orientierungen aus nächster Nähe miterlebt, aber auch als distanzierter Beobachter, der den um 1800 erfolgten Einsatz der Moderne, ohne ihn zu leugnen, in die Kontinuität der historischen Zeiten stellt.

Hegel hat gezeigt, wie das Bestreben, die Welt in Zahlen zu erfassen, und die Destabilisierung der maßethischen Balance wirkungsvoll ineinandergreifen und einander verstärken. Das großflächige, staatlich organisierte Sammeln von Daten, das zu Hegels Lebzeiten einsetzt und im Nachgang der Revolution zur Gründung statistischer Ämter führt, isoliert das maßethische Relikt der Angemessenheit als methodischen Fremdkörper, um ihn schließlich vollends abzustoßen. Einmal in den Routinen des Zählens und Messens aufgegangen, verliert das Maß den Kontakt zu den Sachen und Situationen, der für seine Idee bestimmend gewesen war. Verstanden als

Messgröße, wird das Maß den Dingen äußerlich und begreift sich nicht mehr aus ihnen und ihrer Ordnung heraus, sondern folgt dem Regime der Zahlen. Befreit von den Hinderungsgründen, die in den Situationen lagen, in den Dingen von Belang, erliegt das auf die Operationen des Messens zurückgenommene Maß, wie Hegel schreibt, »gedankenlos« einem »unendlichen quantitativen Progreß«: dem im Begriff des Messens bereits angelegten Prinzip der grenzenlosen Mehrung, Steigerung und Überbietung.

Spätestens in diesem Augenblick, zu Beginn des 19. Jahrhunderts, lag das Ablösungsgeschehen offen zutage. Sinn und Zweck des Maßes war es gewesen, Möglichkeiten des menschlichen Handelns zu erschließen und zugleich, ohne dass darin ein Widerspruch gelegen hätte, die Grenzen dieses Handelns bewusst zu halten. Einmal in den Operationen des Messens aufgegangen, blieb von dieser fein austarierten Balance zwischen Erschließen und Beschränken allein das Verlangen übrig, die Möglichkeiten zu erkennen, und das hieß in der Praxis: Grenzen, wo immer sie auftauchen, in Herausforderungen umzudeuten und entschlossen zu überwinden. Die einmal zerteilte und, im nächsten Schritt, auf den Raum des Quantitativen zurückgenommene Logik des Maßes begünstigte Verfahrensweisen, die von außen auf die Dinge zugreifen und sie unter Aspekten des technischen Zugriffs ganz neu ›verstehen‹. Beiläufig und ohne dass darüber jemals entschieden worden wäre, gleichsam als Nebenfolge des Geschehens, verlor der alte, im Kern ökologische Hochbegriff des Maßes seine Brisanz.

Vom Zauber der Zahl – Schon diese ersten Annäherungen an das Thema sollten ausreichen, um Zweifel zu wecken an der geläufigen Auffassung, wonach der Siegeszug quantitativer Verfahren ein Säkularisierungsvorgang gewesen sei.

Die Quantifizierung ist über die Maßethik hinweggegangen, gewiss. Die metaphysische, den vorneuzeitlichen Autoren noch deutlich bewusste Einbettung des Maßes in den Gesamtentwurf der Welt ist jedoch nicht einfach verschwunden, sondern als diffuser Erwartungszusammenhang erhalten geblieben. Meine These ist, dass der Vormarsch des Messens, Zählens und Rechnens von jeher und bis heute von Vorstellungsbildern profitiert, deren Vertrautheit auf die vorneuzeitliche Fraglosigkeit und Geltung des Maßes zurückgeht.

Einigkeit dürfte darüber bestehen, dass die Überführung des Maßes in die Praxis des Messens ein enorm invasiver Kulturvorgang gewesen ist. Um so erstaunlicher ist die unbedingte Glaubwürdigkeit, die wir all dem zugestehen, was sich in Zahlen darstellen lässt. Dies und die damit einhergehende Vorstellung, dass die Situationen des Lebens möglichst vollständig zu vermessen und in Zahlen zu erfassen seien, legt die Vermutung nahe, dass die Verweltlichung des Maßes halbherzig geblieben ist. Für das Vertrauen, das wir der numerischen Aufbereitung selbst unserer privatesten Idyllen entgegenbringen, gilt offenbar das Gleiche wie für die neuzeitliche Hochschätzung der Arbeit und der Pflichten des Berufs. Der Glaube an das, was die Messbarkeit der Welt zutage fördert, geht – mit der einschlägigen Formulierung Max Webers – als »Gespenst ehemals religiöser Glaubensinhalte«[1] in unserem Leben um. Die übliche Einordnung des Vorgangs in das Säkularisierungsgeschehen der westlichen Kulturen fällt hinter diese, von Max Weber gewonnene und, wenig später, von Walter Benjamin[2] vertiefte Einsicht in das Nachleben mythischer Bestände zurück. Indem die Moderne dem Zauber der Zahl nachgab, hat sie der mythischen Urerzählung von dem, der »alles nach Maß, Zahl und Gewicht« geordnet und schon im Ursprung den Weg der innerweltlichen Erlösung gewiesen hat, über all die Stationen des Wandels hinweg die Treue gehalten.

Mit der Absolvierung der historischen Schrittfolge von der *Messbarkeit* über die Berechenbarkeit zur *Machbarkeit* ist der herkömmlich unterstellte Rückhalt einer unabhängig fortbestehenden, ›wirklichen‹ Wirklichkeit fragwürdig geworden. Die ungeheure, in Europa ersonnene Machtgeste der Beugung der Wirklichkeit unter das Regime des metrischen Wissens – Statistiken, demoskopische Daten, Rechenmodelle – greift unseren Entscheidungen auf eine Weise vor, die immer weniger Spielräume lässt. Der Kreis schließt sich: Worauf es ankommt und wohin die Reise geht, das sagen uns heute die Zahlen und zahlenbasierte Programme.

Irgendwie – und dieses Wie gilt es zu klären – sind wir dahin gekommen, die Praxis des Messens für die Einlösung des Versprechens zu halten, das einmal mit der Ethik des Maßes verbunden gewesen ist. Weit mehr als ein technischer Sachverhalt, stand einmal das Maß dafür ein, dass die menschlichen Mittel der Daseinsbewältigung – der Faustkeil, die Geometrie, das Wissen um das, was recht und billig ist – legitim sind und es ermöglichen, einer Welt Gestalt zu geben, die für die maßvolle Art des Umgangs empfänglich und, unter ebendieser Bedingung, den Menschen zugänglich ist.

Die Erfahrung des Gelingens, die zu den frühesten der Zivilisationsentwicklung gehören dürfte, hat aus dem Maß das Zeichen der Hoffnung gemacht. Das Maß verkörpert den Trotz und das Aber, das die Menschen ermutigt und sie in ihrer Zuversicht bestärkt, die Situationen der Not und des Mangels zu überstehen. Nichts anderes als die konkrete Erfahrung der *Messbarkeit der Welt* rechtfertigt die Zuversicht, dass der Umraum der Wirklichkeit den Menschen offensteht und sie, sofern sie ihre Chance ergreifen, den Widrigkeiten trotzen und ihr Dasein bewältigen.

Meine Vermutung ist, dass sich das unbedingte Vertrauen, das die Operationen des Messens und der Datenerhebung genießen, aus diesem Unterstrom der ältesten Erfahrungen speist, die einst über die Bilderstrecken des Mythos in das kollektive Bewusstsein gefunden haben. Dass das religiöse Leben in den meisten Industrieländern zum Randphänomen geworden ist, hat sich herumgesprochen. Und doch hat angesichts der Bedeutung, die den Religionen einmal zukam, die Geschäftsmäßigkeit dieser Abwicklung etwas Erstaunliches und, wie ich vermute, Trügerisches. Vielleicht sind diese Glaubensinhalte gar nicht verloren, sondern haben, umgelabelt und in areligiöse Kontexte versetzt, überlebt. Ungeachtet der Wertschätzung, die sie ›Aufklärung‹ und ›Kritik‹ entgegenbringt, kennt auch die Moderne Formen des Überzeugtseins und der fraglosen Zustimmungsbereitschaft, die stabil genug sind, um das, was einmal der Glaube war, funktional zu ersetzen. Fragen wie die, worauf Verlass ist und was, unabhängig von den Launen des Zeitgeistes, Bestand hat, haben auch außerhalb der religiösen Dogmatik Gewicht.

An dieser Stelle kommen die Zahlen ins Spiel. Nachdem die Ideologien und spektakulär auftrumpfenden Ismen, die im Zeitalter der Revolution aufkamen, nach zweihundert Jahren des realpolitischen Experimentierens katastrophal gescheitert sind, konzentriert sich die Hoffnung der vielen nun auf das, was das ›Zeitalter der Extreme‹ überlebt und sich den Nimbus der Unschuld bewahrt hat. Die Moderne hat sich dem ergeben, was von der Ausgangsintuition des Maßes allein noch übrig ist: dem Zauber der Zahl.

Der Ruf nach Abhilfe – Die Geschicke des Maßes bilden den eminenten Fall jenes Gesamtgeschehens, das als »Prozess der Zivilisation« bestimmt worden ist. Ist dieser Prozess erst einmal erschlossen und als solcher gesehen, wirft er weiterführende Fragen auf, die ich auf den folgenden Seiten mitlaufen lasse, aus Gründen der Stringenz jedoch nur gelegentlich vertiefe.

Wie, bleibt zu fragen, vollziehen sich mentale Veränderungen? Wie entsteht, ohne nennenswerte Begründung und nicht selten mit rätselhafter Plötzlichkeit, Zustimmung zu dem eben noch Undenkbaren, wie Abneigung gegen das am Vortag noch fraglos Anerkannte? Wie manifestiert sich kultureller Wandel, was treibt ihn an, was sichert seine Akzeptanz? Wie bewusst, wie bewusstlos ist, was sich da Bahn bricht und unweigerlich geschieht? Und, um auch die Kolporteure dieser Verschiebungen, die professionellen Aufbereiter und medialen Verstärker in den Blick zu nehmen: Wie viel arglose, von Wunschdenken und Sehnsüchten getragene ›Rationalisierung‹ steckt in der vermeintlichen ›Rationalität‹ solchen Wandels?

Um den Einsatz der Fragen zu verdeutlichen, die Geschichten wie die folgende aufwerfen, kommt es auf enzyklopädische Vollständigkeit nicht an. Eine Gesamtschau der Namen, Daten und Ereignisse, wie sie von einer Kulturgeschichte der Maße zu erwarten wäre, sensibilisiert für die Vielfalt der Aspekte, und darin liegt ihre Stärke. Was allerdings ihre leitenden Begriffe angeht, pflegen sich solche Darstellungen an das Vorverständnis zu halten, das sie vorfinden und selber teilen. Die Selbstverständlichkeiten, in denen wir leben, dürfen bleiben, was sie sind. Es muss deshalb bezweifelt werden, ob einem Thema wie dem vorliegenden mit solchen Routinen beizukommen ist. Was ich auf den folgenden Seiten anbiete, ist weder ein kulturgeschichtlicher Bildersaal der Maße und des Messens, der auf der Direttissima vom Zählstein zum SI-System führt, noch ein biopolitisches Maßhalteprogramm, sondern, ganz einfach, eine philosophische *Genealogie des Maßes.*

Die genealogische Rekonstruktion gibt die thematische Linie vor, und diese Linie dient als Richtschnur. Die Geschicke des Maßes in Ökonomie und Ökologie, in Politik und Wissenschaft, in Kunst und Medien bleiben in Reichweite, soweit sie verdeutlichen helfen, was ich die Idee des Maßes nenne. Diese Idee aber tritt nur hervor, wenn Auswahl und Präsentation der Zeugnisse überschaubar bleiben. Nicht die Zahl der Belege gibt den Ausschlag, sondern ihr Gewicht. Der Aspekt der Gewichtung offenbart allerdings das volle Risiko einer methodischen Entscheidung, die nicht einer vorgreifend festgelegten Agenda folgt, sondern mit offenen Fragestellungen operiert. Es gilt, an den »geheimnißvollen und *ungelesenen* Text«[3] heranzukommen, der verstehen hilft, wie diese ganze Entwicklung vom Maß zum Messen möglich gewesen ist und welche Entscheidungen sie begünstigt haben.

Genealogie, philosophische Genealogie zumal, lehrt das Zögern. Sie will den Glaubenssätzen auf die Spur kommen, den Sinnsprüchen und Weisungen, denen wir anhängen und arglos hinterherleben. Keineswegs jedoch ist sie damit auch schon die Verpflichtung eingegangen, in der üblichen Art und Weise die falschen Götter zu verdammen, um dann mit triumphaler Geste die fertige Lösung an die Wand zu werfen. Der ›Ruf nach Abhilfe‹ ist kein philosophischer. Er gehört zu den charakteristischen Sprachgesten einer Welt, die darauf eingestellt ist, sich ihre Probleme, gleich welcher Art, als technische Herausforderung zurechtzulegen. Die philosophische Genealogie unterläuft solche Routinen, indem sie nach deren Voraussetzung fragt: nach dem, was Reaktionsmuster wie diese zwingend macht. Die Genealogie legt Denkwege frei, erschließt Bindungen und Besetzungen, Modellierungen und Tendenzen, von denen wir uns, ohne dass dies jemals ›ausgehandelt‹ und förmlich beschlossen worden wäre, haben einnehmen lassen.

Das muss, zumal in einem Buch über das Maß der Dinge, fürs erste genügen. Meinung zu machen fällt nicht ins philosophische Ressort.

KAPITEL EINS

Ethik des Maßes

Wozu überhaupt Geschichte? – Aufklärung heute – Diesseits der Extreme – Vom Umgang mit den Dingen – Unscheinbarkeit und Begriff – Ethik des Maßes – Lebendiges Maß – Kleines Karo – Maß und Norm

> Vielleicht ist es die erstaunlichste Entdeckung der Moderne, dass die Vergangenheit so riesig ist.
> John Berger, *Die vertikale Linie*

Wer sich auf das Thema des Maßes einlässt, wird eines rasch bestätigt finden: dass dies, wie Hegel feststellt, »eine der schwierigsten Materien« der Philosophie[1] überhaupt ist.

Wozu überhaupt Geschichte? – Das mag zunächst überraschen, ist doch das Wortfeld des Maßes mit seinen zahlreichen Varianten und Variationen, um das mindeste zu sagen, allgemein geläufig und vertraut. Der zweite Blick weckt dennoch Zweifel. Worauf die Geltung des Maßes beruht, sein Ansehen, ist weder durch die Erfahrung seiner Allgegenwart noch durch das Wissen um seine Praktikabilität bereits erklärt. Worauf seine Anerkennung beruht, ist eine offene Frage – und das auch da, wo sich das Maß als Zahlenwerk präsentiert und ihm, wo es in Gestalt von Statistiken, tabellarischen Aufstellungen und farbenfrohen Diagrammen auftritt, eine ganz eigene und, wie sich gezeigt hat, übermächtige Evidenz zugestanden ist.

Die Frage ist also, worauf die Vorbehaltlosigkeit dieses Zuspruchs beruht. Im Folgenden vertrete ich die These, dass dieses unbedingte Vertrauen auf die Zusicherungen einer Weltordnung zurückgeht, die mit dem Maß ebenjene Seite der Welt hervorkehrt, die den Menschen und ihren Bedürfnissen zugewandt ist. Was aber dieses Maß selbst sein mag, unabhängig von der Zugewandtheit der Dinge und dem Umgang mit ihnen, entzieht sich der Definition. Gewiss, objektivierende Verfahren messen, und offenkundig messen sie, was die ermittelten Werte angeht, immer genauer und immer noch mehr. Auf welchen Voraussetzungen das Verfahren beruht und was es ist, das die Messbarkeit der Welt sicherstellt, bleibt jedoch im Vollzug einer Praxis unterbestimmt, die sich mit der Mal um Mal bestätigten Erfahrung des Funktionierens begnügt. Die gemessene, als Zahlenwerk erschlossene Welt ist, was sie ist, und das auf solcher Basis gewonnene Wissen gilt, wie schon Descartes versichert, als ›voraussetzungslos‹.

Offenbar ist diese Unterbestimmtheit dem Begriff des Maßes unveräußerlich. Wir müssen wir ihn uns als einen subtilen, ja beinahe zart zu nennenden Gegenstand denken – so zart, dass schon die Bezeichnung als ›Gegenstand‹ mit Vorsicht zu behandeln ist. Ein falscher Zug, und das Gebilde des Maßes zerfällt zu Staub.

Wenn, wie in diesem Fall, die Gegenstände der Untersuchung nicht ohne weiteres zu greifen sind, ist die Versuchung groß, den Mühen der Aufarbeitung auszuweichen und sich mit der Offensichtlichkeit des Funktionierens zufriedenzugeben. Bestärkt und untermalt wird diese Einstellung durch das populäre Gebot der Relevanz, das die oftmals fremd anmutenden Tatsachen des Herkommens und der Geschichte schon mit der Art des Zugriffs dem Selbstverständnis einer Gegenwart angleicht, die ihre eigene Normalität für das Maß der Dinge hält.[2] Das Kriterium der Relevanz fragt nicht nach den Sachen, nicht nach dem, was sie sind oder bedeuten, sondern nach dem, was sich hier und heute mit ihnen anstellen lässt.

Das Verfahren der Genealogie, das ich bevorzuge, kehrt die Prämissen dieser Vergangenheitspolitik um. Wo das populäre Geschichtsbild dem Selbstverständnis einer sich selbst gegenüber distanzlosen Gegenwart folgt, interessiert sich die Genealogie für die Abweichungen und Unterschiede. Sie greift auf und stellt vor, was anders gewesen ist und in den Schlagworten der Gegenwart nicht aufgeht. Allerdings ist die Umwegigkeit dieses Verfahrens kein Selbstzweck. Die Erwartung ist, dass erst die Verdeutlichung der Kontraste – und nicht ihre methodische Einebnung – die Selbstverständlichkeiten hervortreten lässt, in die wir uns im stillen eingelebt haben: das geräuschlose Ineinandergreifen jener Routinen, jener Überzeugungen und Vorlieben, die uns als Zeitgenossen verbinden. Der potenzielle Ertrag des genealogischen Verfahrens besteht in solcher Offenlegung. Es schärft den Blick für jene Ausdrucksgestalten des Einvernehmens und der Anerkennung, die sich, wie das Maß, eingestellt haben und gelten, ohne geprüft und jemals beschlossen worden zu sein.

Damit sollte klar sein, dass der Aufwand der genealogischen Rekonstruktion nicht in der Absicht erfolgt, das Gewesene zu verklären oder gar wiederherzustellen. Vielmehr versucht die Genealogie auf dem Umweg über die Geschichte eine hypothetische Außenposition zu gewinnen, um jene Blase in den Blick zu nehmen, in der die Gegenwart, *unsere* Gegenwart, ganz arglos und noch vor der Mobilisierung reflexiver Instanzen bei sich selbst ist.

Aufklärung heute – Wir werden nie erfahren, was das Maß ist – was es einmal gewesen ist und was seither daraus geworden ist –, wenn wir die zeitgenössische, durch die Allgegenwart der Daten geprägte Standarderwartung des Messens in die Vergangenheit zurückprojizieren, um dann dort das Erwartete, durch Infographiken untermalt und gradlinig geplottet, als das zeitlos Allgemeine bestätigt zu finden. Indem solche Verfahrensweisen das, was geschehen ist, im Namen der Aktualität schon vorgreifend mit zeitgenössischen Relevanzen abstimmen, gehen sie an der ursprünglichen Einsicht des Konzepts ›Geschichte‹ vorbei: an der Einsicht, dass die Erwartungen, die wir der Geschichte entgegenbringen, auch selbst in der Geschichte stehen und gleichfalls der Veränderung unterliegen.

Mit dieser Einsicht kommen unweigerlich wir selbst ins Spiel. Wir Heutigen sind nicht die objektiv-distanzierten, außerhalb der geschichtlichen Zeiten stehenden Beobachter dessen, was einmal gewesen und geschehen ist. Wir sind mitbetroffen, sofern wir mit dem, wovon wir überzeugt sind, und dem, woran wir glauben, in der Konsequenz von Entscheidungen leben, die vor unserer Zeit gefallen sind und uns, wie exemplarisch das Vertrauen in *kontingenzbegrenzende Objektivität* und in die *Exaktheit der Zahlen*, inzwischen so geläufig sind, dass sie für gewöhnlich unterhalb der Aufmerksamkeitsschwelle bleiben und vorbewusst mitlaufen. In derlei Strömungen des Fragloswerdens und der erfolgreich statuierten Normalität findet die genealogische Kritik ihre Stoffe. Aufklärung heute heißt, an diejenigen Glaubenssätze, an diejenigen Faustregeln und Direktiven heranzukommen, die unseren Entscheidungen immer schon vorgegriffen haben und an die selbst diejenigen glauben, die davon überzeugt sind, mit der Sache des Glaubens abgeschlossen zu haben.

Wer bereits an dieser Stelle dazwischengehen und die legitimen Ansprüche der heutigen Zeit gegen den weltfernen Geschichtsschreiber ins Feld führen möchte, der in seinem Elfenbeinturm noch immer zwischen Büchern hockt und seine »Pyramiden des Geistes« hochzieht, verkennt die Pointe des genealogischen Verfahrens. Der Anspruch der

Gegenwart, sich selbst auf die Spur zu kommen, ist mit der genealogischen Praxis keineswegs aufgegeben – im Gegenteil. Erst der Umweg über die Vergangenheit lässt jene längst schon erfolgten Prozeduren der Umgestaltung hervortreten, jene Umbauarbeiten am System der Welterklärung, in deren Konsequenzen wir unbewusst leben und die, um zum Thema zurückzukommen, vorzeiten aus der Ethik des Maßes in die Praxis des Messens geführt haben: in die aktuelle, weder von Göttern noch von Menschen, sondern vom Glauben an die Zahl getragene Ordnung der Dinge.

Die Genealogie greift auf, was einst die Philosophie als ihre eigene Urszene beschrieben hat: das Staunen und, damit verbunden, die Frage, wie das, was sich um uns herum zu fragloser Normalität verdichtet hat, einmal zustande gekommen und überhaupt möglich gewesen ist.

Allerdings ist auch eine Frage wie diese von den Konsequenzen jener Bewegung mitbetroffen, die einst die Paradigmatik des Wissens entscheidend verschoben und vom Maß zum Messen geführt hat. Die genealogische Vorgehensweise zwingt zur Entscheidung: Sie kann sich der herrschenden, aus der Reihe der historischen Weichenstellungen hervorgegangenen Auffassung anschließen, wonach zahlenbasierte Forschung neutral ist, zu allen Themen passt und sich, wie generell, so auch im gegebenen Fall als das Mittel der Wahl empfiehlt. Sie kann die Verschiebungen, die zu Überzeugungen wie diesen geführt haben, aber auch zum Thema machen, kann sie in Frage stellen und die stillschweigenden Voraussetzungen dessen herausarbeiten, was sich als State of the Art in Wissenschaft und Gesellschaft durchgesetzt hat. Genau so gehe ich im Folgenden vor.

Diesseits der Extreme – Es braucht Abstand, um Wörter wie Maß und Mitte gelassen zur Kenntnis zu nehmen. Sie entstammen anderen, längst vergangenen Zeiten. Nun haben sie Patina angesetzt.

Das aber droht ihnen heute zum Verhängnis zu werden. Wie von selbst kollidieren sie mit den Ansprüchen einer Moderne, die von Beginn an mit dem Versprechen für sich geworben hat, sie befreie die Menschen von den Lasten einer unverständlich gewordenen Vergangenheit, von ihren Geltungsansprüchen und sprachlichen Schlacken. Über das vielzitierte Abwerfen von Ballast und das Aussortieren des Unverständlichen findet seither noch jede Gegenwart zu ihrem Sound. Die öffentliche Rede bildet ein Über-Ich aus, das über das Sagbare wacht und wie in der Welt der Dinge, so auch in der Welt der Sprache den Innovationsfluss sicherstellt.[3] Jeder Austausch, jedes frisch aufgelegte Vokabular ein Stück Arbeit am Weltbild.

Die Verschlagwortung der Begriffe hält die Maschinerie der öffentlichen Auseinandersetzung in Gang und gibt neben den Themen auch die Muster vor, in denen sie, wie es in Anlehnung an die Sprache des Marktes heißt, ›auszuverhandeln‹ sind. Das Ergebnis dieser Praxis sind die Sichtblenden des Präsentismus. Die Schlagworte der Saison, ihre Sensationen und Hypes, entscheiden darüber, was relevant ist, und legen fest, was heute und bis auf weiteres ›zählt‹.

Wer trotzdem wissen will, worum es sich handelt, und vor der Herausforderung des sachlichen Sagens[4] nicht schon im Vorfeld kapituliert, muss Umwege gehen und das offene Gelände der Begriffe und Gegenbegriffe suchen, denen das Thema seine Prägnanz verdankt – Formulierungen also, die an das Mitdenken appellieren. Es gibt Sachverhalte und Zusammenhänge, die nicht in Gestalt von Informationen jederzeit abrufbar sind, sondern danach verlangen, mitvollzogen und verstanden zu werden. Es besteht Grund zu der Vermutung, dass gerade sie die letztlich entscheidenden sind.

Wir Menschen der Moderne, so lautet ganz in diesem Sinn die Diagnose des britischen, alles andere als traditionalistischen Gegenwartshistorikers Eric Hobsbawm, leben im »Zeitalter der Extreme«.[5] Die Extreme, die Hobsbawm zufolge das Bild der Moderne prägen, locken mit dem Spektakulären, mit dem Erregenden, Aufwühlenden und Faszinierenden. Am Ende aber, sobald das Strohfeuer erloschen ist und die Aufregung sich gelegt hat, sind die Extreme enttäuschend und offenbaren das Ausmaß eines deutlich fühlbaren Mangels. Sie charakterisieren einen Zustand, in dem die Menschen trotz allem den Eindruck nicht loswerden, dass ihnen etwas Entscheidendes, wenngleich nicht ohne weiteres Benennbares fehlt, das kein Extrem ihnen geben kann. Das Formulierungsangebot Hobsbawms aufgreifend, können wir sagen: Das Unnennbare, das da vermisst wird und sich hartnäckig entzieht, siedelt im Diesseits der Extreme, siedelt im Umraum einer Normalität, die ebenso erträglich wie verlässlich wäre und des Einvernehmens der vielen gewiss.

Das klingt, zugegeben, ein bisschen vage und unbestimmt, vermittelt aber doch eine Vorstellung davon, was gemeint ist. Tatsächlich hat Hobsbawms sprachpolitische Ausweichbewegung den Vorteil, ohne melodramatische Nebentöne die Stelle zu umreißen, an der seit alters das *Maß* seinen Einfluss geltend macht. Das gute Leben, diese Formulierung erfasst auf pragmatischer Ebene die Intuition des Maßes, setzt die Vermeidung der Extreme voraus, denen vernünftigerweise niemand zustimmen kann: die Vermeidung sowohl des enttäuschenden *Zuwenig*, der Not und Entbehrung, als auch des empörenden *Zuviel*, der Prasserei und Verschwendung.

Die Frage stellt sich allerdings nur umso dringender: Was hat es mit diesem Diesseits der Extreme auf sich. *Was ist das Maß* – und was das *Maß der Dinge*? Wie und woran ist es zu erkennen, wer oder was steht dafür ein? Liegt es einfach dazwischen, so dass wir nur die Mitte bilden, sie ›errechnen‹ müssen, um mit diesem einfachen Kunstgriff das Maß auch schon gefunden zu haben? Andererseits: Erzwingt nicht gerade die Logik eines auf diese Weise gewonnenen Begriffs die Einsicht, dass die Mitte den Gegensatz der Extreme geradezu verlangt, um sich als dieses Dazwischen, das sie ist, finden und behaupten zu können? Wäre dann also die Mitte, wie das Wort sagt, ein *Medium*, das die Extreme in einem System wechselseitiger Abstoßung aufeinander bezieht, sich aber in dieser Funktion der formalen Ausbalancierung auch schon erschöpft?

Vom Umgang mit den Dingen – Für das theoretische Begreifen ist der Status des Maßes, ist seine Nichtstofflichkeit und, damit zusammenhängend, die Verdecktheit seiner Präsenz eine Herausforderung eigener Art. Die Zumutung des Begriffs besteht darin, dass er sich dem Ansinnen einer klaren und zeitlos gültigen Definition entzieht. Wir können nicht sagen, *was* das Maß, isoliert und für sich genommen, eigentlich ist; die Erfahrung, *dass* es ist, muss genügen. Unmittelbar mit der Welt der Dinge gegeben, verbürgt das Maß deren Zugänglichkeit für den Menschen. Das Maß ist deshalb immer auch als *modus* bezeichnet und verstanden worden: als die Art und Weise, in der die Dinge der menschlichen Wahrnehmung gegeben sind.

Die Feststellung allein genügt, um sich klarzumachen, dass die Bedeutung des Maßes für das menschliche Weltverhältnis sich in der Anbahnung technischer Zugriffe nicht erschöpft. Dass wir die Dinge zählen, sie messen und berechnen, ist ungeachtet der Normalität dieser Praxis nur eine der möglichen Arten, mit ihnen umzugehen. Die Ausgangsintuition des Maßes weiß von dieser Reduktion auf das bloß Quantitative nichts. Maß ist das, was das Was und Wie der Weltdinge aufeinander bezogen sein lässt. Es zeigt sich in der Sicherheit, mit der etwas getan wird, und in der Fertigkeit, die in solchem Tun zum Tragen kommt. Das Maß ist jener Teil der Handlung, von dem Gilbert Ryle gesagt hat, dass er »für sich allein nicht von einer Kamera aufgenommen werden kann«[6] – und zwar deshalb, weil er in den Gesamtzusammenhang des Vorgangs einbezogen und dieses Einbezogensein gerade das ist, was ihn zu dem macht, was er ist.

In der Konkretheit seiner Anwendungsbezüge ist dieses Einbezogensein des Maßes kein Problem. Was am Maßband das Maß ist, genauer: was es, um als Messgerät zu taugen, als gegeben voraussetzen muss, bleibt verborgen in den Operationen des Maßnehmens. So ist das Maß der Begriffsname für die Erfahrung, dass die *Beschaffenheit* der Dinge, einschließlich der Art ihres Gegebenseins, und der *Umgang* mit ihnen ineinandergreifen. Nachdem die Erfahrung dieses Verhältnis gegenseitiger Entsprechung als gesichert bestätigt hat, darf sich der konkrete Messvorgang auf die Offensichtlichkeit seines Funktionierens beschränken. Die Frage nach dem Maß aber bleibt. Bereits die antiken Autoren und namentlich Cicero[7] haben die eigenartig präsumtive Stellung des Maßes gesehen und es als *nescio quid* erläutert: als ein »Ich-weiß-nicht-was« oder, wie Nietzsche in vergleichbarem Zusammenhang sagt, als eine »Nothwendigkeit, ohne irgend eine formale ethische ästhetische Rücksicht«.

Die metaphysische Ladung des Maßes erklärt sich aus dieser Disposition. Lange Zeit ist die Erfahrung der Messbarkeit als Zeichen dafür genommen worden, dass die Welt für den Menschen zugänglich und ihm nicht vollkommen fremd und entzogen ist. Das Maß steht dafür ein, dass der Mensch in einer Welt, in der alles fließt und sich fortwährend verändert, angenommen ist und sie ihm offensteht. Diese Zusage ist fester Bestandteil des Begriffs und ihm unveräußerlich: *Maß der Dinge* und *Maß des Menschen* sind keineswegs dasselbe, bilden aber einen stabilen Zusammenhang. Die Gefahr, diese Relation einseitig aufzulösen und sie – sei es objektivistisch, sei es subjektivistisch – zu verkürzen, ist im Geltungsraum des klassischen Maßbegriffs vorgreifend gebannt. Allein die Erfahrung, dass ›es‹ das Maß ›gibt‹, deutet auf die Beschaffenheit einer Welt, in der die Ordnung der Dinge und das Handeln der Menschen zwanglos harmonieren.

Angesichts dieser doppelten Verwurzelung, wonach das Maß einmal als Technik (des Messens), zum anderen als Verhaltensregel (der Mäßigung) zu nehmen ist, darf man sich das Maß nicht als einen handgreiflich fassbaren Gegenstand denken, nicht als Objekt. Das Maß ist der Ebene des Objektiven vorgelagert. Es ist das, was der Gegenständlichkeit und, in der Folge, dem methodischen Anspruch der Objektivität zu seiner heutigen Geltung verholfen hat: die Betrachtung der Dinge unter dem Aspekt ihrer Dienstbarkeit für den Menschen. Im Maß zeigt sich die von den antiken Autoren als *kósmos* bezeichnete, sich dem Menschen als Ordnung offenbarende Zugewandtheit der Dinge. Es ist das Maß, das ihm die Welt als *seine* Welt vor Augen stellt. Ebendiesen Gedanken wird die Neuzeit aufgreifen und gegen die Überzeugung eintauschen, dass erst durch ihn, den messenden und rechnenden Menschen, die Welt mit sich selbst bekannt wird und *er* es ist, der das Maß – *sein* Maß – an die Dinge heranträgt. Es wird dies der Schritt sein, mit dem, wie durch Zauberhand, der Mensch zum Subjekt wird und sich die Dinge in Objekte verwandeln.

So schwer es aus seinen Zusammenhängen und Voorannahmen herauszulösen und auf eine Formel zu bringen ist, so leicht finden sich für das Maß Evidenzen. Ein einziger Fußbreit, eine Spannweite oder Armeslänge genügt, um das Maß zu haben und es in den Verrichtungen des Alltags bestätigt zu finden. Was aber das Verbindende all dieser Konkretisierungen ist – eben: das *Maß* –, bleibt im Rahmen solcher Anwendungsbezüge offen. Auskunft über das Maß und speziell über die Frage, was es mit dem Maß auf sich hat, gibt nicht diese oder jene Maßeinheit oder Konvention; entscheidend ist die mit solchen Festsetzungen ausgesprochene Gewissheit, dass die Dinge ein Maß überhaupt haben – ist, mit einem Wort, die Mal um Mal bestätigte Erfahrung der *Messbarkeit der Welt.*

Unscheinbarkeit und Begriff – Offensichtlich ist uns das Maß auf spezielle Art und Weise gegeben – auf eine Weise, wie Immanuel Kant (1724–1804) sie im Begriff der Normalidee verwirklicht sah.

Die Normalidee, heißt es in § 17 der *Kritik der Urteilskraft,* ist eine Vorgabe, die »allen zum gemeinschaftlichen Maße dient«; sie ist, so Kant weiter, »nicht aus von der Erfahrung her genommenen Proportionen, *als bestimmten Regeln,* abgeleitet; sondern nach ihr werden allererst Regeln der Beurtheilung möglich«. Von einer Normalidee ist demnach dann zu sprechen, wenn etwas ohne viel Aufhebens mit dem übereinstimmt, was zu vermuten oder, in der ernüchterten Perspektive der Wissenschaft, zu erwarten war. Für Kant siedelt das Maß auf dieser Ebene des fraglos Vorauszusetzenden, und es ist gerade diese, der Befragbarkeit vorausliegende Latenz, die das Funktionieren des Maßes sicherstellt.

Es gibt Begriffe – und diese Feststellung ist nicht im mindesten despektierlich gemeint –, die ihren Zweck erfüllen, solange ihnen zugestanden ist, sich im Halbschatten einstweiliger Unbestimmtheit zu halten. Ihre Unscheinbarkeit und die Erfahrung, dass sie ihre Kraft im stillen entfalten, ist das Zeichen ihrer Verlässlichkeit. Jahrhundertelang und über Epochengrenzen hinweg hat der Maßbegriff von diesem Status profitiert: von der Unaufdringlichkeit und Verlässlichkeit, mit der er dem Handeln der Menschen die Richtung weist. Das Maß verstand sich aus dem heraus, was sich bewährt hat, was das Richtige und die richtige Weise ist, zu tun, was getan werden muss. Mit diesem Wissen um das, was sich empfiehlt und in den Situationen des Lebens bewährt hat, hatte es auch schon sein Bewenden. Das komplexe, aber auch gefestigte und zum Maß geronnene Wissen um das, was ratsam ist, was nicht mehr, aber auch nicht weniger ist als das, was in der gegebenen Situation verlangt ist, war – ein Musterfall von Performativität – *genug*.

Die forschungsstrategischen Konsequenzen dieser Zurückgenommenheit, dieser Unscheinbarkeit des Begriffs, sind beachtlich. Das Maß scheint zu denjenigen Begriffen zu gehören, die überhaupt nur über ihre Geschichte zu erschließen sind, konkret: über die Geschichte ihrer Verwendungsweisen.

Die Weitläufigkeit ebendieser Voraussetzungen erklärt, weshalb es abwegig wäre, das Maß zu propagieren, es einzufordern oder gar zu verordnen. Der Maßbegriff entzieht sich der Sprache der Programme, Proklamationen und Manifeste. Das Maß zu finden, es zu *sehen* und zu achten, ist eine Sache der Erfahrung, die bestimmte Erwartungen begründet – und weiter nichts. Ebendiese Eigenart der Präsenz bestätigt die Verwandtschaft des Themas mit den bereits angeführten religiösen Glaubensinhalten: Maß ist ein Begriff, der etwas vorgibt, aber ebenso und darüber hinaus etwas *offenbart*.

Ethik des Maßes – Das Maß führt natürliches Gesetz und menschlichen Zweck, Technik und Ethik zusammen, und auf der Tragfähigkeit ebendieser Verbindung beruht das Vertrauen, das die Menschen ihm entgegenbringen. Die Balancierungsleistung des Begriffs bestätigt sich in der Praxis. Pragmatisch, wie es seiner Idee nach ist, bleibt das Maß an

Raum und Zeit gebunden und begünstigt eine den Bedingungen der Endlichkeit angepasste *morale par provision.*[8]

In der Praxis überzeugt das Maß durch den überwältigenden Eindruck seiner, wie Kant sagt, *Richtigkeit*, und mehr als diesen erwünschten und wohl auch erfahrbaren, nicht aber beweisbaren Zusammenhang zwischen den *formal korrekten,* den *sachlich angemessenen* und den *moralisch tragbaren* Weisen des Vorgehens bedarf es nicht. Folgerichtig erweckt das Maß leicht den Eindruck der Unanfechtbarkeit, die ihm, soweit sein Einfluss reicht, in der Regel auch fraglos zugestanden ist. Ebendieses Als-ob, das die überlieferte Ethik des Maßes hält und trägt, ist das Ergebnis einer umsichtigen Rhetorik, die der alten Regel folgt, wonach die Kunst darin besteht, die Kunst nicht sehen zu lassen. Diese Regel hat neben ihrer ästhetischen und rhetorischen auch eine pragmatische Dimension. Im Maß ist gebündelt, was an den je besonderen Erfahrungen des Augenblicks verallgemeinerbar und für entsprechende Situationen gespeichert ist, was standhält und bleibt: das gebündelte Erfahrungswissen des Umgangs, des Auftretens, der Handhabung, der Haltung, der Ausführung, des Ablaufs, der Dauer und, allgemein gesagt, des Sichhinein- und Sichzurechtfindens.

Das, was an dieser Stelle *Ethik* heißt, ist keineswegs auf Belange der Moral und des moralisch Gebotenen beschränkt. Das griechische *ethos* umfasst das funktionale Ineinandergreifen der Sitten und Gebräuche, der Gewohnheiten und des Verhaltens, der Lebens- und Seinsweise. Die Sprüche der Sieben Weisen bestätigen dieses Begriffsverständnis: »Nichts zu sehr«; »Halte Maß«; »Im Glück sei mäßig, im Unglück besonnen«.[9] Die Gedrängtheit solcher Empfehlungen ist bezeichnend. Die Sätze und Weisungen der antiken Lebenskunstlehren tragen nicht, wie die modernen Ethiken, *Forderungen* vor, die umständlich zu erwägen und durch Zusatzannahmen vorzugsweise anthropologischer, naturrechtlicher oder politischer Natur zu untermauern sind.[10] Mit der gebotenen Zurückhaltung heben sie *Fraglosigkeiten* ins Bewusstsein, die sich von selbst nahelegen und von den Lehrern der Weisheit, die keine Autoren im modernen Verständnis des Wortes sind, in einfachen Worten memoriert werden.

Neuere Versuche, dem Maß im Rahmen einer Ethik verantwortlichen Handelns einen zeitgemäßen Ort zuzuweisen, stoßen an genau dieser Stelle an ihre Grenze. 1983 hat der Freiburger Philosoph Werner Marx eine Studie vorgelegt, die im Anschluss an Heidegger den Versuch macht, über die Geltendmachung einschlägiger Erfahrungen »Maße einer nichtmetaphysischen Nächstenethik« zu benennen. Marx entfaltet seine Überlegungen unter einem Titel, der einer späten Prosadichtung Friedrich Hölderlins (1770–1843) entnommen ist: »Giebt es auf Erden ein Maaß?« Hölderlin, den überlieferten Widerstreit zwischen himmlischer Vollkommenheit und irdischer Unzulänglichkeit aufgreifend, beantwortet die Frage entschieden: »Es giebt keines«.[11]

Marx nimmt den Zweifel Hölderlins als eine Art Zwischenbescheid auf, als Aufruf, das Entschwundene, ungreifbar und unverständlich Gewordene, mit Neuzeitmitteln zurückzuholen und wiedereinzusetzen. Um eine Zukunft zu haben, muss demnach das Maß aus seinen traditionellen Bezügen herausgelöst und das, was Marx als das ›Wesen‹ des Maßes anspricht, auf zeitgemäße Weise ausbuchstabiert werden. Die Möglichkeit dazu ergibt sich, so die These, über die philosophische Explikation der Verantwortung, die Menschen füreinander nicht nur haben, sondern offenkundig auch empfinden: Liebe, Anteilnahme, Anerkennung. Das Maß, so Marx, gewinnt im Umkreis ebenjenes Erlebnisraums erneut Evidenz, wie sie ein am Leitbild der Mitmenschlichkeit orientiertes Zusammenleben zu vermitteln vermag.

Und doch bewältigt der Aktualisierungsvorschlag die selbstgestellte Aufgabe nicht – und dieses Scheitern ist aufschlussreich. Der Bruch in der Geltungstradition des Maßes folgt ja nicht aus der *Art* der Begründung, sondern ist bereits mit dem *Anspruch* der Begründung vollzogen. Als Ethiker versucht Marx zu begründen, was seiner Idee nach selbst ein Gründendes, der moralphilosophischen Verdeutlichung Vorausliegendes ist und ebendarum, wie Hans-Georg Gadamer in seiner Besprechung des Buches zu bedenken gab, gerade »nicht begründbar ist« und »auch keiner solchen Begründung« bedarf.[12] Die Sätze der Maßethik geben vor, das, was das Richtige ist, ebendarum auch zu *tun;* die modernen Ethiken verfahren anders: Sie wollen das Richtige durch Herleitung oder Aushandlung *rechtfertigen* und auf der Basis greifbarer Daten und Fakten als zwingend *ableiten.*

Das Schicksal der Maßethik entscheidet sich mit der Frage, ob ein solches Verfahren in der Kontinuität des herkömmlichen Verständnisses bleibt oder aber etwas gänzlich Neues einführt: ein Maß, das der Mensch sich selbst gibt und das er, nachdem er nun den Ausfall der metaphysischen Obdachgewährungen hat hinnehmen müssen, ersatzweise moralphilosophisch fundiert. Aus Gadamers Sicht ist die Frage rhetorisch: Heidegger – auf den Marx sich durchweg bezieht – habe seine Gründe gehabt, als er das Verlangen nach der Begründung der Ethik zurückwies. Was demnach Heidegger, wie zuvor bereits Hegel und Nietzsche, gesehen hat, ist dies: Die Erwartung, die Maßethik auf der Basis moralphilosophischer Plausibilisierungen erneuern zu können, ist nur eine weitere und geradezu fatale, weil den Kern der Sache bereits mit der Wahl des Zugriffs verstellende Art und Weise, das Maß zu verfehlen. Anders gesagt: Die Geltung des Maßes beruht nicht auf den Prozeduren förmlicher Deduktion, sondern verdankt sich dem Vertrauen auf eine Welt, deren

Geordnetheit dem Menschen im Gegebensein des Maßes entgegentritt.

Alles regelt das Maß – die Überzeugungskraft dieses Versprechens hat es ihm erlaubt, an den Rändern der sozialen Welt bis heute zu überleben: im Gespür für Situationen und den rechten Augenblick, in Fragen des Auftretens und des Taktes, in der Wahrnehmung selbst der leisesten Stimmungsschwankungen und der Sicherheit, mit der wir die Spielräume des Verhaltens mit einem Blick erfassen. Für gewöhnlich und ohne förmliche Unterweisung wissen wir sehr genau, wo ›der Spaß aufhört‹, wann ›das Maß voll‹ und ›der Bogen überspannt‹ ist. Schon als Kinder erlernen wir, zusammen mit der Sprache, die Grenzen des Sagbaren – das, was für gewöhnlich genügt und worüber nicht hinausgegangen werden muss. Es sind solche Beiläufigkeiten, solche Erfahrungen und Bewährungen der fast mühelosen Bewältigung selbst kompliziertester Situationen, die dem französischen Soziologen Émile Durkheim, wohl nicht zufällig in einem erziehungswissenschaftlichen Gedankenzusammenhang, das für heutige Ohren erstaunliche Wort von der »Lust am Maß«[13] eingegeben haben.

Lebendiges Maß – Das Maß zeigt sich indirekt: als Ausdruck des Verweisungsgefüges, das es zusammenhält und in das es auch selbst mit eingebunden ist. Wer es finden will, muss es in seinen Anwendungsbezügen suchen – da, wo es zum Tragen kommt. Eine gültige Definition des Maßbegriffs, die zeitlos standhält, ist von einer solchen Vergewisserungsarbeit nicht zu erwarten. Was sie anbieten kann, ist die Rekonstruktion dessen, worum es geht: die *Idee des Maßes*.

Wirksamkeit und Attraktivität des Maßes beruhen darauf, dass es sich improvisationsfreudig den unterschiedlichsten Umgebungen einfügt. Die Maßsysteme der Regionen und

Kulturen sind, wie die zahlreichen Namen der Flächen- und Streckenmaße, der Währungen und Gewichte noch heute erkennen lassen, ungemein vielfältig.[14] An der Schwelle zur Renaissance hat deshalb der Theologe und Philosoph Nikolaus von Kues (1401–1464) das Maß – für heutige Ohren geradezu befremdlich – »lebendig« nennen können. Der Geist, heißt es im neunten Kapitel des *Liber de mente,* ist »lebendiges Maß« – *mens est viva mensura.* Darin, dass die Wörter *mens* und *mensura* klanglich harmonieren, sieht Cusanus die tiefe Verbundenheit bestätigt zwischen dem Geist *(mens)* des Menschen und dem Maß *(mensura)* der Dinge. Demnach ist die menschliche Vernunft den Anforderungen der Welterkenntnis gewachsen, weil sie das, worauf sie das Augenmerk richtet, bereits in sich trägt und sich auf den Wegen der Welterschließung darauf besinnt, es verdeutlicht, sich gegenüberstellt und erschließt.

Mit dem Maß, so Cusanus, ist dem Menschen der Schlüssel zur Welt in die Hand gegeben. In der Folgezeit hat sich diese Vorstellung aus den dogmatischen Gedankenzusammenhängen, denen sie entstammt, herausgelöst und sie überlebt. »Mensch«, mit diesen Worten wird Nietzsche das klangliche Zusammenspiel der Wörter *mens* und *mensura* erneut aufgreifen, heißen wir deshalb, weil wir »Messende« sind.[15] Mit der Assonanz der Wörter glaubte Cusanus einen Hinweis für das An- und Aufgenommensein des Menschen in der Welt gefunden zu haben; im Unterschied dazu und ein halbes Jahrtausend später lässt Nietzsche die Frage dahingestellt sein, ob der messende Mensch in seiner Welt als Souverän agiert, als das *Maß aller Dinge*, oder aber als derjenige, der nun nicht mehr anders kann, als der einmal entfesselten Dynamik der Quantifizierung nachzugeben und, wie die Dinge, so auch sich selbst als eines ihrer Objekte erkennen zu müssen. Das ist ein eminent zeitgemäßer Befund: Der alles messende und seinem Gutdünken *unterwerfende* Mensch und der total vermessene und *unterworfene* Mensch sind einander zum Verwechseln ähnlich geworden.

Das vorneuzeitliche Attribut der Lebendigkeit vermittelt eine Vorstellung davon, wie weit der Weg zum heutigen, vom Hyperonym des Messens beherrschten Begriffsverständnis gewesen ist. Offenkundig ist das für die Moderne so entscheidende Kriterium der förmlichen, dem Leistungsvermögen des menschlichen Wahrnehmungsapparates hohnsprechenden Exaktheit zunächst nur eines unter vielen gewesen. In der herkömmlichen Ethik des Maßes haben beide, die *Exaktheit* der Zahl und die *Präzision* des gesprochenen Wortes, ihren Ort.[16] Das vorgelagerte Kriterium der Angemessenheit weist beiden ihre Plätze zu und sorgt dafür, dass da, wo das Maß gilt, Zahl und Wort, Quantität und Qualität gleichermaßen zu ihrem Recht kommen. Belohnt wird das Vertrauen in seine Vorgaben durch die Sicherheit der anstehenden Entscheidungen und die auf Erfahrung beruhende Zuversicht, mit dem Anlegen des Maßes wie stets, so auch diesmal auf dem richtigen Weg zu sein.

In manchen Alltagswendungen ist dieser Zusammenhang erhalten geblieben, etwa wenn es gilt, ›gemessenen Schrittes‹ zu gehen. Die Wortverbindung bezieht sich – in Zeiten der Quantified-Self-Bewegung muss das gesagt werden – weder auf die Anzahl noch auf den Energieverbrauch der getanen Schritte. Das Attribut der Gemessenheit würdigt die Art, wie jemand geht. Es betont eine gewisse Verhaltenheit des Bewegungsablaufs, eine Gesetztheit, womöglich auch Feierlichkeit des aufrechten Gangs, der von der Formlosigkeit verträumten Umherschlenderns ebenso weit entfernt ist wie von der brutalen Geometrie des Stechschritts. ›Gemessen‹ heißt weder ›langsam‹ noch ›steif‹, weshalb Thomas Mann – in der Erzählung »Die Betrogene« – von »gemessener Eile« sprechen kann: von einer Eile, deren Gemessenheit sie mit dem, was die betreffende Situation erfordert, in Übereinstimmung hält und dafür sorgt, dass sie, wie Mann noch im gleichen Absatz schreibt, ihrem sprichwörtlichen Drang widersteht und »unüberstürzt« bleibt.

Ein Gehen, das gemessen ist, wird zur Ausdrucksgebärde. Das in der charakteristischen Körperbewegung der Gemessenheit sichtbare, genauer noch: das sichtbar gemachte Maß ist Teil der Situation, die es annimmt, mitgestaltet und bestätigt. Gemessenen Schrittes zu gehen heißt nicht lediglich, den eigenen Körper durch eine klar umrissene Topographie zu bewegen. Es heißt, in einen lebendigen Austausch einzutreten und das Maß im Vollzug dieses Austauschgeschehens spontan zu gewinnen. Aus der bloßen Querung des Raums – der ›Mobilität‹ – wird eine lebendige, mit der Umgebung interagierende Choreographie, die ein situatives und, über den Nahbereich hinausgreifend, ein kulturelles Zeichen ist. Auf dieser untermalenden und verstärkenden Funktion beruht die Sicherheit, die die gemessene Art der Bewegung den Gehenden gibt.

Angesichts der, wie Honoré de Balzac in seiner Theorie des Gehens sagt, »ungeheuren Beredsamkeit« der Art und Weise, wie wir einen Fuß vor den anderen setzen, wird die Gehbewegung lesbar als Ausdruck des inkorporierten Maßes. Die Bewegung selbst, ihre Ungezwungenheit, die ihren körperästhetischen Grenzwert in der Ausdrucksgebärde der Grazie findet, setzt in ihrem Umfeld das Maß.

Ohne ein Wort verdeutlicht die Gemessenheit der Bewegung die kulturellen, moralischen und ästhetischen Gehalte des Augenblicks und, ebendamit, die Performativität des Maßes: dass es die Situation, der es sich *einfügt*, doch zugleich auch hervorbringt, sie festigt und *fügt*. Wer in gewissen Augenblicken gemessenen Schrittes geht, hält nicht lediglich abstrakte Vorschriften und Regeln ein, die ihm sagen, was sich gehört und in diesem Augenblick zu tun ist; eine solche Person fädelt sich zwanglos ein, zeigt sich als Teil des Geschehens und gestaltet es allein durch die Art, wie sie geht, an ihrer Stelle mit.

Kleines Karo – Die Welt dreht sich, das weiß jeder. Aber, und darauf kommt es an, sie dreht sich in Maßen. Die Lehre des Maßes besagt, dass diese Vorgabe, diese zeitlos gegebene Ordnung der Dinge, unhintergehbar und für das Denken und Handeln der Menschen verbindlich ist. Der Sinn dieser Lehre ist verblüffend einfach und liegt, sofern man sich auf sie einlässt, auf der Hand. Angemessen ist der Umgang mit den Dingen dann, wenn er ihnen und den Anforderungen der Situation entspricht.

Was das bedeutet, wird sinnfällig besonders da, wo der Anspruch der Angemessenheit gestört ist. Das verbreitete Unbehagen am Diktat der *Effizienz* gilt der Bedenkenlosigkeit, mit der sich das eine und einzige Kriterium der erfolgreichen Durchsetzung beliebiger Zielvorgaben über Einsicht und Erfahrung, über Regel und Maß hinwegsetzt. Ist der Grundsatz der Effizienz erst einmal durchgesetzt und akzeptiert, müssen Wünsche und Gewohnheiten zurücktreten. Worauf es ankommt, ist der Ertrag – das, was am Ende herauskommt.

Um den Ertrag zu sichern und, im nächsten Schritt, zu steigern, gibt der Grundsatz der Effizienz Verfahrensregeln vor, die alles, was nicht unmittelbar zielführend ist, dem Verdacht aussetzen, hinderlich und sogar schädlich zu sein. Aus der Fülle des Daseins rechnet die Effizienz das Überflüssige heraus, das es zu kennzeichnen und auszusondern gilt – aber nicht, um die Ethik des Maßes zu stützen, sondern um bei einem Mindestmaß an Einsatz das Höchstmaß an Ertrag zu erzielen. An die Stelle des maßethischen Anspruchs auf Angemessenheit tritt das Kriterium des zählbaren Erfolgs: das Kriterium der Rentabilität. Was immer man auch vorhat – es muss weder ›stimmen‹ noch ›passen‹, sehr wohl aber, wie die denkwürdigen Formulierungen lauten, ›sich rechnen‹ und ›sich bezahlt machen‹.

Im Zwang zur Effizienz triumphiert die noch in den Zeiten der Aufklärung als geistlos und öde verachtete Pedanterie. Die Effizienz ist der zur Tugend aufgeblasene Tunnelblick, das kleine Karo, das sich endlich durchgekämpft hat und nun allen und jedem die Marschrichtung vorgibt. Während das Maß die aktuellen Gegebenheiten zu einer überschaubaren Situation zusammenführt, ist die Effizienz eine Methode, Situationen als Grenzsituationen darzustellen, in denen der Ernstfall regiert – die Erfordernisse der Organisation, der Zwang zur Optimierung, das Diktat der Rentabilität. Mit der Effizienz wird das Ökonomieprinzip allgemein: Zielerreichung bei geringstmöglichem Einsatz von Mitteln.

Nicht die gegebene Situation steht unter den Aspekten der Effizienz im Vordergrund, sondern die Wertschöpfungskette, als deren Glied jede einzelne Situation sich verstehen und neu ›aufstellen‹ soll. Für die Beteiligten heißt Effizienz, sich an die Vorgaben oder, in Zeiten der Governance, an die Zielvereinbarung zu halten. Ihr strategisches Kalkül sieht vor, ebenjene sozialen und kulturellen Bezüge, ebenjene Bindungen und Loyalitäten aus den Gleichungen des Lebens herauszurechnen, die das Maß seiner Idee nach im Spiel hält. Spätestens an diesem Punkt erweist sich der erste Anschein der Familienähnlichkeit als trügerisch. Die Effizienz will Ressourcen nicht schonen, sondern einsparen. Das gilt vor allem für die in ihren Augen schlimmste aller Vergeudungen: für ungenutzt verstreichende Zeit.

Wichtig ist zu betonen, dass nicht die Idee der Effizienz problematisch ist – es sei denn, man wollte reibungslose Abläufe bereits als solche verwerflich nennen. Problematisch ist die Energie, mit der dieser Imperativ in alle Bereiche des Lebens hineingetragen wird und sie korrumpiert. Effizienz ist ein Maß ohne Maß – ein Maß, das alles Handeln der Erwartung unterstellt, dass man die Schraube immer weiter drehen kann und die Optimierung keine Grenzen kennt. Die Welt der Effizienz ist eine Welt der Komparative. Im Horizont des Effizienzkalküls gibt es nichts, was nicht besser gemacht werden könnte und, ebendarum, auch besser gemacht werden muss.

Maß und Norm – Die Generalausrichtung von Kultur und Gesellschaft an wirtschaftlichen Erfordernissen hat aus dem Maß die Effizienz gemacht. Parallel dazu hat sich auf technischer Ebene die Norm durchgesetzt. Die Norm ist das unbedingt einzuhaltende, das endgültig festgelegte, stillgestellte und tote Maß.

Autorisiert durch die Technizität industrieller und zunehmend auch sozialer Abläufe, gebietet die Norm absolut und ohne Widerspruch. Es ist geradezu die Idee der Norm, für alle überhaupt denkbaren Fälle der Standard zu sein. Als dieses So-und-nicht-anders fordert sie Gehorsam und belohnt unsere Folgsamkeit durch die Wiederholung des Immergleichen, durch Geläufigkeit und, in der Folge, durch das Einsparen von Zeit. Die Universalität der Norm erübrigt Erprobungen, Erklärungen, Abgleiche, Fragen und Diskussionen. Nicht nur die Geräte und Maschinen sind ›technisch‹, auch ihre Handhabung ist es, und ebenso die Welt, in der sie funktionieren. Doch der Vorteil der Norm erschöpft sich keineswegs in der Störungsfreiheit der Abläufe. Normen mindern die Verantwortungslast der Beteiligten, die nun nicht mehr, wie in der Welt des Maßes, abwägen und einschätzen, nicht mehr urteilen und entscheiden, sondern lediglich die vorgegebenen Handgriffe in der vorgesehenen Reihenfolge ausführen müssen. Das zur Norm umdefinierte Maß verlangt, überall und jederzeit auf die gleiche Weise eingehalten und umgesetzt zu werden.

Als technischer Sachverhalt kommt die Norm schlicht und einfach zur Anwendung und setzt durch, dass Handlungsverläufe schon vorgreifend mit Rücksicht auf sie und ihre Erfordernisse angelegt sind. Die sanfte, von unleugbaren Evidenzen getragene Gewalt der Norm diktiert die Bedingungen. Sie bringt die Wirklichkeiten überhaupt erst hervor, in denen sie dann ihr konkurrenzlos glattes Funktionieren ausspielen kann. Dabei lässt sich auch das Besondere und Unvergleichliche, wie es die Künste kennen und die Religionen, normgerecht einfassen, bleibt jedoch in der veränderten Umgebung als das, was es ist, ohne Belang. Seiner Präsenz beraubt, wird dieses je Besondere übertragen in eine normgerechte Umgebung und, sagen wir, zum Ausstellungsstück oder zur touristischen Attraktion. Was ein Gotteshaus oder auch ein Kunstwerk der Sache nach ist, ist in der Welt der Normen ohne Belang. Die Norm greift von außen zu und lässt alles, was um seiner selbst willen da ist, als umständlich und dysfunktional ins Leere laufen.

Für das Maß gelten andere Regeln. Das Maß ist eine Vorgabe, die in dieser, der gegebenen Situation von den unmittelbar Beteiligten nicht, wie die Norm, lediglich *eingehalten,* sondern *verwirklicht* wird. Das Maß ermöglicht Teilhabe und Anpassung an gegebene Situationen, die Norm verlangt, widerspruchslos hingenommen und befolgt zu werden. Die Norm wird an die Dinge herangetragen, das Maß ist mit ihnen gegeben. Der Schritt zur Norm impliziert einen für das menschliche Weltverhältnis folgenreichen Standpunktwechsel: Das Maß ist die Sache des Menschen, der *in* der Welt steht, die Norm die Sache des Menschen, der *vor* der Welt steht.

KAPITEL ZWEI

Logik des Maßes

Vom Genügen – Die Wissenschaft der Maße – Vergleich und Funktion – Maßlogik und Mathematik der Natur – Umsturz der Elementarbegriffe – Das Rumoren der Komparative – Maße des Glücks

> Das leichteste ist, was Gehalt und Gediegenheit hat, zu beurteilen, schwerer, es zu fassen, das schwerste, was beide vereinigt, seine Darstellung hervorzubringen.
> G.W.F. Hegel, *Phänomenologie des Geistes*

Die Dualismen moderner Weltbeschreibung, die Subjekt und Objekt, Leben und Form, Substanz und Funktion routinemäßig trennen und einander gegenüberstellen, liegen der Ethik des Maßes fern. Das Maß verlangt ein Denken *von* und *in* Zusammenhängen: ein Denken in gegebenen Situationen. Seine Logik fordert dazu auf, jeweils beides, die Dinge ebenso wie ihre Beziehungen, als Elemente eines Gefüges vielfältiger Wechselwirkungen zu begreifen und das Handeln aus diesen Bezügen heraus zu entwerfen.

Vom Genügen – Die in Redewendungen bis heute erhaltene Überzeugung, dass etwas wahr ist, weil es ›stimmt‹, und das heißt: weil es richtig ist, weil es den Erwartungen entspricht und sich in das Ganze seiner Umgebung problemlos einfügt, entstammt offensichtlich den Traditionen des fraglos anerkannten Maßes. Wer das Maß hat, weiß, was genügt, und er weiß auch, wann es genug ist.

Das Maß steht dafür ein, dass etwas ›passt‹ und ›sitzt‹, dass etwas ›so‹, wie es gemacht ist, ›geht‹. Schon die Logik dieser

Sprachbilder widersetzt sich der Vorstellung, das Maß könnte auf der Willkürentscheidung eines Einzelnen beruhen oder auf der sturen Einhaltung einer einmal eingeführten Norm. Die Sicherheit des Maßes verdankt sich diesem unergründlichen ›Es‹, das stimmt, sitzt und passt und, ebendarum, den Anforderungen der Situation genügt. Mit Rücksicht auf die Situation, auf die Absichten der Beteiligten und die Anforderungen, die in der Sache liegen, leitet das informelle System des Maßes ein bei genauem Hinsehen ungemein komplexes Geschehen an und hält es in der Spur des Gelingens.

Die philosophische Terminologie schärft den Blick und erlaubt an dieser Stelle eine Unterscheidung, die von der Umgangssprache mitgetragen wird: Die Norm ist eine Sache des Verstandes, das Maß die Sache der Vernunft. Die Schwankungsbreite des Maßes, der Abstand zwischen Höchst- und Mindestmaß, eröffnet einen Raum, in dem es spontan einen Ausgleich zu finden gilt zwischen der Offensichtlichkeit des unmittelbar Gebotenen und der Ermessensfreiheit der unmittelbar Beteiligten. Dieser Spielraum – der Spielraum des Ermessens und der ›Billigkeit‹[1] – wirft ein Licht auf die Bindekraft des Maßes. Das Maß ist eine Vorgabe, die es erlaubt, das Handeln der Beteiligten zu koordinieren. Selber Ausdruck und Zeichen der Verbindlichkeit, gibt es seinerseits Verbindlichkeiten vor und fördert Solidaritäten.

Das kann gelingen, weil das Maß der klassischen Überzeugung nach mit der Natur der Dinge in Einklang steht. Das Maß tritt nicht wie eine jener Forderungen auf, die einer Welt entgegengehalten werden, die nicht ist, wie sie sein soll, und schon durch diese Art der Ansprache als eine Welt von Widerständen vor uns steht. Die Ethik des Maßes operiert auf der Basis eines grundsätzlichen Einvernehmens mit einer Welt, deren Ordnung ungeachtet ihrer Turbulenzen feststeht und bleibt. Der zurückhaltende Umgang mit den Dingen, ebendies ist die Lehre des Maßes, ist genau das, was ihrem Einbezogensein in das Weltgefüge entspricht. Erst da, wo der Blick für die internen Verweisungen getrübt und das Vertrauen in die Geordnetheit der Dinge erschüttert ist, bekommt der Begriff des Maßes seinen fordernden Unterton. Einmal zu einer Angelegenheit des schlechten Gewissens und der sozialen Kontrolle geworden, verliert es den Nimbus der Selbstgegebenheit und erscheint als beengend und bedrückend, als Schema, Vorschrift und Zwang.

Die Wissenschaft der Maße – Im ersten Band seiner Wissenschaft der Logik von 1812, in dem Abschnitt über »Die Lehre vom Sein«, hat Hegel diese ganze Tradition des Maßvertrauens in einer einzigen Formel zusammengezogen. »Im Maße«, so lautet gleich der erste Satz, »sind, abstrakt ausgedrückt, Qualität und Quantität vereinigt.« Qualität und Quantität fallen also keineswegs in eins, verweisen jedoch aufeinander. Sie sind, was sie sind, indem sie ein Gemeinsames bilden: das Maß.

Hegels knappe Bestimmung, die dann auf den folgenden rund siebzig Seiten mehrfach und in den unterschiedlichsten thematischen Bezügen leitmotivisch wiederkehrt[2], resümiert die überlieferte Idee des Maßes: die praktische, schon mit der Anlegung des Maßes unterstellte Korrelation zwischen qualitativen und quantitativen Momenten. Wiederholt greifen diese Passagen auf Formulierungen aus dem zehnten Buch der aristotelischen Metaphysik zurück. Schon Aristoteles will das Maß weder als ein bloß Quantitatives noch als ein bloß Qualitatives verstanden wissen, es betrifft weder nur die »Größe« noch allein die »Beschaffenheit«[3]. Die Logik des Begriffs, stellt Aristoteles klar, sieht vor, Quantität und Qualität in der Balance zu halten und über ihr praktisches Zusammenwirken auch beide zu ihrem Recht kommen zu lassen.

Überlebt hat diese Vorstellung im Bild der Waage, die über das Wiegen und Wägen, über das Messen und Ermessen, zu einem gerechten Ausgleich und, ebendamit, zu einem ›ausgewogenen‹ Urteil findet.

Im Abstand von über zweitausend Jahren überblickt Hegel den Werdegang, den die Praxis des Maßnehmens seit den Tagen des Aristoteles durchlaufen hat – Veränderungen, die in der Sache liegen und den Begriff nicht unberührt lassen konnten: die Maßstäbe und Vorverständnisse, unter denen uns die Empirie zu Bewusstsein kommt und wir sie uns erschließen.

Neben Descartes und Spinoza, die in erster Linie modallogische Fragen aufgeworfen hatten, gehört Hegel zu den wenigen Vertretern seines Fachs, die sich der Aufgabe gestellt haben, im Wissen um die Geschichtlichkeit dieses Gegenstandes seine Systematik, und das konnte für Hegel nur heißen: seine »immanente Entwicklung« darzulegen. Dabei hat auch Hegel die Frage nach dem Maß für eine der schwierigsten gehalten, und diese Schwierigkeit hat vor allem drei Gründe. Eine besondere Herausforderung ist zum einen die Unscheinbarkeit des Begriffs, sein Verbleib in der Latenz. Schwierig ist die Sache zum zweiten, weil die Logik des Maßes komplex ist und nur unter Wahrung dieser Komplexität überhaupt sein und bleiben kann, was sie ist. Hinzu kommt drittens, dass, nachdem das Thema bereits der Antike geläufig war, seither die verschiedensten Vorstellungen aufgekommen sind, die die Sache bedenklich verkürzen und mit der Verbundenheit von Quantität und Qualität die Ausgangsintuition des Maßes aus dem Blick verloren haben.

So konnte es geschehen, dass das Wort den Begriff überlebt hat. Hegel stellt sich dieser Situation, in der die Entwicklung eines Theoriestücks eben dabei ist, abzureißen und ihren gedanklichen Entstehungszusammenhang zu verlieren.

Zweierlei behält er bei dieser Sichtungsarbeit stets im Blick: die Ausgangsintuition des Maßbegriffs sowie, auf der anderen Seite, die Vielfalt der überlieferten Verwendungsweisen.

Die ältesten Verständnisweisen des Maßes, daraus macht Hegel kein Hehl, sind wegweisend und beachtlich, inzwischen aber unzulänglich und nicht mehr zeitgemäß. Das gilt auch für die aus den Zeiten der Spätantike herübergerettete, die Überzeugungen eines ganzen Zeitalters resümierende Formel des Horaz, wonach »alles ein Maß hat«. Gleichwohl geht Hegel über dieses initiale Begriffsverständnis nicht achtlos hinweg. Seine Maßlogik billigt der frühen Bestimmung zu, den Rang des Themas erfasst und ihm eine jahrhundertelang tragfähige Formulierung gegeben zu haben. Ihre Schwäche hat diese Auffassung allerdings darin, wie Hegel sagt, das Unbestimmte, statt es als solches philosophisch zu durchdringen, selber unbestimmt gelassen zu haben. Das Wort des Horaz setzt den Sachverhalt, den es zu klären gälte, schlicht und einfach als zeitlos gegeben voraus. Es gelangt nicht einmal in die Nähe der Frage, die Hegel mit seiner Logik des Maßes aufwirft: wie das, was einmal das Maß gewesen ist, sich in und mit der Zeit verändert hat, wie es also unter den ideellen Voraussetzungen der Gegenwart zu denken und ob es überhaupt mit ihnen vereinbar sei.

Vergleich und Funktion – Als sprechendes, der Horaz-Formel nachempfundenes Beispiel für die Unterbietung des theoretischen Pensums führt Hegel die Rede vom »natürlichen *Maßstabe* der Dinge« an. Offenbar verdankt sich die Popularität dieser Rede der Erfahrung, dass jedes Ding – Hegel nennt es ein Etwas – charakteristische Proportionen aufweist, deren Geläufigkeit uns dazu veranlasst, seine Maße für naturgegeben zu halten. Die Alltagsorientierung zehrt von derlei Trivialitäten, mit denen alle Welt in stillem Einvernehmen lebt.

Abb. 1: René Magritte, *Das Zimmer des Lauschens,* 1952, Menil Collection, Houston, USA; © VG Bild-Kunst, Bonn 2021

Äpfel sind kleiner als, sagen wir, Wetterballons (vgl. *Abb. 1*), und in diesen Komparativbildungen des ›kleiner als‹ und des ›größer als‹ haben, unter Aspekten der Ausdehnung und *Quantität*, beide ihr Maß.

Philosophisch, wendet Hegel ein, ist jedoch weder dem Maß des Apfels noch dem Maß des Ballons mit derlei Weisheiten beizukommen. Verstanden als Umfangsbestimmungen, kehren die Größen an den Dingen hervor, was ihnen äußerlich ist und, so Hegel, ebendarum »ihr ursprüngliches Maß« nicht sein können. Dem Anschein zuwider ist das Quantum nicht das Maß eines bestimmten Etwas, sondern lediglich das Maß von unbestimmt Verschiedenem, das überhaupt erst unter dem Aspekt eines vereinheitlichenden Kriteriums – im gegebenen Fall der Proportion – und auch nur in dieser besonderen Hinsicht überhaupt von Interesse und »bestimmt« ist.

Wie die Komparativbildungen bereits andeuten, lebt das quantifizierte Maß vom Vergleich. Wer vergleicht, stellt Verschiedenes nebeneinander, um von dem abzusehen, was die Verschiedenen unterscheidet und als je Besondere auszeichnet. Die synonyme Formulierung ›aneinander messen‹ stellt klar, worum es geht. Dinge vergleichen heißt, sie unter dem Aspekt ihrer Gleichartigkeit zu betrachten, und das bedeutet: sie schon mit der Art des Zugriffs vergleichbar zu *machen.*[4] Jeder Vergleich, können wir sagen, ist ein Eingriff, der die Ordnung der Dinge unter dem Aspekt ihrer Gleichartigkeit neu entwirft. Ist diese Sichtweise erst einmal verbreitet und standardisiert, stellt sich wie von selbst der Eindruck ein, nicht die Fülle des Verschiedenen und des Einzigartigen, sondern die Wiederholung des Immergleichen sei das, was der Natur der Dinge entspricht. Einmal der Prozedur des Vergleichs unterworfen, wird alles Einzelne zum Besonderen eines Allgemeinen, zu einem Fall, der eine Regel bestätigt – darüber hinaus gilt es nichts.

Bemerkenswert sind Allerweltsvorgänge wie diese, weil der mit dem Vergleich getane Abstraktionsschritt die Ordnung der Dinge neu ausrichtet. Das als Quantum bestimmte Maß ist weder an den Dingen interessiert noch am Zusammenspiel von Quantität und Qualität. Die Quantifizierung ist eine gezielte, mit methodischer Akribie durchgeführte Vereinfachung – eine Vereinfachung, »die wir durch Rückführung der bunten Mannigfaltigkeit der uns vorliegenden Dinge und Veränderungen auf quantitative Verhältnisse erreichen«.[5] Einmal auf das Quantum zurückgeführt und durchgesetzt, enthüllt das Vergleichsmaß die Welt, in der wir leben, unter dem Aspekt ihrer numerischen Erfassbarkeit: als eine Welt von Umfängen und Entfernungen, von Fristen und Terminen, von Größen und Gewichten, als eine Welt von Prozenten, Prognosen und Proporzen, von Tarifen, Quoten und Bilanzen, von Raten, Rankings und Rekorden. Zum »allgemeinen Maßstab« erhoben, führt die Quantifizierung, wie bereits Hegel bemerkt, die unterschiedlichsten Dinge der »äußerlichen Vergleichung« zu, wobei es völlig »gleichgültig« – so »gleich gültig« wie »gleichgültig« – ist, auf welche Dinge oder Inhalte die einmal standardisierte Sichtweise sich im einzelnen bezieht. Das Vergleichen ist eine kollektive, tausendfach wiederholte Übung, eine Initiation von zivilisationsgeschichtlichem Rang, die das Hantieren *mit* und, wie nur konsequent, das Denken *in* Quantitäten zur Alltagsroutine gemacht hat.

Die nur zu berechtigte, aber erstaunlich selten gestellte Frage, weshalb derlei Vorgehensweisen erfolgreich sind und die Dinge sich, wie es scheint, der Quantifizierung widerstandslos ergeben, findet mit Hegels Hinweis auf die Umstellung im Vorfeld ihre Erklärung. Zählbar, berechenbar, messbar sind die Dinge dieser Welt, weil sie ein Maß haben. Wie aber dieses Maß bestimmt ist und sich zeigt, hat sich mit der Verschiebung von der Ethik des Maßes zur Praxis des Messens entscheidend geändert. Die Garantie, aber auch der Preis erfolgreicher Quantifizierung ist die konsequente Beschränkung auf Sachverhalte, die – etwa durch die Übertragung lebendiger Erfahrung in die Systematik der Testreihen, Auflistungen, Formeln und Formulare – der Darstellung als Zahlenwerk entgegenkommen und auch nur in diesem Rahmen überhaupt von Belang sind. Mit wachsender Deutlichkeit erscheint der Raum der Erfahrung als ein weltumspannendes Netz messbarer Einheiten, die den Alltag infrastrukturell ausrichten. Einmal quantifiziert, treten die klassischen Praxisfelder der sozialen Welt als ›Systeme‹ hervor: Information, Wissenschaft, Wirtschaft, Verkehr, Gesundheit, Bildung …, die von denen, die in dieser Wirklichkeit zurechtkommen wollen, die Einübung entsprechend angepasster Denk- und Verhaltensmuster nachdrücklich einfordern und erfolgreich durchsetzen.

Jeder einzelne Messvorgang verstärkt den Eindruck, die Welt und alles, was sie im einzelnen umfasst, müsse überhaupt und ganz generell aus dem heraus verstanden werden, was an ihr messbar ist. Ist dieser Standbeinwechsel von der Erfahrung zur Messung erst einmal erfolgt, heißt Wirklichkeit, ohne dass dies noch irgendjemandem plausibel gemacht werden müsste, stets und überhaupt *gemessene* Wirklichkeit. Was das bedeutet, demonstriert beispielhaft das Schicksal vormaliger Hochbegriffe wie ›Geist‹ und ›Vernunft‹, die einmal als Auszeichnung eines Wesens galten, das sich in einer zumutungsreichen Naturwirklichkeit behaupten muss. Unter dem Eindruck der voranschreitenden Quantifizierung ist aus der Vernunft zunächst der Verstand und schließlich die Intelligenz geworden: ein rein aus Daten gewonnenes Gebilde, das beliebigen Trägern angesonnen werden kann[6] – also auch den Maschinen und Programmen, die, wie nicht anders zu erwarten, das aus ihrer Logik gewonnene Leistungsprofil auch wirklich bestätigen und ihre Überlegenheit gegenüber der menschlichen Verstandesleistung mühelos beweisen. Wer die Welt so einrichtet, dass künstliche Intelligenzen freie Bahn haben, darf sich nicht wundern, wenn er von einem bestimmten Punkt an nur noch hinterherläuft[7] und dazu verurteilt ist, in seinem Denken, Fühlen und Verhalten ständig nachziehen zu müssen.

Wie exemplarisch die Begriffe Geist und Vernunft, so werden in den Zeiten der Quantifizierung Natur und Wirklichkeit generell aus dem Bild heraus erfasst, das entsprechend umgearbeitete Begriffe von ihnen entwerfen. Der Eindruck entsteht, dass das, was Natur ist und Wirklichkeit, ebendas ist, was sie in den Operationen des Messens von sich preisgeben. Basis dieses Normalverständnisses ist eine allumfassende Tautologie, die auf eigenwillige Weise an die vorneuzeitliche Metaphysik anschließt. Demnach können wir Wissen über die Dinge deshalb erlangen, weil sie ein Maß haben – ein Maß, fügt die Neuzeit dieser Überzeugung hinzu, das mit jeder einzelnen Operation des Messens bestätigt wird und in Wirtschaft, Wissenschaft, Verwaltung und Politik die Marschrichtung vorgibt.

Metaphysisch an diesem Erwartungshintergrund ist die Vorstellung, dass der Schleier sich hebt und die Natur im Gemessenwerden endlich preisgibt, was sie diesseits all der ethischen und ästhetischen Umständlichkeiten, die den vorneuzeitlichen Maßbegriff unnötig kompliziert machten, rein als solche und überhaupt *ist.* Im Rahmen dieser Gedankenwelt sind es die messenden Wissenschaften, und sie allein, die in der Lage sind, die Natur endlich nackt und unverstellt zu zeigen und zu erklären, was es mit ihr auf sich hat.

Ebendieser Überzeugungszusammenhang hat sich als übertragbar erwiesen – besonders da, wo der Anspruch auf Wissenschaftlichkeit an den Einsatz quantifizierender Verfahren gebunden ist. So ist in den empirisch arbeitenden Sozialwissenschaften die Überzeugung verbreitet, das ›Digitale‹ sei eine dem ›Sozialen‹ inwohnende Grundeigenschaft. Die soziale Welt selbst soll etwas ›enthalten‹, das sich uns heute, nach all den redseligen und verwirrenden Weltbeschreibungen der Vergangenheit, endlich mit der Eindeutigkeit von Zahlenangaben zu erkennen gibt. Im Rahmen der funktionalistischen Weltbeschreibung kommt diese, aus den Routinen des Vergleichs hervorgegangene Erwartung zur Evidenz: die Vorstellung einer Welt, die uns überhaupt erst jetzt, nach ihrer umfassenden Quantifizierung, ihr wahres Gesicht zeigt. Und in der Tat: Was funktioniert, kann in einer Wirklichkeit, in der es auf das Funktionieren ganz wesentlich ankommt, nicht falsch sein. Das Funktionieren – der Nachweis, dass etwas machbar und grundsätzlich wiederholbar ist – ist selbstbestätigend und demonstriert seine Wahrheit, unter den gegebenen Umständen restlos überzeugend, schlicht und einfach durch sich selbst.

Maßlogik und Mathematik der Natur – So rundet sich der Kreis zum geschlossenen Weltentwurf, in dem, wie nur folgerichtig, nichts vorkommt, was nicht entweder aus seiner Funktion heraus erklärt werden könnte oder aber aus der Logik des Funktionierens herausfällt und allenfalls von nachrangigem Interesse ist. Die Ausbreitung des auf sich selbst gestellten Quantums setzt die Norm. Sie etabliert eine Ordnung der äußeren Maße, die gerade dieses Äußerliche, dieses offen Zutageliegende und kunstvoll Verknappte, eben: das *Messbare*, als das einzig Relevante ausgibt, das alle anderen und speziell die qualitativen Orientierungen als unzulänglich beiseiteschiebt. In der Welt des datenmäßig Erfassbaren ist das, was sich der Messbarkeit entzieht, ein Rätsel, ein ungreifbares Etwas, das für ein Wissen ohne Belang ist, das seinem Selbstverständnis nach nicht, wie ehedem, ›vertieft‹, sondern möglichst rasch und gezielt ›vermehrt‹ sein will.

Die besondere Herausforderung der von Hegel ins Auge gefassten Maßlogik besteht nun darin, noch einmal hinter diese stillschweigenden Verschiebungen, die schon zu Hegels Zeit das Verständnis des Maßes verändert hatten, zurückzugehen – einerseits, um diesen Routinen den von einer überwältigenden Normalität getragenen Anschein der Fraglosigkeit zu nehmen, zum anderen, um herauszufinden, wie das, wofür das Maß einmal stand, unter den Bedingungen der Gegenwart zu bestimmen sei.

Tatsächlich stellt die Maßlogik Hegels ein Unternehmen

dar, wie man es gerade von diesem Philosophen wohl am wenigsten erwartet hätte: ein aus der Kritik an der gängigen Praxis heraus entwickeltes Projekt. Es scheint, als habe die Bereitschaft Hegels, in diesem Fall über das von ihm gewohnte, historisch entwickelnde Verfahren hinauszugehen und nun auch selbst auf die ansonsten mit Herablassung bedachte Seite des ›Sollens‹ zu wechseln, die fachphilosophische Wahrnehmung gerade dieses Teils der Logik erschwert. Die Frage ist, was Hegel mit der angekündigten »Mathematik der Natur«[8] im Sinn gehabt haben könnte und warum gerade er diesen enormen, selbst von Kennern als obskur beargwöhnten Aufwand getrieben hat.

Auf den ersten Blick leuchten die angedeuteten Irritationen der professionellen Leserschaft ein. In der Maßlogik wechselt Hegel die Perspektive, um gegen ebenjenen Verlauf der Realgeschichte anzuschreiben, der er ihre Vernünftigkeit ansonsten mit zuweilen irritierender Großzügigkeit bescheinigt hat. Andererseits ist dieses Unverständnis erstaunlich, denn Hegel selbst hat aus den Absichten, die er mit der Maßlogik verfolgte, nirgends ein Hehl gemacht. Im Fall des Maßes hat er genau das getan, was sein kritischer Leser Marx bei ihm vermissen wird: Hegel hat den, was das Thema des Maßes betrifft, bislang einzigartigen Versuch gemacht, »die eigentümliche Logik des eigentümlichen Gegenstandes« zu entwickeln.

Entschlossen, die Ausgangsintuition des Maßbegriffs und speziell die in den Anfängen dieser Geschichte stets mitgedachte Balance von Qualität und Quantität aufzugreifen, nimmt sich Hegel vor, das Integral des Maßes hier und jetzt, an der Schwelle zur Moderne, auf den Begriff zu bringen. Hegel hat dieses Unterfangen angestoßen, die thematischen Reizpunkte benannt und den philosophischen Einsatz verdeutlicht, es aber nicht en détail entfaltet und durchgeführt.

Stattdessen scheint er davon überzeugt gewesen zu sein, dass die einmal in ihren Grundzügen entfaltete Logik des Maßes sich durchsetzt, sobald die Zeit reif und die ihr im Verlauf des geschichtlichen Werdens zugedachte Position erreicht ist. Hegel teilte die Zuversicht seines Jahrhunderts, sein Vertrauen in die Fortschrittsgeschichte. Für ihn ist es die Vernunft, die dieses Vertrauen rechtfertigt: An ihr hat die Praxis des Messens, eingedenk ihres Ursprungs, ihr Maß.

Umsturz der Elementarbegriffe – Unmissverständlich sind denn auch die Passagen, in denen Hegel der Beschränkung des Themas auf die Routinen des Maßnehmens und des Messens widerspricht. Was diese Beobachtungen angeht, ist die Maßlogik geradezu tagesaktuell geblieben. Dazu muss man wissen, dass das bis dahin auch in den Naturwissenschaften noch weitgehend sprachlich vermittelte Wissen eben dabei war, sich in ein Schauspiel der Zahlen zu verwandeln und mit dieser Neuaufstellung dem Willen der politischen und sozialen Revolution entsprach.[9]

Tatsächlich begannen die europäischen Regierungen mit Beginn des 19. Jahrhunderts damit, die Bevölkerungszahlen ihrer Länder umfassend und möglichst genau zu ermitteln. Eigens zu diesem Zweck wurden statistische Ämter eingerichtet, die das erhobene Material mit Blick auf die Bedürfnisse von Politik und Verwaltung zusammenführten und zu bearbeiten begannen. Wie alles, so sollte nun auch die Politik objektiv werden, und das heißt: sich an jenen Fakten ausrichten, wie nur Zahlen sie bieten können. Dass diese Praxis in den überseeischen Kolonien ein vermeintlich offenes und, aus europäischer Sicht, nach Belieben strapazierbares Übungsgelände fand, wirft ein Licht auf die Quantifizierung und ihre enge Verbindung mit den Formen politischer Herrschaft in der Moderne.

Mit dem Instrumentarium der Statistik entstand eine Form der Herrschaft, die auch ohne die Kenntnis spezifischer Inhalte und Qualitäten – die Kenntnis der Kulturen, der Sitten und Gebräuche – ihren Zweck erfüllte. Die statistischen Angaben griffen in das Geschehen ein, indem sie es entdifferenzierten, nivellierten, homogenisierten und, mit bezeichnender Ausnahme der Bürokratien selbst, als Ganzes dem Kriterium der Effizienz unterwarfen. Den europäischen Regierungen bot sich die Gelegenheit, auf die Einstellung und das Verhalten ganzer Bevölkerungsteile Einfluss zu nehmen, ohne sie, wie exemplarisch die Kolonisierten, auch nur ansatzweise verstehen und auf ihre Lebensformen Rücksicht nehmen zu müssen. Die Instrumente der Quantifizierung bilden genau denjenigen Teil politischer Herrschaft, der mit der politischen Praxis verschmolzen und infolgedessen nicht abwählbar ist. Politik heute ist ein machtvolles Umgehen mit Mengen, Größen und Zahlen.

Mit beispielloser Entschlossenheit reorganisierte das 19. Jahrhundert die Vorstellung der *Zeit.* Aufgrund mancher Skurrilitäten und strategischer Rücksichten hatte der Revolutionskalender von 1792 keinen Bestand. Die Grundidee jedoch, die Zeit zu formalisieren und im Weltmaßstab zu vereinheitlichen, setzte sich ausgehend von den industriellen Zentren zunächst in Europa und dann auf globaler Ebene durch. Bereits Mitte der achtziger Jahre war die Standard Time international anerkannt. Sie unterteilte den Globus in Zeitzonen und legte die Längengrade fest. Aus der Zeit wurde die Uhrzeit, aus dem Raum die globale, von den vereinheitlichten Streckenmaßen erschlossene Bühne der ›Mobilität‹. Im Ergebnis ließ sich nun die ›Menschheit‹ formal als globale Gemeinschaft ansprechen, die ein und demselben Schicksal unterworfen ist. Der bis dahin vor allem historisch bestimmte Begriff der Menschheit, der die Erfahrungen der Zeitgenossen mit denen der vorausgegangenen und der nachfolgenden Generationen zusammenschloss, wurde mit der faktisch bereits einsetzenden Globalisierung zu einer rein statistischen, den Ist-Zustand der Welt fixierenden Bezugsgröße: zur Gesamtzahl der augenblicklich lebenden Menschen. Die Konzentration der öffentlichen Aufmerksamkeit auf die Schlagzeilen von heute sowie die affektive Abwehr von Herkunft und Tradition sind das folgerichtige Ergebnis dieser zahlenseligen Geschichtslosigkeit.

Wie lebhaft die Drastik empfunden wurde, mit der die Moderne binnen weniger Jahrzehnte die Orientierungssysteme verschob und, von anachronistischen Restbeständen abgesehen, den Globus zügig erschloss, zeigen die Beobachtungen Heinrich Heines, der 1854 geradezu »einen neuen Abschnitt der Weltgeschichte« eröffnet sah. »Welche Veränderungen müssen jetzt eintreten in unsrer Anschauungsweise und in unsern Vorstellungen! Sogar die Elementarbegriffe von Zeit und Raum sind schwankend geworden. Durch die Eisenbahnen wird der Raum getötet, und es bleibt uns nur noch die Zeit übrig. Hätten wir nur Geld genug, um auch letztere anständig zu töten! In vierthalb Stunden reist man jetzt nach Orleans, in ebenso viel Stunden nach Rouen. Was wird das erst geben, wenn die Linien nach Belgien und Deutschland ausgeführt und mit den dortigen Bahnen verbunden sein werden! Mir ist als kämen die Berge und Wälder aller Länder auf Paris angerückt. Ich rieche schon den Duft der deutschen Linden; vor meiner Türe brandet die Nordsee.«[10]

›Den Raum töten‹, ›die Zeit töten‹ – Heines Wortwahl lässt an Deutlichkeit nichts zu wünschen übrig. Das Ineinandergreifen der politischen und der industriellen, der sozialen und der wissenschaftlichen Revolutionen, als deren Zeitzeuge der in Paris lebende Dichter auftrat, veränderte ebenso rasant wie unwiderstehlich das Gesicht der Welt. Die zahllosen Lichter, die im Verlauf des 19. Jahrhunderts in den Metropolen Europas aufflammten, drängten vieles von dem, was eben noch galt, in das Schattenreich der entschwindenden Vergangenheiten zurück und gaben es im Namen all des Neuen und Niedagewesenen, das nun Schlag auf Schlag hervortrat, der Unverständlichkeit preis.

Und doch weigerte sich Heine und weigert sich auch Hegel, die geschilderten Tendenzen pauschal zu verwerfen. Hegels Anerkennung dessen, was die Mathematisierung speziell im Bereich der Naturerkenntnis vermag, bedarf keines Nachweises: die Erschließung der uns umgebenden Welt, die Anbahnung des technischen Fortschritts, die Ermöglichung der wissenschaftlichen Methode. Hegel beschreibt die philosophische Logik als Instrumentarium des Geistes, dem zuzutrauen sei, Vernunft und Wirklichkeit als Einheit zu erfassen. Sie sei »die Darstellung Gottes«, so seine Wortwahl, »wie er in seinem Wesen vor der Erschaffung der Natur und eines endlichen Geistes ist«.

Gerade deshalb aber geht es aus Hegels Sicht nicht an, das Weltverstehen auf eine Art der Wirklichkeitserfassung zurückzunehmen, die um der Eindeutigkeit ihrer Befunde willen allen Inhalt ausgrenzt, um nur noch »tote Form«[11] zu sein: eine Form der Erkenntnis, die den Horizont des Wissens auf das zurücknimmt, was messbar ist. Der Vorbehalt wirft ein Licht auf die Absichten, die Hegel mit seiner Maßlogik verfolgt. Die Wissenschaft der Logik will die Routinen des Quantifizierens nicht verabschieden; sie besteht aber darauf, dass das »quantitätsbestimmte« Wissen aus der methodischen Isolation herausgeführt werden müsse, in die es hineingeraten ist. Entschieden widerspricht Hegel der Vorstellung, mit der Übersetzung der Phänomene in die Welt der Formeln sei im Bereich des Wissens alles Wesentliche getan. Das unterderhand durchgesetzte Verständnis von Wissenschaft als exakter, auf der Basis von Zahlen operierender Erkenntnis kann die in sie gesetzten Erwartungen nicht erfüllen. Im Verständnis Hegels ist das Wissen aus Zahlen nur *ein* und nicht einmal der entscheidende Zugang zu jener Wahrheit, um die es der Vernunft zu tun ist.

Das Rumoren der Komparative – Hegel stand mit seiner Wahrnehmung nicht allein. Konsterniert angesichts der Widerstandslosigkeit, mit der sich der Umbau des Weltmodells vor seinen Augen vollzog, spricht der Weimarer Schriftsteller und Journalist Christoph Martin Wieland die Schwäche der Zeitgenossen für Komparativbildungen an. »Nichts«, notiert er 1799, »erscheint uns so schön, so groß, so vortrefflich in seiner Art, daß wir nicht etwas noch schöneres, größeres und vortrefflicheres in dieser Art *denken* könnten, oder, oft sogar wider unsern Willen, *ahnen* müßten.« Und weiter: »immer finden wir irgend eine Erwartung getäuscht; alles sollte sich, meinen wir, besser schicken und in einander fügen, alles leichter und schneller zum Zweck eilen, reiner zusammen klingen, kurz schöner und vollkommner seyn, als es nach unserm Maßstab ist.«[12]

Die Häufung der Komparative rüttelt am Maß. Wieland erkennt die weltbewegende Kraft solcher Beiläufigkeiten, die, im allgemeinen unbemerkt, nun das überlieferte Weltbild zermahlen, das sich der Sogkraft des ständig fordernden, in eine sterile Endlosigkeit ausmündenden Steigerns und Überbietens entgegengestellt hatte. Die Wahrheit der Welt, das war die zentrale Botschaft der hellenistischen Philosophie gewesen, ist einfach, und der Garant dieser Einfachheit ist das Maß. Allein darin, sich als Mensch selbst zu genügen, lag eine Art der Vollkommenheit, die überbieten zu wollen sowohl aus logischen als auch aus moralischen Gründen verfehlt erschien. »Wachsen zu können«, so lautet das Resümee des römischen Philosophen Seneca[13], »ist das Zeichen des Unvollkommenen«.

Senecas Devise stellt die Vollkommenheit nicht als das Ergebnis einer unerhörten Kraftanstrengung dar, sondern als den fraglos gegebenen Zustand einer Weltordnung, die – für die Moderne eine Unvorstellbarkeit – grundsätzlich mit sich im Reinen ist und der Veränderung nicht bedarf. Dieser Zusammenhang erklärt die Verfehltheit all der Versuche, das Maß propagieren zu wollen. Das Gute und Richtige, eben weil es richtig ist und sich von selbst versteht, will nicht beworben, sondern getan sein.

Dass dieses Verständnis des Maßes auch nach zweitausend Jahren nicht gänzlich verloren ist, verrät die geläufige Redensart, wonach etwas – eine Tat, eine Leistung, ein Werk – im Rahmen seines Wirkungskreises das *Maß der Dinge* ist. Ein Meisterwerk ist, was es ist, nicht deshalb, weil es, etwa nach dem Vorbild des Sports, eine gemessene Bestmarke vorgibt, die es zu übertreffen gilt, sondern weil es das Maß, das es *hat,* zugleich verkörpert und *ist.* Gerade dadurch – so Goethe in seinem Laokoon-Aufsatz[14] –, dass es dem Meisterwerk gelingt, die menschlichen Leidenschaften »zu mäßigen und zu bändigen«, gewinnt es freie Hand, um das Außerordentliche zu *zeigen.* Spezifisch künstlerisch ist demnach der Anspruch, ohne Zuhilfenahme von Betroffenheitsbekundungen den gestalterischen Anforderungen des Themas gewachsen zu sein. Ein Meisterwerk ist nicht lediglich unübertrefflich, sondern, womit die quantifizierende Wahrnehmung grundsätzlich nichts anfangen kann, einzigartig. Es setzt einen Endpunkt, der die Menschen vom Zwang befreit, es überbieten und dem immer noch Besseren nacheifern zu müssen. Weiterer Anstrengungen, das ist die Botschaft des Maßes, bedarf es nicht. Genug ist … genug.

Maße des Glücks – Von all dem verabschiedet sich die ins Unendliche fortlaufende Mehrung des Quantitativen: das schrankenlose, von Hegel so genannte »Hinausschicken über sich«[15]. Der Erfolg der Quantifizierung ist selbstverstärkend und verlangt – dem Gesetz des positiven Feedbacks folgend – immer noch mehr von dem, was sich als erfolgreich erwiesen und durchgesetzt hat. Konsequent scheiden in diesem, wie Hegel den Effekt beschreibt, »unendlichen Progreß« die qualitativen Momente entweder ganz aus oder werden dem Bedürfnis der Messbarkeit angepasst und der Quantifizierung zugeführt. Im Gegenzug fallen Gegenstände »wie Freiheit, Recht, Sittlichkeit, ja Gott selbst« aus der Betrachtung heraus – nicht, weil sie nicht von Belang wären, sondern weil sie »nicht gemessen und berechnet oder in einer mathematischen Formel ausgedrückt werden können«. Unmittelbar die Quantifizierbarkeit selbst ist das Kriterium, das darüber entscheidet, was überhaupt noch als Gegenstand des Wissens in Frage kommt – Gegenstand eines Wissens aus Zahlen, die Fakten sind.

Infolge dieser geräuschlos vollzogenen Verwandlung der überlieferten Maßlogik in die Universalität des Messens richtet sich die verdutzte Öffentlichkeit bei all den liegengebliebenen Fragen, die unter den gegebenen Umständen als unwissenschaftlich diskreditiert sind, mit »unbestimmten Vorstellungen« ein und überlässt sie, als gäbe es weiter nichts dazu zu sagen, den Schlagworten des Tages. Das ist die Stunde der Tippgeber und Coaches, der Ideologen und Populisten, die auf breiter Front nachrücken und das verwaiste Feld der offenen Fragen mit Patentrezepten fluten.

Die Zweideutigkeit der Situation steht bereits Hegel klar vor Augen. Zur Logik des Messens gehört – was gerade er nicht bestreitet – die Vielzahl der Sachzusammenhänge, die sie erschließt und verfügbar macht. Erfolge wie diese haben jedoch dazu geführt, die Quantifizierung schrankenlos auszudehnen und die Wissenschaft als fortlaufenden Faktenvortrag anzulegen, dessen Resultate sich möglichst reibungslos in zielführendes Handeln umsetzen lassen. Stillschweigend in Kauf genommen wird damit, dass die betreffenden Sachgebiete so wenig wie die ihnen verbundenen Sprachwelten bleiben konnten, wie sie bis dahin gewesen waren. Wie aus dem Maß das Messen wurde, so wurde aus der Genauigkeit die Exaktheit, aus Klugheit Intelligenz, aus Schönheit Attraktivität, aus Echtheit Authentizität, aus Freude Motivation, aus Bildung Kompetenz, aus Erfahrung Bescheidwissen, aus Wahrheit Eindeutigkeit, aus Vernunft Rationalität, aus Sinn Funktion, aus Werken Artefakte. Der Austausch der Begriffsnamen illustriert Geschehensabläufe, die keinen Lebensbereich auslassen und das Bild der Welt fortlaufend umbauen. Und wir alle, wenn wir nur den Mund aufmachen, bauen fleißig mit.

So wenig Diagramme ›Bilder‹ sind – Wiedergabe von Gesehenem –, so wenig sind diese Neuformulierungen ›Begriffe‹. Vielmehr handelt es sich um aufgeladene Wörter, denen es gelingt, eben noch vertraute Sachverhalte im Blick auf die Bedürfnisse der Quantifizierung ›neu aufzustellen‹. Im ein oder anderen Fall mag dieses fließende Austauschgeschehen sogar als Routinevorgang erscheinen, in dem die Lebendigkeit der Sprache zutage tritt. Gleichwohl ist die Tendenz erkennbar, die Streubreite der Alltagssprache auszunutzen, um bestimmte Verschiebungen zu veranlassen, um Ausschlüsse vorzunehmen und Festlegungen zu treffen, die den vermeintlich von jeher bestehenden Anspruch auf Eindeutigkeit nun endlich einlösen. Das verbindende Element dieses Austauschgeschehens, das für gewöhnlich achselzuckend hingenommen wird, ist das Bedürfnis, das anarchische Spiel der lebendigen Sprache unter Kontrolle zu bringen, in feste Bahnen zu lenken und bedarfsgerecht auszurichten.

So kommt es, dass heute selbst das Glück messbar ist, mag dabei auch gänzlich ungeklärt bleiben, ob das von der statistischen Erhebung nahegelegte Verständnis vom Glück noch das Geringste zu tun hat mit dem, was die Menschen gesucht haben, als sie nach dem Glück zu fragen begannen. Ist das Glück ein Gefühl – ein Gefühl, über das man, von Fremden darauf angesprochen, bereitwillig Auskunft gibt? Von Fremden, die vorgeben, das Maß des Glücks zu kennen und bestimmen zu können? Was wäre, wenn Glücklichsein Schweigen hieße, wenn es zu denjenigen Dingen des Lebens gehörte, die am besten wortlos genossen werden? Wenn das Glück, das wir erleben, nicht nur unbeschreiblich wäre, sondern auch unbegreiflich und, im mehrfachen Sinn des Wortes, unberechenbar? Wenn es, wie es bereits in den Weisheitslehren der Antike heißt, das sicherste Zeichen des Glücks wäre, sich von seinen Launen freigemacht zu haben und seiner nicht zu bedürfen?

Das Verlangen nach Messbarkeit, nach Feststellung und Kontrolle, ist über solche Erwägungen längst hinaus. Noch bevor die Umfragen anlaufen, ist der Zielbegriff zerlegt, umgebaut und den Erfordernissen des demoskopischen Verfahrens angepasst. So schlägt die Methode auf das Verständnis durch und forciert die Vorstellung eines Glücks, das zählbar, infographisch darstellbar und machbar ist. Vor diesem Hintergrund erzielen diejenigen die höchsten Umfragewerte und stehen fortan als die Glücklichsten da, deren Lebensgefühl ins Schema passt – Leute, die sich in jene Art des Glücklichseins hineingelebt haben, das die Umfragen voraussetzen und sich nun von ihnen bestätigen lassen.

Die sprachlichen und mentalen Umbauarbeiten, die das Quantifizierungsgeschehen begleiten, folgen akkurat diesem Schema. Das halbbewusste Gleiten der Bedeutungen erscheint als authentische Wiedergabe einer schon durch die

Art des Zugriffs präparierten Realität. Indem er schlicht und einfach ›mit der Zeit geht‹, stärkt der Umbau der Sprache den Glauben an eine Welt, deren Erscheinungsbild so glatt und überwältigend daherkommt, so ernsthaft, solide und überzeugend, dass Nachfragen – sagen wir: Fragen nach der *Angemessenheit* – sich gar nicht erst stellen.

Diejenigen Gedanken regieren die Welt, schreibt Nietzsche im zweiten Teil des *Zarathustra,* die mit Taubenfüßen kommen. Das gilt exemplarisch für die Quantifizierung, die ohne ihre Dringlichkeit erläutern zu müssen, inzwischen alternativlos dasteht. Entsprechend pompös sind ihre Gedankenspiele. Der Vorschlag, analoge Restbestände wie das traditionelle Gefüge der politischen Parteien oder die rituelle Abhaltung freier Wahlen mit ihren oftmals unpraktischen Ergebnissen einfach abzuschaffen und durch das vermeintlich bürgernahe Datenwissen der Demoskopie zu ersetzen, liegt bereits auf dem Tisch.

KAPITEL DREI

Welt ohne Maß

Von der Mäßigung – Das Maß in der Karikatur – Das Maßlose – Maßlosigkeit und schlechte Unendlichkeit – Die Klage der Esel – Vom Maß der Natur

> Genug ist nicht genug! Mit vollen Zügen
> Schlürft Dichtergeist am Borne des Genusses,
> Das Herz, auch es bedarf des Überflusses,
> Genug kann nie und nimmermehr genügen!
> Conrad Ferdinand Meyer, »Fülle«

Maßlosigkeit ist einer jener Begriffe, die in sich schon eine Geschichte sind. In diesem Fall: die Geschichte vom verlorenen und, schärfer noch, vom verloren *gegebenen* Maß.

Maßlosigkeit ist Ausschweifung und Größenwahn, ist Extravaganz und Vulgarität, ist Grenzüberschreitung und prahlerischer Überfluss – der faktische, sei es leichtfertige, sei es offensiv vorgetragene Verstoß gegen Maß und Mäßigung. Das hörbar Anrüchige der Maßlosigkeit kann alles betreffen, was Menschen tun und sie etwas angeht: Gewohnheiten und Zustände, Initiativen, Ansprüche und Projekte. Die Maßlosigkeit, so lautet die uralte Klage, ist eine ständig lauernde Gefahr. Einmal zugelassen, droht sie das Filigran der Zivilisation zu zerreißen.

Von der Mäßigung – Die Kritik der Maßlosigkeit erfolgt im Namen des Richtigen und Üblichen, das durch den akuten Exzess gefährdet, als solches jedoch nicht in Frage gestellt ist. Wenn der römische Philosoph Cicero (106–43) gleich zu

Beginn seines Buches über das pflichtgemäße Handeln die Lehren Epikurs als warnendes Beispiel anführt, um die Maßlosigkeit *(intemperantia)* zu illustrieren, kann er sich mit der lapidaren Feststellung begnügen, dass eine Philosophie, die das Glück der Menschen an die *voluptas* bindet, an Wollust, Ausschweifung und Spaß, das Maß ganz offensichtlich aus dem Blick verloren hat.[1] Weiterer Erläuterungen bedarf es nicht. Die hedonistische Verhöhnung des Maßes, und das will sagen: die Verhöhnung all dessen, wofür das Maß uns ein Zeichen ist, kann nur ein Irrweg und Ausdruck der Verworfenheit sein.

Die Pauschalität dieser Schelte verdeckt die Ernsthaftigkeit des Gedankens, der ihr zugrunde liegt. Es ist dieser Gedanke, der es Cicero erlaubt, seinen Einspruch mit der Erwartung der Wiederherstellung einer ursprünglichen Intaktheit zu verbinden. Demnach gibt das Maß die Grundverfassung des Seins vor – eines Seins, dessen Rechte zuverlässig wiederhergestellt sind, sobald die Abwege, denen die Menschen offenbar nicht widerstehen können, als solche erkannt und die Besinnung auf den rechten Weg erfolgt ist. Das Gültige ist das Gemäße, das Gemäße das Ratsame. Aus der Summe solcher Einsichten und Verhaltensempfehlungen geht die wohl von Cicero erstmals so genannte ›zweite Natur‹ hervor, mit der uns, ohne dass davon ein Aufhebens gemacht werden müsste, die in den Situationen des Lebens verlässliche Richtschnur des Handelns an die Hand gegeben ist.

Ebendiese Qualität des mühelosen Vertraut- und Anerkanntseins unterscheidet das Konzept der Mäßigung von den Ausbrüchen der Maßlosigkeit, aber auch von den Forderungen der abstrakten Idealität. Mit der Zusage, dass das Maß nicht nur ein Anspruch ist, sondern auch eine Entlastung, spielt der stoische Maßbegriff seine Stärken aus. Das Maß, argumentiert Cicero, führt die Höhe des Ideals mit dem Normalverhalten des Menschen zu einer Haltung zusammen, zu einem verantwortungsbewussten, mit den Interessen des Gemeinwesens abgestimmten Bündel von Grundsätzen und Einstellungen, das als das Angemessene jederzeit ›passt‹ und ›sich schickt‹ (vgl. 31, 114).

Cicero plädiert für einen ethischen Realismus. In dem Bestreben, die hochtönenden Begriffe der platonischen Ideenlehre an die Herausforderungen heranzuführen, vor die ein jeder bei »der Bewältigung des Alltagslebens« (I, 15) gestellt ist, konkretisiert er das griechische Wort für Maß *(prépon)* als *modus*, vor allem aber als *decorum* – als die elementare Orientierung, die, gefestigt durch Einsicht und Erfahrung, die Betreffenden in die Lage versetzt, dem Andrang der Leidenschaften wie überhaupt den Lockungen der Maßlosigkeit zu widerstehen. Es ist die Verhaltensvorgabe des *decorum*, von der sich die Angesprochenen in die Seelenruhe führen lassen, ohne fürchten zu müssen, von den maximalistischen Vorgaben des Ideals bedrängt und überfordert zu werden. Die Vermeidung des Hypertrophen und, damit korrespondierend, die Gewähr des Genügens ist entscheidend. Die Ethik des Maßes will kein Superlativ sein, der unter allen Umständen die Höchstleistung fordert. Sie verbindet im Gegenteil die konkreten Verhaltensweisen, zu denen sie rät, mit der Empfehlung, sich nicht vom Verlangen nach dem Äußersten und Letzten beunruhigen zu lassen. Die am Maß orientierte Ethik ist und kann nur sein eine *Ethik des Vorletzten.*

Mit dem Maß, auf dieser Zusage beruht seine Zustimmungsfähigkeit, ist dem Menschen eine Orientierung gegeben, die das Handeln gegen die von innen wie von außen andrängenden Lockungen der Maßlosigkeit bewahrt. Für Cicero gehört dazu, neben den Affekten, die Selbstzufriedenheit, für die auch die Tugendhaften und gerade sie durchaus anfällig sind. Cicero beschreibt das Maß als eine Art Leitfaden, der den Weg weist zwischen den Extremen des Zuviel und des Zuwenig (*inter nimium et parum;* 25, 89) und der selbst die erste der Tugenden, die Tapferkeit, in ihrer Spur hält und davor bewahrt, in Größenwahn und falschen Heldenmut umzuschlagen.

Tugend, diesen Gedanken übernimmt Cicero von Aristoteles, ist Tugend nur da, wo sie maßvoll bleibt: wo sie sich in ihre Umgebung einfügt und, weil selbstverständlich, auf die Zurschaustellung ihrer Überlegenheit verzichten kann. So kommt es, dass diese Ethik den Anhängern der absoluten Moral, die schwarz und weiß, gut und böse unmissverständlich getrennt sehen wollen, noch stets suspekt geblieben ist. Der Gestus dieser Ethik ist nicht fordernd, sondern, wie zu erwarten, mäßigend. Mit diesem Vorsatz durchdringt sie all die Sonderwelten des sozialen und kulturellen Feldes, um die Tugenden davor zu bewahren, sich durch den Anspruch der Exklusivität selbst zu schädigen. Die Maßethik ist eine Hemmung. Eben als solche bewahrt sie auch die Gelehrsamkeit davor, ihrer Eigendynamik nachzugeben und sich jenen, wie Cicero schreibt, »dunklen, schwierigen und noch dazu unnötigen Fragen« (I, 18) zuzuwenden, die gern und viel von sich reden machen, in der Sache aber wenig förderlich sind.

Die Prominenz solcher Einwände hilft zu verstehen, weshalb die Philosophie es von jeher vermieden hat, sich auf eines ihrer Fachgebiete festlegen zu lassen und, dem Beispiel der Einzelwissenschaften folgend, ihre Themen ausschließlich unter ethischen, politischen oder erkenntnistheoretischen Gesichtspunkten abzuhandeln. Herkömmlich, und so auch bei Cicero, nährt speziell die aus dem Verbund der menschlichen Orientierungen herausgelöste Erkenntnis den Verdacht, lediglich dem Drängen der Wissbegier nachzugeben und die Menschen, statt ihnen die Augen zu öffnen, durch zusammenhangloses Vielwissen zu verwirren.[2] Angesprochen ist damit die jedes Maß sprengende *curiositas*, die ihren Aktionsraum verkennt: das reine, allem Wissen vorgelagerte und weder wahre noch falsche ›es gibt‹. Indem sie über diese Ebene immer schon hinaus ist, verliert die Wissbegierde die Verbindung zur Weisheit *(sapientia)* und begibt sich, so der klassische Einwand, auf den Irrweg der Verbohrung und der Pedanterie.

Der Anspruch, sich nicht einfach nur dem Vielen zu öffnen, sondern sich an das über die Zeiten hinweg Gültige und Wesentliche zu halten, ist in der philosophischen Fachkultur selbstverständlich geblieben. Und doch hat diese Selbstverständlichkeit gegen das Aufkommen eines Wissenssystems, das selbst nicht weiß, worauf es hinaus will, nichts ausrichten können. Mit unabsehbaren Folgen für das Weltverhältnis des Menschen sprengt die Neugier den Rahmen und schiebt den Zielpunkt, an dem es innezuhalten gälte – den hypothetischen Punkt, an dem man herausgefunden hat und weiß, was man wissen wollte –, nur immer weiter hinaus. Die Herausforderungen des menschlichen Daseins verwandeln sich in entsprechend präparierte Probleme eines raumgreifenden Willens zur Wahrheit, der nirgends sein Genüge findet. In ebendieser Konsequenz der Ablösung des Wissens von den Anforderungen des Lebens erkennt Cicero die Züge des sich an sich selbst berauschenden Wissenwollens und Machenkönnens, vor dessen Lockungen sich der Philosoph – und gerade er – in acht nehmen muss. In all seinen Äußerungen und Taten, heißt es in der Abhandlung über die Pflichten (vgl. I, 96), gibt das Maß dem Leben Form.

Das Maß in der Karikatur – Dem Objektivitätsideal, auf dessen Basis die neuzeitlichen Wissenschaften zwischen der Welt der Gegenstände und sich selbst, zwischen Objekt und

Subjekt strikt unterscheiden, hätten die Denker der Antike nichts abgewinnen können. Ihrem Selbstverständnis nach bleiben die Einsichten der Philosophie ebenjener Ordnung der Dinge verbunden, aus der, wie alles, so auch sie selbst einmal hervorgegangen ist. So blieb, ohne dass dies der Begründung bedurft hätte, das Sprechen *über* das Maß *an* das Maß gebunden. Es ist dieser Verpflichtungszusammenhang, den Cicero als gegeben voraussetzt, wenn er seine Überlegungen zur Ethik, Rhetorik und Politik in ebenjenem Ton der Mäßigung vorträgt, der für ihn die Sprache des Wissens ist. Das Maß gilt ohne Ausnahme, und wer in diesem Genügen lediglich die Versagung zu sehen vermag, die Vorenthaltung, die Repression und den Zwang, ist aus stoischer Sicht bereits auf das Terrain der Maßlosigkeit geraten, der es gelungen ist, das implizite Wissen über das, was in den gegebenen Situationen das Richtige ist, zu untergraben.

Wie schwer dieser maßethische, namentlich von den Vertretern der Stoa ausformulierte Konsens bereits am Übergang zur Neuzeit erschüttert war, illustriert ein satirischer Kupferstich aus der Werkstatt Pieter Bruegels. Die zentral plazierte *Temperantia (Abb. 2)* ist ersichtlich bemüht, mit der Beschwichtigungsgeste der ausgebreiteten Arme den Tatendrang der Forschenden und Messenden zu dämpfen, die um sie herum gruppiert und jeweils mit sich selbst beschäftigt sind. Um dabei nicht gestört zu werden, hat man nun ihr, der zügelnden Mäßigung, ihrerseits die Zügel angelegt. Bestätigt wird diese Kaltstellung der Maßethik durch die Demonstrativität, mit der die Vertreter der Forschung der Zentralfigur den Rücken kehren und die Position der Mitte wortlos verwaisen lassen. Gänzlich von sich selbst und ihren Projekten eingenommen, ignorieren sie allesamt den Ratschlag, den der Künstler an den unteren Bildrand gesetzt hat: »Wir sollten weder aus Genußsucht als Verschwender und

Abb. 2: Pieter Bruegel, *Temperantia – Die Mäßigkeit,* um 1560. Museum Boijmans Van Beuningen, Rotterdam

Schwelger auftreten noch aus Habgier und Raffsucht zu Geizhälsen und niederen Kreaturen werden.«

Der Satiriker Bruegel schildert den Aufbruch der Wissenschaft als Entfesselung eines neuen, selbstbewussten Typus der Maßlosigkeit. Allerdings sieht sich die Mäßigung weniger bekämpft als ignoriert. Das soeben noch für alle Welt verbindliche, von der Temperantia personifizierte Maß wird im buchstäblichen wie übertragenen Sinn des Wortes *nicht mehr gesehen*. Ebendieser Ausfall führt, wie Bruegel in einem zweiten Schritt demonstriert, in eine neue Form der Borniertheit. Die beiden Astronomen am oberen Bildrand sind die Exponenten einer neuen Wissensbeschränkung, eines speziellen Nichtwissens, genauer noch: eines Nichtwissenwollens, das mit der Abwendung von der Temperantia in direktem Zusammenhang steht. Mit dem Auftritt dieser beiden Figuren kommentiert der Künstler das Umbruchsgeschehen: Im einen Fall ist der Abstand des Beobachters zum Objekt der Erkenntnis für seine, die menschliche Wahrnehmung zu klein, im anderen ist der Abstand zu groß, um eine dem Maß entsprechende Ansicht zu gewinnen. Eine Korrektur dieser Abstände würde allerdings nicht weiterhelfen, denn auf die sinnliche Wahrnehmung der Beteiligten kommt es nun, da Wissenschaft und Technik eine Symbiose eingegangen sind, schon nicht mehr an. An die Stelle des Sehens und der *theoría,* die ein Schauen ist, ist die Berechnung getreten, die Bindung des Forschens an technisch ermittelte Daten und Zahlen. Das Schicksal der Astronomen, die diesen Positionswechsel bereits hinter sich haben, erweist sich als exemplarisch und, überdies, als komisch. Mitten im Jahrhundert des Nikolaus Kopernikus lässt Bruegel den kühneren der beiden Weltvermesser auf dem Globus balancieren, der allerdings, vom Willen zum Wissen gänzlich unbeeindruckt, keineswegs stillhält. Vergebens sucht der Himmelsbetrachter sich zu halten, strauchelt bereits und droht schon im nächsten Augenblick in die lichtlose Leere der Unendlichkeit zu stürzen.

Die *curiositas* triumphiert über das Maß, genauer: Ihre Entbindung hat das institutionalisierte Wissen dahin geführt, sich abzuwenden und unbekannte, von den Hemmungen des Maßes befreite Wege zu gehen. In der satirischen Zuspitzung sind Maß und Mäßigung nicht mehr nur, wie noch bei Cicero, durch die Wildheit der Begierden und Leidenschaften verdunkelt, sondern durch den autonomisierten, aus dem Zusammenhang der Lebenswirklichkeit herausgelösten Apparat der messenden Wissenschaften. Bruegels Momentaufnahme hält den hypothetischen Augenblick fest, in dem das Band zwischen Maß und Maßen reißt. Die Lächerlichkeit der astronomischen Neugierde, ihre Selbstvergessenheit und buchstäbliche Verstiegenheit, zielt auf den Kern eines Problems, das nun erstmals in dieser Dramatik hervortritt: Die Erfahrung, dass dem gar nicht zu bestreitenden Zuwachs an Wissen – an einer bestimmten Art des Wissens – ein gleichfalls neuartiger, zugunsten methodischer Stringenz in Kauf genommener Schatten des Nichtwissens folgt. Neu an dieser Form des Nichtwissens ist, dass es nicht einfach auf Unbedarftheit beruht, sondern im Raum des Wissens selbst aufkommt und, weil es die forschende Art der Wissensgewinnung unweigerlich begleitet,[3] hingenommen sein will.

Die Tage des Maßes und der Mäßigung sind gezählt. Nun, im Augenblick ihrer Verdunkelung, erstrahlt noch ein letztes Mal ihre Idee in Gestalt der auf Ausgleich bedachten, in die Mitte der Wissenschaften gestellten Temperantia. Obwohl sie herkömmlich den übrigen Primärtugenden nachgeordnet ist, setzt Bruegel sie als diejenige ins Bild, die jene Primärtugenden – in der klassischen Formation: die Tapferkeit, die Gerechtigkeit und die Weisheit – davor bewahrt, je eigene Ausprägungen der Maßlosigkeit zu entwickeln und sich am Ende selbst um ihren Ertrag zu bringen. Noch einmal zitiert Bruegel die klassischen Intuitionen. Indem die Temperantia Übermaß und Einseitigkeit zügelt, ermöglicht sie Vielfalt und lebendigen Austausch. Der Exklusivitätsverzicht des Maßes ist, lange vor der Prägung dieses Begriffs, Ausdruck lebendiger Pluralität. Nun, da die Mäßigung verlassen und hilflos auf der Bühne des Wissens steht, stellt sich heraus, dass sie – wie überall, so auch hier – die Metatugend ist, die Tugend der Tugenden, das *Maß des Maßes*.

Das Maßlose – Zu den Begriffen, die Hegels Maßlogik im Zuge ihrer Entfaltung neu ausrichtet, gehört das seit den Tagen der Spätantike beargwöhnte Maßlose. Allerdings gestaltet Hegel das theoretische Feld um und ordnet es neu. Der Bedeutungshof teilt sich, so dass der Begriff im Horizont der Maßlogik auf zwei deutlich unterschiedenen Ebenen agiert. Das Ergebnis ist eine Neubestimmung des Maßlosen, das nun, anders als in der Darstellung Bruegels, nicht mehr nur als Symptom eines schleichenden Vielfaltsverlustes dasteht, als Leugnung von Fülle und Diversität, sondern, wie Hegel darlegt, seinen guten, dem Maß durchaus zuträglichen Sinn hat.

Das Maßlose, von dem Hegel spricht, ist zum einen die Aussetzung dessen, was eben noch das Maß und als solches fraglos gültig war. Während die vorneuzeitlichen Theoretiker das Maßlose aus der fatalen Dynamik der Maßlosigkeit heraus begriffen, ist Hegel bereit, es als notwendige Selbstentäußerung des Maßes gelten zu lassen. Leitend ist dabei der Gedanke, dass das Aussetzen, dass also die Negation des Maßes im dynamischen Geschehen des geschichtlichen Werdens zwingend und, verstanden als diese reine Notwendigkeit, ein auch nicht im mindesten besorgniserregender Vorgang ist.

Die begriffssprachliche Sortierung erleichtert das Verständnis. Während das *Übermaß* das Maß verfehlt und während die *Maßlosigkeit* sich über Maß und Mäßigung entschlossen hinwegsetzt, markiert Hegel mit dem *Maßlosen* die Stelle, an der das alte Maß in das neue übergeht. Die Rehabilitierung des Maßlosen steht im Zusammenhang mit Hegels Versuch, die Zeitlichkeit des Maßes und seines Begriffs zu denken. Demnach ist das Maßlose das, was das aktuelle Maß ablöst, oder genauer: das, worin das Maß von Stufe zu Stufe *von sich aus* über sich hinausdrängt, sich also selbst negiert, um anschließend verändert und den veränderten Umständen entsprechend in positiver und *zeitgemäßer* Gestalt erneut hervorzutreten. Das Maßlose ist nicht selbst ein Etwas, sondern ganz und gar Übergang – der Übergang von der einen

Gestalt des Maßes zur nächsten, durch den seine Identität gewahrt bleibt. Alles Maß und Gemäße ist einmal aus einem solchen Übergang hervorgegangen – aus einem Maßlosen, das, wie hinsichtlich seiner sprachlichen Gestalt, so auch der Sache nach ein Negatives ist.

In der versöhnungsgeschichtlichen Perspektive Hegels strapaziert das Maßlose die Belastungsgrenzen der Normalität, um das soeben noch Gültige zu überbieten und zu seinem eigenen Besten auf die Höhe der Zeit zu führen. Das Maßlose ist der Übergang, in dem das Maß in der Zeit über sich hinausgelangt und ebendadurch – und nur dadurch – bleiben kann, was es ist: das zeitgemäße, gegenwärtige Maß. Die Verbindlichkeit, die der Ethik des Maßes von alters her zukam, sieht Hegel durch die Regelförmigkeit dieses Voranschreitens, dessen Verlaufsform er in seiner Maßlogik akribisch entfaltet, gewahrt. Der Prozess der ›Aufhebung‹ führt die scheinbare Gegenstrebigkeit der Dynamiken in einer einzigen Bewegungsfigur zusammen. Die lange Reihe der Selbstüberbietungen in der Zeit stellt sicher, dass das Maß, indem es seine alten, zeitlich gebundenen Realisationen abstößt und über sie hinausgeht, als das, was es ist, auf Dauer Bestand hat und bleibt.

Es ist also, aus der Sicht Hegels, durchaus ein Irrtum zu meinen, die Beständigkeit des Maßes beruhe auf Zeitlosigkeit: auf der ein für alle Mal gesetzten Autorität einer ursprünglichen, unbeirrbar durchgehaltenen Seinsgestalt. Das Maß ist nicht starr und zeitlos gegeben, sondern beweglich, und es ist diese Geschmeidigkeit, mit der es sich den wechselnden Situationen anpasst und die seine Tauglichkeit garantiert. Mit Positionen, die sich einseitig festgelegt haben und, das antike Kosmosdenken gleichsam konservierend,[4] die fortwährende Gültigkeit des einmal festgelegten Maßes behaupten, kann der Maßlogiker Hegel nichts anfangen. Angesichts der Ordnung des Werdens, an der, wie alles, so auch das Maß teilhat, ist »steifes Beharren«, wie Hegel urteilt, nur ein weiteres, das Maß verfehlendes »Extrem«[5] – ein sperriges und sprödes Element, über das die Geschichte vollkommen zu Recht und mit bezeichnender Unbeirrbarkeit hinweggeht.

Weit davon entfernt, es zu gefährden, erweist sich gerade die Wandlungsfähigkeit des Maßes, seine *Lebendigkeit*, als Bestandsgarantie. »Der Prozeß des Maßes ist nicht bloß die schlechte Unendlichkeit des unendlichen Progresses«, schreibt Hegel in der *Enzyklopädie,* »sondern zugleich die wahre Unendlichkeit des in seinem Anderen mit sich selbst Zusammengehens.«[6] Anders als jene melancholische, zwischen Patriarchalität und Gegenwartsverachtung schwankende Kulturkritik, die den Nimbus des Maßes über die Zeiten hinweg konservieren zu können hofft, will die Maßlogik Hegels die Vorstellung davon schärfen, was das Maß, indem es im Durchgang durch die Zeiten zu sich selbst kommt, überhaupt sein kann, mehr noch: was es *ist.*

Maßlosigkeit und schlechte Unendlichkeit – Auf der anderen Seite spielt Hegels Warnung vor dem Abweg der »schlechten Unendlichkeit« auf die Realität eines Maßlosen an, das sich gegen den Selbsterneuerungsprozess des Maßes sperrt und einfach nur *Maßlosigkeit* ist: das selbstgenügsame, jede Bindung verleugnende Darüberhinaus, das, indem es aus der Linie des Maßes und seiner stetigen Selbstüberbietung ausschert, den mit der Maßlogik gesetzten Rahmen sprengt. Hegel nennt dieses Maßlose abstrakt.

Solche Abstraktheit ist ein Extrem ebenso wie, auf der anderen Seite, jene Nostalgie, die sich der Aktualisierung kategorisch verweigert. Hegel spricht von der ›schlechten Unendlichkeit‹ eines fortgesetzt drängenden Mehrsein- und Mehrhabenwollens, das als sachferne, nichtsdestoweniger unabweisliche Forderung auftritt und, indem es die Ethik des Maßes Mal um Mal unterläuft, sich in einer aberwitzigen Volte selbst als das Maß der Dinge präsentiert. An Stellen wie dieser hat Hegel die Zurücknahme des Maßbegriffs auf quantifizierende Verfahren im Blick: die Beschränkung dessen, was einmal mit dem Maß verbunden und gemeint war, auf das mathematisch-physikalische Messen, das seine Teilfunktion im Ganzen der Maßlogik überdehnt.

Es steckt aber noch mehr darin. Die Zeitgenossen Hegels, und allen voran Goethe, haben die revolutionären Ereignisse von 1789, haben das weltbildverändernde Auftreten eines Regimes, das seine Kritiker zu Feinden erklärte und im Namen der Tugend exekutierte, als Zeitenwende wahrgenommen – als Zeitenwende, die nicht nur die eine oder andere Veränderung mit sich brachte, sondern gleichsam einen neuen Typus der Veränderung einführte: den Typus eines Wandels, der total ist und dessen Folgen sich nicht mehr in den Geltungsrahmen der vertrauten, an Maß und Regel gebundenen Lebenswirklichkeit zurückholen lassen. Goethe selbst scheint seine »vieljährige« und »grenzenlose Bemühung[,] dieses schrecklichste aller Ereignisse in seinen Ursachen und Folgen dichterisch zu bewältigen«[7], rückblickend bereut zu haben – nicht, weil er sich nachträglich im Unrecht gesehen hätte, sondern weil der getriebene Aufwand, wie ihm im Abstand der Jahre aufging, schlicht und einfach erfolglos war und angesichts der Unwiderstehlichkeit des Geschehens auch sein musste. Der Bekenner rettet die Situation, indem er den Gegenstand, der so lange und so folgenlos seine Aufmerksamkeit beansprucht hatte, »unübersehlich« nennt. So würdigt man Geschehenes, ohne es gutzuheißen. Der Ereignispunkt von 1789 hatte Folgen gezeitigt, bei denen gerade für diesen Beobachter die Möglichkeit des Schweigens zu keiner Zeit bestanden hatte.

Die Revolution hatte die Integrationskraft des Maßes, seine Korrektur- und Wiederherstellungsfunktion überfordert. Der Einschnitt erwies sich als zu tief, die Zerrüttung der Verhältnisse als zu umfassend, als dass noch weiterhin mit Maßstäben hätte gerechnet werden dürfen, denen zuzutrauen gewesen wäre, die Epochen diesseits und jenseits der Schwelle zu übergreifen und sinnvoll aufeinander zu beziehen.

Als dezidiert maßlos erscheinen diese Veränderungen auch deshalb, weil nun, anders als in der Logik des Maßes, Rechtfertigungen für Sachverhalte gefordert sind, denen bis dahin zugestanden war, solchen Beistandes nicht zu bedürfen. Orientierungsgrößen wie das Maß galten schlechthin, und was von Situation zu Situation das Angemessene war oder das Gemäße, verstand sich, im Sinn des Wortes, von selbst. Indem nun dieses Zugeständnis der Rechtfertigungsunbedürftigkeit aufgekündigt ist, bröckelt die Autorität des Maßes. Sie wird unverständlich, und das Maß, einmal seiner Fraglosigkeit beraubt, verliert seine orientierende Funktion. Plötzlich ist die Rücksicht auf das Gemäße eine Position unter vielen, ist bloß Partei, soll sich ausweisen, begründen, rechtfertigen und erklären. In dieser Situation konkurriert das Maß – und konkurriert aussichtslos – mit einer neuen und gleichfalls grundlosen, aber eben zeitgemäßen und unwiderstehlichen Empfänglichkeit für alles Fiebrige und Exzentrische, die mit der offen gezeigten Verachtung für die Schranken einhergeht, die eben noch durch das Maß gesetzt waren.

Goethe stand mit seiner Wahrnehmung nicht allein. Mit einem Mal schien es, als habe ein ganzer Kulturzusammenhang seine Fassung verloren. Allenthalben sah man Erlebnis- und Empfindungsräume aufschießen, die so anders waren als alles bisher Dagewesene, so neu, so unbekannt und fremd, dass, wie ein zeitgenössischer Beobachter notierte,[8] die Sprache keinen Namen dafür hat.

Die Klage der Esel – Der vielfach geteilte Eindruck des Kulturbruchs, des unvermittelten Eintritts in das ›Zeitalter der Extreme‹, stellte das Ansinnen der von Hegel angemahnten Maßlogik auf eine harte Probe. Die Zeitgenossen schwankten zwischen der Zuversicht, dass sich ein neues, zeitgemäßes Maß müsse finden und angeben lassen, und dem resignativen Befund, dass die neue Zeit ebendadurch gekennzeichnet sei, den Sinn für Orientierungen dieser Art schlicht und einfach verloren zu haben.

Ein aufschlussreiches Dokument des Übergangs ist Gotthold Ephraim Lessings Fabel »Die Esel« aus dem Jahr 1759. Es handelt sich, wie bei diesem Genre nicht ungewöhnlich, um die Bearbeitung einer antiken Vorlage, und es sind diese Spuren der Bearbeitung, die den Geisteswandel unmittelbar im Augenblick seines Vollzuges hervortreten lassen – den Wandel von einer Ethik, die fraglos galt, zu einer Ethik, in der Sein und Sollen auseinandergetreten sind.

Lessings Vorlage stammt von Äsop, der, soweit bekannt, im sechsten vorchristlichen Jahrhundert lebte. Scheinbar mühelos bewältigt der antike Erzähler die thematische Herausforderung, die Gemäßheit als ein Prinzip begreiflich zu machen, das der Erläuterung – selbst der Erläuterung durch dieses Lehrstück – nicht bedarf. Kunstvoll treibt Äsop mit dieser Selbstdurchstreichung des Textes sein Spiel. Der ganze Aufwand der Erzählung dient dazu, ihre Entbehrlichkeit darzutun und von sich weg auf eine Wirklichkeit hinzudeuten, die als solche weder der Explikation noch des Kommentars bedarf. Ein größerer Triumph der Literatur ist schwerlich denkbar. Indem sie die Virtuosität ihres darstellerischen Vermögens bis zur Selbsterübrigung treibt und am Ende platzt wie eine Seifenblase, treten Aussage und Sprache hinter die Welt der Dinge zurück, auf die sie verweisen und die, eben weil sie ihr Maß haben, bleiben dürfen, was sie sind.

Der hochverdichtete Text ist unter der Nummer 185 (»Die Esel vor Zeus«) in deutscher Übersetzung[9] erschienen:

> Die Esel ärgerten sich darüber, dass sie immer Lasten tragen und sich plagen mussten. Deshalb schickten sie einmal Gesandte zu Zeus und baten ihn um Befreiung von den Mühen. Der wollte ihnen zeigen, dass das unmöglich ist, und sagte ihnen, er werde sie dann von der Mühsal befreien, wenn sie beim Pissen einen Fluss zustande brächten. Die Esel glaubten, dass er die Wahrheit spreche, und seitdem bleiben sie bis auf den heutigen Tag stehen, wo auch immer sie Urin voneinander bemerken, und pissen selbst dazu.
> Die Fabel zeigt, dass das einem jeden beschiedene Schicksal nicht zu kurieren ist.

Die Figurenkonstellation ist deutlich. Auf die eine Seite stellt Äsop die Esel, die sich über die Behandlung durch die Menschen beklagen, auf die andere Zeus, der einer Weltordnung vorsitzt, in der solche Zustände möglich sind. Zweifellos handelt es sich um die Ordnung des Maßes und der Gemäßheit, in der, wie allen Wesen, so auch den Eseln der ihnen gebührende Platz zugewiesen ist. Wer dem Fabeltext folgt, kann förmlich dabei zusehen, wie beiläufig und doch zugleich zwingend aus solchen Erzählungen einmal die ersten theoretischen Begriffe hervorgegangen sind: Die äsopischen Esel reiben sich an ihrer, wenn das so gesagt werden darf, naturgegebenen ›Asineität‹ – um sie durch die Torheit ihres Aufbegehrens nicht etwa in Frage zu stellen, sondern vollends zu bestätigen.

Die Esel wollen die Bedingungen ihres Daseins nicht wahrhaben. Sie sind störrisch und werden dadurch nicht nur dem Ruf gerecht, der ihnen vorauseilt, sondern bestätigen unfreiwillig auch die Ordnung, in der Festlegungen wie diese getroffen sind. Allein, dass sie jammern und ein Dasein beklagen, das zu verändern selbst Zeus, wie er einräumen muss, »unmöglich« ist, setzt sie ins Unrecht. Angesichts der Vergeblichkeit seiner Erklärung, die von den Eseln naturgemäß nicht angenommen werden kann, wird Zeus zum Spötter, um mit einer derben Groteske die Esel nur noch ein weiteres Mal zu überfordern und endgültig der Lächerlichkeit preiszugeben. Die Esel bestätigen ihren Ruf und ›glauben‹ das Unglaubliche statt zu ›begreifen‹, und das hätte geheißen: die Perspektive zu wechseln und Einblick in die eigene Situation zu gewinnen. Mit dieser Wendung bezieht sich der Text noch einmal auf sich selbst und gewährt einen Seitenblick auf die Poetik der Fabel: Fabeln, so lautet der Hauptsatz dieser Poetik, wollen nicht geglaubt, sondern verstanden sein. Genau dies ist jedoch den Eseln in ihrem Eselsein verwehrt. Die äsopischen Esel verstehen nicht – sie verstehen nicht einmal, dass sie nicht verstehen –, und so haben sie neben dem Schaden den Spott zu tragen.

Worauf Äsop hinaus will, ist eine Form des Trostes, die inzwischen ebenso wenig mehr verstanden wird wie die Haltung, von der die Esel diesen Trost hätten erwarten können: die Haltung der Resignation. Schon Lessings Aufnahme des Erzählstoffs will sich mit dieser Moral der Einwilligung und Entsagung, die am Beispiel der Esel »das einem jeden beschiedene Schicksal« demonstriert, nicht abfinden.

In der Neufassung, die unter dem Titel »Die Esel« erschienen ist (II 10), fällt der Plot entsprechend komplexer aus:

> Die Esel beklagten sich bei dem Zeus, daß die Menschen mit ihnen zu grausam umgingen. Unser starker Rücken, sagten sie, trägt ihre Lasten, unter welchen sie und jedes schwächere Tier erliegen müßten. Und doch wollen sie

uns, durch unbarmherzige Schläge, zu einer Geschwindigkeit nötigen, die uns durch die Last unmöglich gemacht würde, wenn sie uns auch die Natur nicht versagt hätte. Verbiete ihnen, Zeus, so unbillig zu sein, wenn sich die Menschen anders etwas Böses verbieten lassen. Wir wollen ihnen dienen, weil es scheinet, daß du uns darzu erschaffen hast; allein geschlagen wollen wir ohne Ursach nicht sein.

Mein Geschöpf, antwortete Zeus ihrem Sprecher, die Bitte ist nicht ungerecht; aber ich sehe keine Möglichkeit, die Menschen zu überzeugen, daß eure natürliche Langsamkeit keine Faulheit sei. Und so lange sie dieses glauben, werdet ihr geschlagen werden. – Doch ich sinne euer Schicksal zu erleichtern. – Die Unempfindlichkeit soll von nun an euer Teil sein; eure Haut soll sich gegen die Schläge verhärten, und den Arm des Treibers ermüden.

Zeus, schrien die Esel, du bist allezeit weise und gnädig! – Sie gingen erfreut von seinem Throne, als dem Throne der allgemeinen Liebe.

Der Erzählstoff ist geblieben, doch das Arrangement hat sich deutlich verändert. Vor allem der Einfluss der Menschen hat zugenommen und erweist sich nun als übermächtig. Am Ende sind sie es, die die Ordnung des Maßes nicht nur verfehlen, sondern sich über sie hinweg- und ins Unrecht setzen.

Das fängt schon damit an, dass sie die »natürliche Langsamkeit« der Esel, im Horizont der äsopischen Version: das asineische Maß, durchgängig ignorieren. Die Behandlung der Tiere ist, wie Lessings Zeus bestätigt, »ungerecht«, weil gegen deren Natur. Folgerichtig nennen die Esel die Menschen »unbarmherzig«, und Zeus pflichtet ihnen bei. Mehr noch: Der höchste Gott der Griechen tut sich mit den Tieren zusammen, um mit ihnen gemeinsam am Anspruch der Gemäßheit festzuhalten. Die Angemessenheit der Behandlung – der ›Respekt‹ – ist ein Recht, das einem jeden und so auch den Eseln zusteht. Nichts anderes als die Unanfechtbarkeit des Maßes und der ihm gemäßen Ordnung schützt die Schwachen vor den Übergriffen der Starken. Diesem Bündnis von Gott und Tier gegenüber stehen die Menschen, deren Umgang mit den Eseln sich um das Gefüge der auf Maß und Gemäßheit beruhenden Ordnung nicht schert. Selbstbezogen, wie sie sind, glauben sie die Lizenz erworben zu haben, die Esel nicht nur, wie billig, für ihre Zwecke nutzen, sondern sie misshandeln zu dürfen – sie zu »schlagen«.

Zug um Zug fokussiert die Erzählung dieses seltsam manische Verhalten der Menschen. Allerdings stellt Lessing, wo Äsop allgemein bleibt, durch die Problematisierung des menschlichen Verhaltens den Bezug zur Gegenwart her. In seiner Version verleiht die Fabel der Sorge Ausdruck, dass der Verstandeskult der Epoche, der den Menschen ihre Vorteile verschafft, an den Automatismen ihres Verhaltens nicht das Geringste wird ändern können. An den Menschen wäre es, sich hier und heute zu entscheiden: Eigensinn oder Besonnenheit, Anpassung oder Aufklärung – das, so Lessing, ist die Frage der Stunde.

Lessings Dramaturgie ist unverhohlen skeptisch. Waren es bei Äsop die Esel, die glaubten, was man ihnen erzählt, so sind es nun die Menschen, die glauben, was sie glauben wollen und was ihnen zupasskommt. Diese Art Glaube, dieses Eingenommensein von sich selbst, erklärt die Fixiertheit der Menschen auf ihren Vorteil, ihren Tunnelblick und ihre ungeheure, selbst den Ersten der Götter verschreckende Unbeirrbarkeit und Kraft. Am Ende ist es diese Wucht idiokratischer Herrschaft, die selbst den Gott in die Rolle des hilflosen Zuschauers zwingt. Nicht einmal Zeus vermag die Veränderungen, die eingesetzt haben, aufzuhalten und das Schicksal der Esel zu wenden. Am Ende muss er sich damit zufriedengeben, das Leid seiner Geschöpfe, statt es zu überwinden, durch die in mehrfacher Hinsicht denkwürdige Nachbesserung des Schöpfungswerks zu lindern. So schließt die Erzählung mit lauter negativen Befunden: Die Lage der Esel ist unverändert, Zeus ratlos, die Menschen ohne Einsicht.[10]

Und dabei bleibt es. Lessing lässt die Frage dahingestellt sein, ob die Menschen, nachdem sie im Umgang mit den Eseln versagt, den Herrscher im Himmel beschämt und die Ordnung des Maßes gesprengt haben, das Pensum der Aufklärung jemals begreifen. Ob sie es also einmal dahin bringen werden, im Wissen um ihre Fehlbarkeit die ihnen zugefallene Verantwortung zu erkennen und sich dieser ungeheuren Herausforderung namens Neuzeit, in der, wie sie selbst entschieden haben, kein Gott ihre Wege begleitet, gewachsen zu zeigen.

Vom Maß der Natur – An Versuchen, das Unverständlichwerden der Maßethik aufzuhalten, hat es in diesen Jahren, als Lessing seine literarischen Zeitkommentare niederschrieb, nicht gefehlt. Gleichsam auf der Schwelle stehend zwischen der herkömmlichen Selbstgegebenheit des Maßes und seiner schleichenden Auszehrung, hat Goethe das Maß noch einmal als Mitgift einer mütterlichen Natur verstehen wollen, die von sich aus und mit beispielhafter Urteilssicherheit »das Ungehörige und Unnötige verachtet und haßt«[11].

Das alte, bereits der Antike geläufige Naturattribut der Mütterlichkeit aktualisiert an dieser Stelle noch einmal den mythischen Erzählgrund des Maßhaltens. Demnach bewahrt die sorgende Zugewandtheit einer zeitlos stabilen Weltordnung die Menschen davor, sich zu viel zuzumuten oder, was auf dasselbe hinausläuft, sich selbst für das Maß der Dinge zu halten. Was der Mensch vermag, verdankt er dem, was ihm von Natur aus mitgegeben ist. Demnach folgt der Mensch natürlichen Bahnen auch da, wo er selbst gestaltend tätig wird: »Diese hohen Kunstwerke«, notiert der Italienreisende unter dem Datum des 6. September 1787, »sind zugleich als die höchsten Naturwerke von Menschen nach wahren und natürlichen Gesetzen hervorgebracht worden. Alles Willkürliche, Eingebildete fällt zusammen, da ist die Notwendigkeit, da ist Gott.« Programmatisch stellt Goethe die inversive Formel des alten, vorchristlichen Mythos wieder her: *Das Maß ist Natur, die Natur das Maß.*

Das Genie profitiert von der Freigebigkeit der gottgleichen Natur: von einer Fülle, die daseinszugewandt ist, unbezahlbar und frei. Ebendarum ist seine Schöpferkraft weder Anmaßung noch Selbstherrlichkeit. Geniales Schaffen versteht sich als Teilhabe an ebenjener »göttlichen Kraft«, wie bereits Platon sagt (*theia dýnamis;* vgl. *Ion* 533d), die der schöpferische Mensch in sich entdeckt, zulässt und produktiv nutzt. In diesem Sinn setzt das Genie das Maß – nicht aus selbstherrlicher Machtvollkommenheit, sondern im Geist dessen, was es als das, was es verkörpert, ist. Das Genie ist, der Ausgangsintuition des Begriffs zufolge, der Liebling der Götter, ist der Günstling der Natur, und eben als solchem huldigt ihm die weltliche Macht. Selbst der Kaiser beugt sich herab, indem er dem Meister das entfallene Werkzeug reicht *(Abb. 3)*. Beide, Kaiser und Künstler, treten hinter ihre Rollen zurück, um jener tief im Sein der Dinge verwurzelten Kraft ihre Reverenz zu erweisen, von der das Werk des Meisters sichtbar Zeugnis ablegt.

Das Epochenthema der künstlerischen Produktivität lässt allerdings von der Klarheit, mit der man einmal zwischen Maß und Maßlosigkeit unterscheiden zu können glaubte, wenig übrig. Es ist Friedrich Schiller, der diese Irritation auf-

Abb. 3: Pierre-Nolasque Bergeret, *Karl V. hebt Tizian den Pinsel auf* (1808), Musée des Beaux-Arts de Bordeaux

greift und sie, im letzten seiner *Ästhetischen Briefe* von 1795, mit der Vorstellung einer Genialität auffängt, die das Maß bewusst auf den Boden der neuen Zeit stellt und bewahrt. Die Menschheit, so formuliert Schiller das akut gewordene Problem, sei eben gerade jetzt an den Punkt gelangt, an dem ihr nicht mehr genügen könne, »was der Natur genügt und was das Bedürfnis fodert«. Der Mensch hat sich verändert, konstatiert Schiller, und das so sehr, dass er nun »den Ueberfluß« geradezu »verlangt«.

Während Goethe in der Natur die Kontinuität einer Weltordnung bestätigt sah, die unerschütterlich über dem Wandel der Zeiten steht, setzt Schiller mit seiner Feststellung einen klaren Schnitt. Als Überfluss bezeichnet er die »ästhetische Zugabe« des menschlichen Schaffens, die allerdings als solche unbestimmt bleiben muss. Einmal der »rohen Natur«

entwachsen, leben die Menschen ihren »freyen Spieltrieb« aus, der nicht schon im vorhinein eingeengt und festgelegt werden darf. Und doch bleibt dieser Raum des Überflusses, für dessen Freihaltung Schiller plädiert, nicht einfach leer. In die Funktionsstelle, die herkömmlich dem Maß zukam, rückt der *Geschmack* ein, dem Schiller zutraut, mit seinen Richtungsvorgaben das verfügbare Wissen – einschließlich des Wissens der Wissenschaften – in das »Gemeingut der ganzen menschlichen Gesellschaft« überzuleiten. Die Beteiligung des Geschmacks stellt sicher, dass die *Abkehr* vom Maß in eine *Rückkehr* zum Maß ausmündet und ihm, wie dann die Maßlogik Hegels, auf zeitgemäße Weise Gestalt gibt. Wie weit dieses Verständnis des Überflusses von einer Freigabe der Maßlosigkeit entfernt ist, bestätigt die Formel, mit der Schiller ›Genügen‹ und ›Überfluss‹ nach dem Muster der gegenstrebigen Fügung zusammenzieht. Demnach hält sich der künstlerische Genius, in dem Schiller den lebendigen Vorentwurf des »freyen Bürgers« erkennt, an das Maß auch da, wo er sich dem »freyen Spieltrieb« überlässt.

Das Genie, dieser gedanklichen Linie folgt auch Schiller, beweist sich nicht in »Selbstsucht« und publikumswirksamen Aktionen. Der Überfluss, dessen es sich bedient und den es kunstvoll steigert, erweist sich als Fülle: als die Verwirklichung dessen, was es verkörpert und ebendarum vermag.

KAPITEL VIER

Ethik des Übermaßes

Perversität und Entfremdung – Maßlosigkeit und Überschreitung – Ethik des Übermaßes – Das Maß der Revolte – Maßlosigkeit und Unterwerfung – Mediterranes Denken

Tut das Gegenteil des Üblichen,
und ihr werdet fast immer das Richtige tun.
Jean-Jacques Rousseau, *Émile* (Zweites Buch)

Angesichts tiefgreifender Veränderungen in Kultur und Gesellschaft sah sich die literarische Prosa der heraufziehenden Moderne vor die Herausforderung gestellt, charakteristische Szenen und Bilder anzubieten, die den kommenden Wirklichkeiten gewachsen sein würden: Szenen einer Welt, die kein Maß mehr zu kennen scheint und in der ›es‹ – das Erleben und der Erfolg, die Macht und das Geld – niemals genug ist.

Perversität und Entfremdung – Drei literarische Beispiele – ein Essay, ein Märchen und ein Roman – dokumentieren die zeitgenössische Wahrnehmung dieses Übergangs in die veränderte Welt. 1845, um damit den Anfang zu machen, veröffentlicht der amerikanische Schriftsteller Edgar Allan Poe eine Erzählung, die das Erscheinungsbild des Maßlosen psychologisch herleitet und versuchsweise auf den Begriff bringt: *The Imp of the Perverse.* Der später von Freudianern konventionalisierte Direktanschluss der Perversion an das Reich des Königs Sex liegt Poe fern. Seine stringente, in einen mehrschichtigen Erzähltext eingewobene Erkundung des

Phänomens hält sich an die alte, schon zur Zeit des Sokrates geläufige Redeweise, wonach pervertiert und in diesem wörtlich genommenen Sinn ›verdreht‹ ein Verhalten ist, das gegen das Gebotene aufbegehrt und dieses Widersetzliche zur Unwiderstehlichkeit emporsteigert. Es ist gerade diese zwingende Folgerichtigkeit, dieser frivol-verwirrende Anschein der Fälligkeit, in der Poe die aberwitzige Parodie auf Maß und Vernunft erkennt. Die, wie sie in der deutschen Übersetzung heißt, »Perversheit« ist ein Zuwiderhandeln, das sich ungeachtet offenkundiger Gefahren, einschließlich der Gefahr der Selbstschädigung, unabweislich durchsetzt. Die für das Syndrom Empfänglichen haben keine Wahl.

Wie entschieden dieses Verlangen den herkömmlichen Erwartungen widerspricht, schildert Poe am Beispiel des Menschen, der am Rand eines Abgrunds steht. Während die Vernunft ihn zurückhält und zur Vorsicht mahnt, lässt die Perversheit den Sog der Tiefe übermächtig werden. Die Stimme der Perversion, die stärker ist als jedes Maß und jede Vernunft, sagt nur dieses eine Wort: Spring! Die entfesselte Übermacht des Unwiderstehlichen und, damit verbunden, die radikale Vergleichgültigung des Richtigen und Gebotenen, bildet den Kern des Syndroms. Die Perversheit, erläutert Poe,[1] ist »dieser überwältigende Drang, das Unrechte zu tun« – und zwar um eben »dieses Unrechten selbst willen« – *to do the wrong for the wrong's sake*. In der Logik der *perverseness* setzt das Gebotene, setzt unmittelbar das Maß selbst die Kräfte frei, die dann gegen es aufbegehren und ihm als die pure, sinn- und zweckfreie Verleugnung siegreich gegenübertreten. In ebendieser Dynamik erkennt Poe die Paradoxie der Maßlosigkeit. Ihr letzter und einzig überzeugender Grund ist ihre Unableitbarkeit, schärfer noch: ihre Grundlosigkeit.

Die Maßlosigkeit, ließ sich mit Hegel sagen, ist eine Variante des Maßlosen – diejenige Variante nämlich, welche die

Übergangsfunktion des Maßlosen, sein Einbezogensein in die Logik des Maßes, verkennt. Im Bereich der Gesellschaft nimmt diese Fehleinschätzung, wie Hegel in der *Rechtsphilosophie* erläutert, »die Form eines Unrechts«[2] an – eines Unrechts, das den Verstoß gegen Maß und Vernunft nicht nur sehenden Auges hinnimmt, sondern sucht und alsbald zur Gewohnheit werden lässt. In diesem Sinn maßlos ist, um den Begriff mit Hilfe Poes genauer zu fassen, die lustvolle, die im Wissen um die Verletzung des Gebotenen, ja unmittelbar um dieser Verletzung selbst willen gesuchte Überschreitung. Die Perversität ist der gewollte und zuweilen sogar geforderte Verstoß gegen alles, was eben noch als angemessen anerkannt war und selbstverständlich *galt.*

Damit tritt als weitere Pointe dieser literarischen Erforschung der *perverseness* das Epochenthema der Entfremdung hervor. Der Mensch, nachdem er sich einmal der Maßlosigkeit ergeben hat, verfehlt nicht bloß irgendein weithergeholtes und womöglich aus der Zeit gefallenes Ideal; indem er zwanghaft dem zuwiderhandelt, was ihm doch als das Richtige und Gerechte, mit einem Wort: als das Gemäße klar vor Augen steht, verspielt er sein Eingebundensein in diese Welt und verfehlt sich selbst.

Maßlosigkeit und Überschreitung – Poes literarische Verdeutlichung des Extrems hilft zu begreifen, dass und weshalb die Maßlosigkeit in den Augen der Zeitgenossen weit mehr gewesen ist als ein Verstoß gegen die Etikette und den guten Geschmack.

Die klassischen Ethiken hatten auf ein verlässliches, tief in der Ordnung der Dinge wurzelndes Bündnis von Vernunft und Sittlichkeit gesetzt, das sich von selbst verstand und nur in Ausnahmefällen überhaupt der Erläuterung bedurfte. Ideen wie das Gute oder das Maß galten unabhängig von der

Frage der Gründe, unabhängig von förmlicher Anerkennung und weltanschaulicher Rechtfertigung – sie galten *schlechthin.* Diese Erwartung des fraglosen Gesichert- und Anerkanntseins scheitert nun, im Zeitalter der Revolution, an den neuen Realitäten. Die Maßlosigkeit, die plötzlich und erst jetzt mit ungeahnter Wucht und auf ganzer Breite hervorbricht, erfasst das eben noch Rechtmäßige, das Gültige und Vertraute und damit die Ordnung der Dinge überhaupt.

In seinem vielleicht bekanntesten Märchen, das erstmals im *Volksbuch auf das Jahr 1850 für Schleswig, Holstein und Lauenburg* erschien, sondiert der Schriftsteller Theodor Storm das kulturelle Grundgefüge seiner Zeit. Sein Proband ist ein kleiner Junge, der abends nicht einschlafen will und lieber seinen Traum wahrmacht, mit seinem Rollbett durch den Nachthimmel zu fahren. Mit ein paar wenigen Strichen versetzt Storm die alten Geschichten der Himmelsstürmer, die Geschichten des Phaeton, Ikarus und der Venus auf dem Taubenwagen, in die bürgerliche Alltagswelt.

Der Mond und die Sterne, die das nächtliche Abenteuer zunächst amüsiert und dann, als es nicht enden will, mit Sorge betrachten, haben dem kindlichen Ungestüm nichts Nennenswertes entgegenzusetzen. »Nein«, ruft – nein: *schreit* der kleine Häwelmann, als er mit seinem Kinderbett durch die Sternennacht braust, »mehr, mehr! Leuchte, alter Mond, leuchte!«[3] Viel mehr Text hat Storms schlafloser Titelheld nicht, und er braucht ihn auch nicht. Der schreiende Häwelmann ist ahnungslos und selbstbezogen – ein, wie es im Märchen heißt, »possierlicher« Quälgeist und Nimmersatt, der gänzlich unbekümmert seinem Verlangen nachgibt und schon bald kein Halten mehr kennt. Die einschlägige, mehrfach wiederholte Frage des gutmütigen, aber auch ein wenig naiven Mondes, ob er denn nicht endlich genug habe, erweist sich schnell als rhetorisch und verhallt ungehört. Am nächsten Morgen und nachdem er die Mahnungen des Mondes in den Wind geschlagen hat, fängt ihn die aufgehende Sonne ein und schleudert ihn kurzerhand ins Meer. »Da«, fügt der Erzähler trocken hinzu, »konnte er schwimmen lernen.«

Maßlosigkeit und Überschreitung treten bei Storm in aller Unschuld hervor, als euphorischer Ausbruch eines Kindes, das den Übermut, mit dem es die Himmelsbewohner in Angst und Schrecken versetzt, als Befreiung erlebt und lautstark begrüßt. Der Jubel des kindlichen Himmelsstürmers ist eine Unterbrechung, er markiert den Abschied von der Welt des Herkommens und des Maßes. Das besondere Raffinement der Erzählung besteht darin, dass der thiasotische Jubel nicht nur die Bedenkenlosigkeit überspielt, mit der die kulturellen Selbstverständlichkeiten außer Kraft gesetzt sind, sondern auch den Akt der Außerkraftsetzung selbst. Für einen Augenblick – und begünstigt durch die Atmosphäre der Nacht – will es scheinen, als könne dieses kindliche Ich mit den natürlichen auch die kulturellen Hindernisse, die es einengen und fortwährend an die Anforderungen der Normalität erinnern, in den Wind schlagen, so als wären sie von nun an und für immer ohne Belang. Das Glück wird rauschhaft, der Rausch zum Versprechen ungeahnter, über die Einsprüche der Wirklichkeit erhabener Möglichkeiten. Nichts leichter, nichts lustiger und lustvoller, als all die Regeln, die uns als Einzelnen von Kultur und Gesellschaft auferlegt sind, in einem einzigen, triumphalen Akt in den Wind zu schlagen und vergessen zu machen.

Storms Märchen weiß, was auch aus anderen Märchen zum Thema – »Von dem Fischer un syner Frau« (1812; Grimm Nr. 19), »Tischlein deck dich« (1812/1819; Nr. 36), »König Drosselbart« (1812/1819; Nr. 52), »Der süße Brei« (1815; Nr. 103) – zu erfahren ist: Einmal der Ethik des Maßes entwachsen, wird das Menschenkind niemals genug haben. Dass der Häwelmann noch ein kleiner Junge ist, nimmt dieser Einsicht nichts von ihrer Brisanz – im Gegenteil. Die Spannung zwischen der sprichwörtlichen Unschuld des Kindes und der inneren Folgerichtigkeit der Überschreitung lässt die Umrisse eines Umwertungsgeschehens aufscheinen, das hinter dem Rücken der Akteure unaufhaltsam voranschreitet und über ihr Verhalten, über ihr Denken und Sprechen unwiderruflich entschieden hat. Gerade die Unbelastetheit des Kindes macht die Geschichte, die Storm erzählt, zum mustergültigen Fall. Die Enthemmtheit des kleinen Häwelmann ist die Enthemmtheit der neuen Welt und eine Vorahnung dessen, was den Zeitgenossen bevorsteht.

Als das wohl geläufigste Attribut der Maßlosigkeit entfaltet Storm die Symptomatik der Unersättlichkeit. Und doch verzichtet das Märchen darauf, einfach das Nächstliegende zu tun und angesichts des heraufziehenden Kapitalismus die Raff- und Profitgier des Homo oeconomicus anzuprangern: die Maßlosigkeit des Verbrauchs, der Überproduktion und des Mehrhabenwollens. Stattdessen – und viel raffinierter – lenkt Storm den Blick auf ein zeittypisches, in den grauen Mantel der Normalität gehülltes Jedermannsverlangen: auf den Hunger nach Erlebnis und Abenteuer, auf die Sehnsucht nach Überschreitung. Mit dieser thematischen Vertiefung löst das Märchen ein, was Walter Benjamin als den gattungseigenen Vorzug ausgemacht hat, der überhaupt erst unter den Bedingungen der Modernität zum Tragen kommt: »den Gewalten der mythischen Welt mit List und mit Übermut zu begegnen.«[4] Dem blinden Übermut der eigenen Zeit begegnet das Märchen mit dem phantastischen Übermut der Literatur, die für die Unerhörtheit des Neuen bleibende Bilder findet, und vor allem: eine Sprache.

Ethik des Übermaßes – Vor ganz ähnliche Herausforderungen sieht sich der zeitgenössische Roman gestellt. Wie das Märchen, dessen Zauberwelt geradewegs in die neuen, nie da gewesenen Alltäglichkeiten hineinführt, so gewinnt der Roman in dieser Welt ohne Maß nun endlich die Stoffe, die er braucht, um sein welterschließendes Potential zu entfalten.

Während jedoch das Märchen die neuen Wirklichkeiten im Gleichnis zeigt und sie – ohne sie damit zu verharmlosen – poetisiert, verfährt der Roman zupackend, umschweiflos und direkt. Er ist, wie der zeitgenössische Beobachter Hegel erkennt, ganz und gar ein Produkt des 19. Jahrhunderts. Der große bürgerliche Roman, schreibt Hegel, »setzt eine bereits zur *Prosa* geordnete Wirklichkeit voraus«, auf deren Boden neue, spezifisch moderne Themen und Konflikte herandrängen, allen voran der Zwiespalt »zwischen der Poesie des Herzens und der entgegenstehenden Prosa der Verhältnisse«.[5] Mit wenigen Strichen umreißt dieser Beobachter das erzählerische Grundgerüst, das die literarischen Mikrokosmen der *Eugénie Grandet* (1834), der *Madame Bovary* (1856), der *Nana* (1880) und der *Frau Jenny Treibel* (1892) tragen wird: die gestochen scharfen Sittenbilder einer Welt, in der andere, noch kaum erfasste, geschweige denn verstandene Ordnungen die alte Ordnung des Maßes abgelöst und endgültig überflügelt haben.

Speziell dem Roman eröffnet sich nun die Chance, inmitten der neuen Wirklichkeit das Wort zu ergreifen und mit eigener Stimme zu sprechen. Honoré de Balzac (1799–1850), von dem es hieß, er habe dank seines magischen Spazierstocks die metropolitanen Schauplätze von Paris ungesehen durchwandern können, hat als einer der ersten die Entfaltungsmöglichkeiten erkannt, die sich der Literatur in der Moderne boten.

Dazu gehört auch die Einsicht, dass die Darstellung der

Moderne mit der eigenen Modernität, mit der Modernität des Romans, zusammenfällt. Im Wissen um die eigene, unhintergehbare Zeitgenossenschaft dokumentiert der Schriftsteller Balzac die Unwiderstehlichkeit, mit der im Schmelztiegel der großen Stadt jene Welt Gestalt annimmt, die Hegel fast gleichzeitig als Wirklichkeit der Entzweiung[6] anspricht: als eine Welt, in der Maß und Übermaß, Normalität und Anomalität immer neue, soeben noch undenkbare Bündnisse eingehen. Mit jener Mischung aus nüchterner Beobachtung und jäher Ergriffenheit, die charakteristisch ist für sein Schreiben, legt der literarische Mikrologe Balzac Erlebnisräume frei, in denen die Wertmaßstäbe ständig wechseln und die eine Überzeugung so gut scheint wie die andere. Balzac, der zehn Jahre nach dem Sturm auf die Bastille geboren wurde, spricht vom Aufkommen einer beispiellosen, einer spezifisch modernen »Pathologie des sozialen Lebens«[7] – von der *Pathologie de la vie sociale.*

Balzacs Vorüberlegungen zu diesem Projekt reichen zurück bis ins Jahr 1820 und werden dann auf den Seiten des *Père Goriot* (1835) literarisch erprobt: in einer Form der Literatur, die mit dem Instrumentarium der Fiktion das Bild der Wirklichkeit geben möchte. Bereitwillig bekennt sich Balzac zu dem Paradox, dass alles, was sein Roman zu sagen hat, weder romanhaft sei noch erfunden. Kursiv und auf englisch, also gleichsam aus dem Off, heißt es gleich zu Beginn: »All is true«.

Mit ausgesuchter Ironie gegenüber dem schon wenig später zum Klischee geronnenen Realismus, der den Spiegel durch die Gassen trägt, reagiert Balzac auf die Herausforderung seines Themas. Maß und Regel haben sich verschoben und stehen der neuen Monstrosität der irdischen Dinge nun nicht mehr, wie die Anhänger Platons versichert hatten, als Sinnbilder der wahren Wirklichkeit zeitlos und unverrückbar gegenüber, sondern sind mit der Erscheinungswelt der Maßlosigkeit verschmolzen. Ebendamit haben sich aber auch die Grundsätze der Darstellung verschoben. Was in der Welt ohne Maß ›real‹ ist, setzt der Schriftsteller Balzac nicht einfach als schlechthin gegeben voraus, um es minutiös abzuschildern. Es ist vielmehr das, was die »exakte Phantasie«[8] einer Literatur, die ihren Stoff durchdrungen hat, mit genuin künstlerischen Mitteln zutage fördert und den Lesern vor Augen stellt.

Vor allem die unverblümte, sich jede Idealisierung versagende Zeichnung der Figuren erlaubt es Balzac, den Weltenwechsel greifbar zu machen. Von Madame Vauquer, die im Zentrum des ersten Kapitels steht, bietet der *Goriot*-Roman eine Porträtstudie, die keineswegs, wie man meinen könnte, eine Karikatur sein will. Vielmehr beschwört sie den Anblick eines jener, wie Balzac sagt, »zwei- oder dreitausend« Typen herauf, die gemeinsam die personelle Grundausstattung der modernen, in die Maßlosigkeit verschobenen Wirklichkeit ausmachen. Das Porträt beginnt mit einem Seitenblick auf die Hauskatze, die »um sieben Uhr morgens ihrer Herrin voranschreitend auf die Anrichtetische springt, die Milch wittert, die die mit Tellern zugedeckten Schüsseln enthalten, und ihr morgendliches Schnurren hören läßt. Bald darauf«, schreibt Balzac weiter, »erscheint die Witwe in ihrer Tüllhaube, unter der ein schlecht aufgesteckter falscher Zopf baumelt, sie schlurft herein in grimassenschneidenden Pantoffeln. Ihr verblühtes fettes Gesicht, das von einer Papageiennase beherrscht wird, ihre kleinen fleischigen Hände, ihre feiste Figur, [...] ihre offene Jacke, all das entspricht diesem Speisezimmer, wo das Elend durch alle Ritzen dringt, wo sich der Spekulationsgeist verkrochen hat, dessen stinkend warme Luft sie ohne Beschwerden einatmet«.[9]

Die Deformation des sozialen Lebens hat die Beteiligten

gezeichnet – ihr Erscheinungsbild, ihre Gesinnung, ihr Verhalten – und erfasst mit gleicher Wucht auch die Dinge. Vom Interieur jenes Speisezimmers, in dem Madame Vauquer und ihre Pensionsgäste die Morgenmahlzeit einnehmen, heißt es im Roman: »ein langer Tisch mit einem Wachstuch, das fettig genug ist, um einen übermütigen Externen dazu zu verführen, seinen Namen mit dem Finger darauf zu schreiben, wackelige Stühle, armselige geflochtene Strohmättchen, die stets ausgerollt sind und nie weggeräumt werden, elende Schüsselwärmer mit zerbrochenen Löchern und ausgeleierten Scharnieren. Um eine Vorstellung zu geben, wie alt, brüchig, vermodert, zerfressen, wackelig, invalide und verfallen diese Einrichtung ist, bedürfte es einer eingehenden Beschreibung, aber sie würde diese Geschichte gar zu sehr belasten, und eilige Menschen haben dafür kein Nachsehen.«

So sind am Ende auch wir, die notorisch ungeduldigen und sensationshungrigen Leser, angesteckt und unversehens hineingerissen in dieses Epochenpanorama der Maßlosigkeiten und der Überschreitung, in dem sich grandiose Schauplätze auftun für den großen Roman der Moderne. Zu diesen Stoffen findet Balzac eine Sprache und erzählerische Haltung: die Haltung des unvoreingenommenen, sich jeder Anklage und Schuldzuweisung, aber auch jeder Beschönigung und Verklärung enthaltenden Blicks. Und so ist es nur folgerichtig, wenn die Maßlosigkeit in diesen Versuchen, ihr literarisch beizukommen, kaum jemals als solche hervortritt. All die neuen Formen des Handelns, des Denkens und Fühlens, die Balzac im Leben der Gesellschaft hervortreten sieht, sind von ihr durchdrungen und gezeichnet.[10] Die Maßlosigkeit ist der Inbegriff einer neuen Wertetafel, die ihre eifrigen Propagandisten längst gefunden hat. Bis in die Feuilletons reicht nun die Verachtung der als kleinbürgerlich verlachten Wohlanständigkeit. Der soeben noch klar und eindeutig scheinende, von der Welt des Herkommens getragene Unterschied zwischen Regel und Ausnahme, zwischen Maß und Übermaß, zwischen Anstand und Niedertracht hat sich verflüchtigt und fällt als Verhaltensempfehlung aus. Alles, was der Begriff der Maßlosigkeit bis dahin an Problematischem aufrief und verwarf, entfaltet sich ungehindert auf den Schauplätzen der großen Stadt. Die Maßlosigkeit ist nicht einfach das Gegenteil des Maßes, ist nicht bloß ein Ausfall der traditionellen Orientierungen; sie tritt als ein Etwas hervor, ja mehr noch: Sie ist das zutiefst paradoxe und doch für jedermann verbindliche Maß in einer Welt ohne Maß.[11]

Die Unumkehrbarkeit der eingetretenen Entwicklung steht für Balzac außer Zweifel. Das Umsichgreifen der Maßlosigkeit tritt in seinen Romanen als ein ebenso anonymes wie unwiderstehliches Geschehen hervor, als eine einzige, weltumspannende Fatalität. Der Maler und Balzac-Leser Eugène Delacroix (1798–1863) hat diesen Blick auf die neuen Wirklichkeiten aufgegriffen und, auch darin dem Beispiel Balzacs folgend, die Reaktionen festgehalten, die sie in den Köpfen der Zeitgenossen hervorriefen. Mit deutlichen Zeichen der Irritation schildert der Zeitbeobachter Delacroix die Ausbreitung einer neuen *Ethik des Übermaßes*, die diejenigen, die es in der bürgerlichen Gesellschaft zu etwas bringen wollen, ausdrücklich dazu ermuntert, »etwas anderes« zu tun als das, »was richtig und vernünftig ist«.[12] Die Moderne, so die Diagnose der ersten Stunde, revolutioniert die Orientierungssysteme, und ihr zentraler Angriffspunkt ist das Maß. Erfolgreiches Handeln setzt von nun an Durchsetzungsstärke und, damit verbunden, die Bereitschaft voraus, die Maßstäbe der Vergangenheit zu verabschieden und entschlossen hinter sich zu lassen.

Die Maßlosigkeit, erkennt Delacroix, verweigert die Orientierung, oder genauer: Sie zieht Orientierung und Orientierungslosigkeit zusammen. Indem sie das Maß erfolgreich als Entwicklungshindernis und Ausdruck philiströser Gesinnung unter Verdacht stellt, zerfällt das Vertrauen in sein Genügen, während gleichzeitig die tief in der abendländischen Metaphysik verwurzelte Überzeugung immer weiter an Boden gewinnt, dass die Welt so, wie sie ist, hinter dem, was zu wünschen wäre, zurückbleibt und deshalb überwunden werden muss. Vor diesem Hintergrund kommen nun Programme und Positionen auf, die noch wenige Jahrzehnte zuvor undenkbar gewesen wären. Exemplarisch und lange vor den Auftritten des Avantgardismus sieht Delacroix in der Kunst eine Erwartungshaltung zutage treten, die er als charakteristisch modern ausmacht: die Erwartung, dass die Maßlosigkeit ihrerseits zum Maß werden kann. Der offen ausgelebte Zynismus des dahinsiechenden Ancien Régime und die Blutgerichte der Jakobiner, stellt sich nun heraus, waren nur das Vorprogramm eines totalen Bewusstseinswandels. Wie die über die aristokratischen *décadents* triumphierenden Jakobiner, so ist es nun auch die gegen das akademische Gehege aufbegehrende Kunst endgültig leid, in der Komödie der Wohlanständigkeit noch länger mitzuspielen. Und wie zuvor die politische Revolution, so will auch die Kunst ihre Grenzverletzungen, ihre Sensationen und Spektakel als überfällige, in menschheitsgeschichtliche Dimensionen vorstoßende Befreiungstaten gewürdigt wissen.

Die von Balzac durch tausend Einzelszenen und Situationen hindurch verfolgte Konvergenz von Maß und Maßlosigkeit bestätigt sich. Auf paradoxe Weise werden nun gerade diejenigen der Normalität gerecht, die gegen sie aufbegehren. Unentwirrbar fallen Zeitgemäßheit und Unzeitgemäßheit, Affirmation und Opposition, Abweichung und Erfüllung, Dafür- und Dagegensein in eins. Das Erbe der Revolution, vertraut Delacroix im April 1849 seinem Tagebuch an, ist das aufbegehrende, das allumfassende und sich ständig aus sich selbst heraus erneuernde Überwinden-, Überbieten- und Vorankommenwollen, ist das Verlangen nach dem Sensationellen und Niedagewesenen, dem Aufgekratzten und Überdrehten – die heillose Verwirrung von Maß und Maßlosigkeit.

Das Maß der Revolte – Was aber tun, wenn die Klarheit des Maßes einmal verloren und der Traum der maßgerechten, der mit dem Sein der Dinge abgestimmten Ordnung ausgeträumt ist? Was ist in der Welt der normalisierten Maßlosigkeit das Maß?

Der Mensch in der Revolte, heißt es dazu in einem denkgeschichtlichen Schlüsselwerk des 20. Jahrhunderts, ist der Mensch, der nein sagt – nein zu den Zumutungen, die ihm auferlegt sind und die es ihm verwehren, der zu sein, der er ist. Das existenzphilosophische Beharren auf der menschlichen Art zu sein, betont Albert Camus (1913–1960), ist kontrafaktisch und in diesem Sinn verneinend. Im Kern jedoch ist es bejahend: Der gegen das Geläufige aufbegehrende Geist der Revolte zieht seine Kraft aus der Geltendmachung dessen, was den Menschen ausmacht und ihm und seiner Welt, im nachdrücklichen Sinn dieses Wortes, *gemäß* ist.

Um diesen Anspruch zu verdeutlichen, greift Camus die Erinnerung an die Ethik des Maßes auf, die in der postrevolutionären Lebenswirklichkeit keine Entsprechung mehr fand und, wie rückblickend leicht einzusehen, auch nicht mehr finden konnte. Das epochale, die Zeitenwende einleitende Aufbegehren der Revolution hatte sich, wie schon Delacroix notiert, als Aufbegehren gegen all das erwiesen, wofür einmal das Maß das sinnfällige Zeichen gewesen war: gegen die Beständigkeit, die Geordnetheit und Zweckgerichtetheit, kurz: gegen die *Bejahungswürdigkeit* der Welt.

In dieser Situation versteht sich die Revolte als Antwort auf den Zivilisationsbruch, der die Revolution in den Augen ihrer Protagonisten wie auch ihrer Kritiker gewesen war. In scharfer Abgrenzung von der »jacobinischen und bürgerlichen Kultur« ruft die Revolte »jedes Denken, jede Tat, die einen gewissen Punkt übersteigt«, dazu auf, sich selbst zu verneinen und mit diesem Akt der Zurücknahme dem Maß Raum zu geben, das die Revolution einst vertrieb. Sollte das gelingen, schreibt Camus, »gibt es tatsächlich ein Maß der Dinge und des Menschen« – *une mesure des choses et de l'homme.*[13]

Die Formulierung ist mit Bedacht gewählt. Die Revolte stellt nicht das alte Maß wieder her, sie ist nicht das Projekt eines Nostalgikers. Sie selbst, die Aktion und die Art und Weise ihrer Ausführung, ist das auf die Höhe der Zeit gehobene Maß. Weit davon entfernt, die Revolution und ihre Ideen zu widerrufen, sucht die Revolte sie vor der ihr inwohnenden Tendenz der Maßlosigkeit zu bewahren und das nachrevolutionäre Geschehen an das den Menschen Zukömmliche rückzubinden. Das historische Ereignis der Revolution, das sieht auch Camus, ist irreversibel, und so kann das aktuelle Maß nicht das alte sein. Aus der intuitiven Gewissheit des Gemäßen und Angemessenen, die es einmal war, ist eine Forderung geworden, der die Revolte nun Nachdruck verleiht. Nachdem es lange Zeit als Inbegriff dessen gegolten hatte, was sich als das Bewährte und Anerkannte von selbst versteht, fungiert das Maß nun als Gegenentwurf zu einer in die Maßlosigkeit verschobenen Wirklichkeit. Der Mensch in der Revolte rückt von ebenjenem Teil des revolutionären Erbes ab, der schon nach wenigen Jahren in die Wirklichkeit des Homo Faber geführt hat: in die Welt des Bourgeois, der nichts mehr wissen will vom Stolz, vom Selbstbewusstsein und Anspruch der Citoyenneté.

Schon habituell weicht die Revolte von dieser Gesamttendenz ab. Keineswegs beansprucht sie, die Dinge nun ihrerseits im Griff zu haben und sich auf andere, bessere Weise gefügig zu machen. Der Akzent ist völlig anders gesetzt. Camus spricht davon, dass – mit der sorgfältigen Formulierung des Textes – das Maß fortlebt, ja dass ›es‹ das Maß der Dinge auf eine von jedem Zuspruch unabhängige und über jede Rechtfertigung erhabene Weise ›gibt‹, sofern die Revolte es praktisch aufgreift und hier und heute auf zeitgemäße Weise, und das kann nach Lage der Dinge nur heißen: kontrafaktisch zur Geltung bringt.

Maßlosigkeit und Unterwerfung – Camus reagiert auf die Verwerfungen, denen die Gesellschaften Europas seit dem Zeitalter der Revolution ausgesetzt sind. Die Revolution, hat sich gezeigt, war nicht lediglich ein einzelnes und vorübergehendes Ereignis, sondern hat einen Zustand herbeigeführt, der historisch beispiellos ist. Sie hat nicht bloß in einem einmaligen und spektakulären Akt die Schranken der alten Gesellschaft niedergerissen, die Schranken der feudalen Klassenherrschaft, sondern Schranken und Beschränkungen überhaupt.

Diese Revolution – die Revolution, die blindlings voranstürmt, die die Unzufriedenheit schürt und nie ein Ende findet – ist die Maßlosigkeit. Sie ist zu einer unbestimmten Erwartung geworden, zu einem allgegenwärtigen, das Denken und die Sprache durchdringenden Daseinsgefühl, das das Leben der vielen in Bewegung hält, indem es ihr Dasein als unzulänglich erscheinen lässt. Die Unzufriedenheit ist der Stachel. Wo einst das Maß das Leben bestimmte, da gibt sich die Moderne dem Empfinden des Ungenügens hin, das nach immer neuen Anläufen und Aufbrüchen verlangt.

Dem hegelianischen Vertrauen in die regulierende Funktion der Geschichte begegnet Camus mit Skepsis. Statt den Menschen die Freiheit zu bringen, hat demnach der Aufstand der Jakobiner in das Regime der Maßlosigkeit geführt, das sich erfolgreich – und nicht ohne Ironie – als Einlösung des revolutionären Freiheitsversprechens präsentierte. Der »Geist der Revolution«, von dem einst Marx gesprochen hatte, hat sich in das Gespenst der Maßlosigkeit verwandelt. Ganz in diesem Sinn spricht der Traktat über die Revolte vom Einschluss der Maßlosigkeit in ihre eigene Normalität: von einer »grenzenlosen Knechtschaft«, die nichts anderes ist als die Knechtschaft der Grenzenlosigkeit. Mit dem Verlust des Maßes treiben das Glück des Einzelnen und das Glück der vielen, treiben Individualität und Kollektivität unwiderruflich auseinander.

Die Revolte begehrt auf gegen den neuen, charaktistisch modernen Typus der Unterwerfung: gegen die Unterwerfung des Daseins unter das Regime der Maßlosigkeit. Als Schutzpatronin der Revolte wählt Camus mit der Nemesis die Göttin der »zuteilenden« Gerechtigkeit, die ebendamit die *Göttin des Maßes* ist, »verderblich den Maßlosen«[14]. Neben all den Formen des Widerstandes, der Rebellion und des Protestes behauptet sich die Revolte mit dieser klaren Adressierung als eigenständiges Konzept. Die Revolte ist eine Intervention: ein spontanes, unableitbares und in genau diesem Sinn »absurdes« Entspringen. Statt sich parteiförmig zu organisieren und vorformulierte Programme umsetzen zu wollen, steht sie ein für das Gemäße, das die revolutionäre Ungeduld einst vertrieben hat. Die revolutionäre Maßlosigkeit ist, wie Camus schreibt, eine »Verirrung« – ein Verirrung in Wort und Tat. Sie ist »aus der Unkenntnis oder der systematischen Verkennung jener Grenze« hervorgegangen, urteilt Camus, »die untrennbar von der menschlichen Natur zu sein scheint und die gerade die Revolte offenbart«.

Solche Worte unterstreichen die Kühnheit des Versuchs, dem Maß eine zeitgemäße Form zu geben und ihm seinen vormaligen Rang zurückzuerstatten. Ihrem Selbstverständnis nach ist die Revolte ein Akt der Selbstkorrektur: die Antwort auf die einmal revolutionierte und, nachdem der Geist der Revolution erloschen war, in die Sinnleere des Konsumismus verschobene Welt.

Mit der Besinnung auf die menschliche Natur wird der Anspruch der Revolte konkret. Er besteht darin, *in* einer Zeit der Maßlosigkeit und *gegen* diese Zeit das »Gesetz des Maßes« (S. 239) zurückzugewinnen: *cette loi de la mesure.* Die Proklamation der Revolte und die Proklamation des Maßes sind eins. Indem sie »eine den Menschen gemeinsame Natur nahelegt«, bringt demnach die Philosophie der Revolte »das Maß und die Grenze ans Licht« – *la mesure et la limite* –, »die das Prinzip dieser Natur sind« (S. 238).

Mediterranes Denken – Energisch erklärt Camus, nichts zu tun haben zu wollen mit jenem, wie er formuliert, »humanitären Geschwafel«, das sich dafür hergibt, dem einst von der Revolution aufgerufenen und an die totalitären Regimes des 20. Jahrhunderts weitergereichten Extrem des Terrors die Vorwände zu liefern. Und doch verteidigt er den, wie er sagt, »Humanitarismus« gegen den Einwand Max Schelers, er kompensiere nur den Hass auf die Welt. Man liebt die Menschheit im allgemeinen, hatte Scheler geschrieben, um nicht den Nächsten lieben zu müssen und ihm bedenkenlos antun zu können, was immer man im Namen der absoluten Ziele für nötig hält.

Die Revolte unterläuft diese Variante der Maßlosigkeit, indem sie das Unspektakuläre wagt und sich darauf beschränkt, »die Demütigung zurückzuweisen, ohne sie jedoch für den andern zu verlangen«. Und weiter: »Um zu sein, muß der Mensch revoltieren, doch muß seine Revolte die Grenze wahren, die sie in sich selbst findet«.[15] Andere Varianten des Aufstandes – diejenigen nämlich, die vorgeben, im Namen der absoluten Ziele zu handeln und das Recht der Überschreitung auf ihrer Seite zu haben – begehen Verrat an sich selbst. Um zu bleiben, was es ist, muss das Maß sich davor hüten, mit der Maßlosigkeit zu paktieren. Es muss – ein Maß haben.

Wie bereits die antiken Autoren fragt die Revolte nach dem Maß des Maßes. Das einmal kontextbefreite, mühelos angreifbare Maß ist korrumpiert, sobald zu seiner Bewahrung Mittel eingesetzt werden, die den Vorgaben der Mäßigung widersprechen und des Guten zuviel tun. Um die kontrafaktische Orientierung am Gemäßen zu verdeutlichen, das die Revolte aufgreift, geht Camus weit zurück. Die Griechen, mit diesen Worten aktualisiert er die Idee der Humanität, seien davon überzeugt gewesen, dass es »im Gegensatz zu den Postulaten des heutigen Denkens eine menschliche Natur gibt« (S. 16). Die Berufung auf die Antike ist, wie häufig in der Philosophie, rhetorisch. Weder unterstellt sie Kontinuitäten noch bedient sie die Sehnsucht nach Wiederherstellung. Sie ist das Mittel, um die Wirrnisse des Augenblicks auf Abstand zu bringen. Camus nennt das Denken, das gegen den Konformismus der Maßlosigkeit aufbegehrt, »mittelmeerisch« und folgt damit einer Intuition des französischen Schriftstellers und Essayisten Paul Valéry. Als Hinterlassenschaft des mediterranen Denkens, hatte Valéry bereits Anfang der dreißiger Jahre geschrieben, bildet das Maß das humane Gegengewicht zu dem alles mit sich reißenden Absolutismus der Geschichte. Eben daraus ergibt sich die Grundformel des mittelmeerischen Denkens, in der beide Varianten, diejenige Camus' und diejenige Valérys, übereinkommen: Nicht die Geschichte bewahrt die Fülle des Menschseins, sondern das Maß.

Der Zweifel an der ausgleichenden Kraft der Geschichte ist beiden, im übrigen so unterschiedlichen Denkern gemeinsam. Wie Valéry interpretiert auch Camus den Maßbegriff klassisch: als sinnfälligen Ausdruck einer Welt, deren Zugänglichkeit für den Menschen nicht verhandelbar ist. Auf ebendiese Elementarbedingung seiner Existenz gründet Camus den Anspruch der neinsagenden, der gegen die postrevolutionären »Verirrungen« aufbegehrenden Revolte. Das Konzept kommt damit den Grundpositionen der stoischen Ethik erstaunlich nahe. Es ist das Maß, das den Menschen in seiner Selbstachtung bestärkt und dazu ermächtigt, sich nicht derart vom Konformismus der Maßlosigkeit, der die Welt erfasst hat, beherrschen zu lassen.

Der damit angestoßene Versuch, das Maß auf dem Boden der Moderne noch einmal und im Wissen um seine Kontrafaktizität zur Geltung zu bringen, rückt eine Formel in Reichweite, deren Vieldeutigkeit sie einst zum Skandal der Philosophie gemacht hat. Ich spreche von dem zuerst in der Antike gefallenen und prompt nicht geradezu als falsch, aber doch als unklug attackierten Satz, in dem es heißt, das Maß aller Dinge sei – der Mensch.

KAPITEL FÜNF

Maß und Mensch

You are the measure – Der Mensch, der das Maß ist – Der Satz des Protagoras – Der Sophist und die Nachwelt – Der Satz des Sokrates – Sokratischer Heroismus – Zweifel des Menschen an sich selbst – Die Ablösung – Der Einsatz der Methode

> Von allen Dingen ist das Maß der Mensch; von dem, was ist, daß es ist, – von dem, was nicht ist, daß es nicht ist.
> Der Homo-mensura-Satz in der Übersetzung Hegels

Der Mensch ist das Maß aller Dinge – wer wollte da widersprechen. Vielleicht würden wir den Satz heute zurückhaltender formulieren, diplomatischer, um absehbaren Widerständen zuvorzukommen. Man merkt eben doch, dass er Zeiten entstammt, da die Weisheit selbstbewusst in Merksätzen sprach und ein paar wenige Worte genügten, um ein ganzes Weltbild hinzustellen – ein Weltbild mit all seinen Ansprüchen und Verbindlichkeiten.

Gleichwohl und trotz veränderter Bedingungen ist Schnörkellosigkeit ein probates Mittel des Ausdrucks geblieben, und noch immer hat der Verzicht auf vorsorgliche, von allerlei Rücksichten und meinungsklimatischen Verschiebungen erzwungene Sonderzeichen etwas Befreiendes. Einmal ausgesprochen, gibt ein knapp und klar formuliertes Stück Text etwas vor, eine Idee oder eine bestimmte Sicht der Dinge, mit der man etwas anfangen kann.

Und so auch im gegebenen Fall. Wer sollte denn, nachdem im Lauf der Jahrhunderte alle übermenschlichen Autoritäten entfallen sind, auch sonst für uns das Maß sein, wenn nicht wir selbst? Wer sonst sollte denn entscheiden, was zuwenig ist und was zuviel – zuviel Einfluss und Macht, zuviel Aufhebens und Worte, vielleicht sogar – zuviel des Guten?[1] Wer sonst sollte denn darüber befinden, was nötig ist und was nicht, was statthaft ist und was nicht, und wo die Grenze verläuft zwischen Genügen und Gier, zwischen Fasten und Schwelgen, zwischen der Befriedigung elementarer Bedürfnisse und räuberischem Haben- und Mehrhabenwollen? Wer, wenn nicht wir selbst, sollte uns denn sagen, wo die Grenze verläuft und das Außerordentliche und das Staunenmachende beginnt, wo das Aparte, das Gewagte, das Wunderliche, das Abgeschmackte, das Seltsame, das Verschrobene, das Lächerliche, das Verstiegene, das Befremdliche, das Vulgäre, das Peinliche, das Abstoßende, das Schockierende, das Widerwärtige, das Entsetzliche, das Grauenerregende, das Unausstehliche, das Unerträgliche, das Unaushaltbare … Anders gefragt: Wie, wenn nicht als Mensch, soll der Mensch der Welt gegenübertreten – und mitten darin sich selbst?

You are the measure – Der Mensch ist das Maß aller Dinge – in der Alltagssprache dienen Sätze wie dieser als Anhaltspunkte, deren Herkunft uns gleichgültig sein kann. Entscheidend ist der allgemein geteilte Eindruck, sie seien bedeutsam schlechthin und eigentlich immer schon da gewesen. Formeln wie diese stellen sich von selbst ein, und indem sie unserem Daseinsgefühl eine Stimme geben, werden sie zu Lebensregeln, die ohne langes Herumreden auf den Punkt kommen. Indem sie uns durch den Alltag führen und gelegentlich für erhellende Momente sorgen, ersparen sie uns Kompliziertheiten und beantworten unsere Fragen, bevor wir sie gestellt haben.

Es ist deshalb nur folgerichtig, wenn der, wie er von Fachphilosophen genannt wird, Homo-mensura-Satz allgemein auf Zustimmung rechnen darf: *Der Mensch ist das Maß aller Dinge*. Erleichtert wird diese Akzeptanz durch die untermalenden Redeweisen des Alltags. Mit großer Selbstverständlichkeit gliedert sich der menschliche Erfahrungsraum in Finger- und Haaresbreiten, in Arm- und Nasenlängen, in Knie- und Brusthöhen, in Schrittzahlen, Gehminuten und Tagesmärsche. Dem Menschen, der das Maß ist, kommen die Proportionen seiner Welt wie von selbst entgegen, und alles um ihn herum wird ihm zum Spiegel.

»You are the measure« – der Ausstellungstitel, mit dem das New Yorker Whitney Museum im Jahr 2007 an die Öffentlichkeit trat, kokettiert mit diesem Zauberbild einer den Menschen zugewandten, ihren Bedürfnissen ergebenen Wirklichkeit.[2] Die Pointiertheit des Satzes in Verbindung mit seiner Plazierung an einem hochkulturellen, dem Erlesenen und Ausgesuchten vorbehaltenen Ort verlieh ihm die Aura einer feierlichen Erklärung, die allgemein auf Zustimmung rechnen darf, weil sie einer verbreiteten Überzeugung Ausdruck verleiht. Das Maß aller Dinge, von dieser Zusicherung sollten sich all die vielen Einzelnen da draußen direkt angesprochen und gemeint fühlen, bist natürlich und ganz ohne Frage du selbst.

Spruchweisheiten wie diese sind ins kollektive Bewusstsein eingesenkt wie einst die Verse der Bibel und die Schlüsselszenen der nationalen Epen, wie die Refrains der Popsongs und die Werbejingles im Radio. Obwohl, wie viele Auskünfte dieser Art, seltsam vage und unergründlich, rührt auch dieser Satz an die Grundgestimmtheit der Zeitgenossen. Und genau so, als Ausdruck eines Lebensgefühls, hat er in das Formelrepertoire all derer hineingefunden, die das große Publikum erreichen und für ihre Sache gewinnen wollen.

Zu diesen Anspielungen und zahllosen Belehnungen gehört auch der um die Jahrtausendwende aufgekommene Begriff des Anthropozän. Die Epochendiagnose des Anthropozän zeigt den Menschen in der Rolle dessen, der sich, nachdem er dem Heimatplaneten achtlos sein Maß – seinen »Fußabdruck«[3] – aufgeprägt hat, nun auf seine kreatürlichen Pflichten besinnen soll. Die Erzählung des Anthropozän zeigt den Menschen als »Erdsystemfaktor«. Nachdem er durch den sorglosen Ausbau seiner Industrien das Erdklima gestört hat, soll er sich seine Verfehlung nun eingestehen und, wie einst der Apostel auf seinem Weg nach Damaskus, sein Leben ändern und das Eine tun, das jetzt nottut. Selten in dieser langen Geschichte des Maßes ist der Anspruch des Menschen, im großen wie im kleinen das Maß aller Dinge zu sein, so spektakulär erneuert worden wie in dieser selbstauferlegten, aus dem Bildervorrat des religiösen Mythos gespeisten Wiedergutmachungsmission.

Vor dem Hintergrund solcher Fortschreibungen und halbbewusster Inanspruchnahmen sticht eine Würdigung heraus, die zugleich eine Verdeutlichung ist. Der Homo-mensura-Satz lasse uns noch einmal die ungeheure Weite unseres kindlichen Welterlebens empfinden, hat Paul Valéry 1933 in einem Vortrag erklärt: »das wahre Ausmaß *[la véritable proportion]* unserer Menschennatur«.[4] Die Tragweite dieses Verlangens stellte Valéry seinen Zuhörern eindrucksvoll vor Augen. Indem wir der Welt das Maß nehmen, überwinden wir die Grenzen unseres individuellen Daseins und stellen unser Tun in den Zusammenhang der durch das Geschenk der Messbarkeit ermöglichten Erschließung der Welt. Valéry entschlüsselt das Messen als den Akt, durch den wir Einzelne über uns hinauswachsen und uns auf das Niveau der Gattung erheben. Indem er misst, greift demnach der Mensch über sich hinweg auf das Ganze aus und stellt sich dem, was überhaupt für ihn erreichbar ist. Wir stoßen vor in die Region eines gleichsam überpersönlichen Ich der unabsehbaren Möglichkeiten, von denen das endliche Dasein, das wir als Einzelne fristen, bloß die zufällige, niemals aber erschöpfende Verwirklichung ist. Im Maß – das ist die Quintessenz dieses phänomenalen Ausblicks – fallen wie von jeher, so auch heute und für alle Zeit der physische und der metaphysische Weltbezug in eins.

Selten ist dem Pathos des Homo-mensura-Satzes, seiner Anmaßung und Verheißung, derart vorbehaltlos Ausdruck verliehen worden. Die gängigen Lesarten klingen je nach Betonung politisch oder ästhetisch, ökonomisch oder moralisch, zuweilen auch schroff atheistisch. Ungeachtet dessen kommen sie in der einen, auch von Valéry geteilten Überzeugung überein, dass niemand anderes als der Mensch es sei und sein könne, der in seiner Welt das Maß setzt, der es setzen *soll* und setzen *muss*.

Ein Hauch von Weltverbrüderung umweht den Homo-mensura-Satz, selbst noch in den Zeiten des Anthropozän. Die Lesarten, die seit Jahr und Tag kursieren, sind getragen vom Bekenntnis zur Allzuständigkeit und zur Würde des Menschen, vom Bekenntnis zur Humanität. Wer, der sich für einen Menschen hält, würde ein solches Plädoyer nicht mit Zustimmung zur Kenntnis nehmen.

Der Mensch, der das Maß ist – Was einst Hegel, als Denker der Vernunft, am Verstandesdenken zweifeln ließ, war das, was er dessen Abstraktheit nannte: dass es von den vielfältigen Bezügen, die überhaupt erst in der Summe das Wirkliche ausmachen, bedenkenlos absieht; dass es den Horizont der Wahrnehmung mutwillig verengt und im Raum wie in der Zeit bloß das Nächst- und Obenaufliegende zur Kenntnis nimmt; dass es sich in seinem eigenen Wirkungskreis bequem einrichtet und nicht wahrhaben will, wie ahnungslos es all dem gegenübersteht, was über das hier und jetzt für wichtig Gehaltene hinausgeht.

Vorbehalte wie diese motivieren die Nachfragen der philosophischen Genealogie, die Frage nach den Hintergedanken, die aus Faustformeln wie dem Homo-mensura-Satz Gemeinplätze machen und ihnen ihre Anerkennung sichern. Was macht es uns so leicht, eine Spruchweisheit wie diese, die außerhalb jeder Beweisbarkeit liegt, nachzusprechen? Welcher Art sind die Bedürfnisse, denen sie nachkommt, und die Einsichten, die sie zu vermitteln verspricht? Was ist mit dem Homo-mensura-Satz behauptet, was verstanden, was entschieden? Ist die humane Grundströmung, die wir aus ihm heraushören wollen, wirklich so eindeutig, dass sie nur noch wiederholt und bei passender Gelegenheit bestätigt zu werden braucht?

Der Geozentrismus der älteren Kosmologien war von der Hoffnung getragen, dass eine unerschütterliche Ordnung der Dinge die Menschen auf der für sie nicht vollkommen einsehbaren, zweifellos aber richtigen und ihnen zukömmlichen Bahn halten möge. Was diese Lehren zu bieten hatten und sie über die längste Zeit der Menschheitsgeschichte hinweg als verbindlich auswies, war ein geschlossenes, sich selbst erklärendes Bild der Welt. Aber gerade die Schlichtheit der Formeln, die das Wunschbild trugen, sollte uns hellhörig und sogar misstrauisch machen – so misstrauisch, wie es bereits die ersten Hörer des Homo-mensura-Satzes gewesen sind.

Rückblickend ist allenfalls zu vermuten, wie der Homo-mensura-Satz zum Zeitpunkt seiner Prägung vor zweieinhalbtausend Jahren im einzelnen gelautet haben mag. Eine authentische Quelle ist nicht überliefert. Alles, was wir über diesen Satz wissen – über den Wortlaut, über den Entstehungszusammenhang, über den schulphilosophischen Kontext –, stammt aus zweiter Hand. Eine zum Zeitpunkt seines historischen Auftauchens offenbar längst schon angelaufene, in weiten Teilen mündliche Rezeption hat den Satz an ausgesuchter Stelle plaziert und daraus, was nachzuvollziehen uns angesichts der Fraglosigkeit des ihm heutzutage gewährten Zuspruchs schwerfällt, einen Skandal gemacht. In seiner ältesten Fassung steht der Homo-mensura-Satz als der exemplarische Fall einer verfehlten Weltsicht da, von der wir Nachgeborenen überhaupt nur deshalb Kenntnis haben, weil sie von einer unnachsichtigen Kritik aufgespießt worden ist – von einer Kritik, die sich energisch distanzierte und mit dieser Zurückweisung den Anspruch verband, einer anderen, anspruchsvolleren Wahrheit den Weg zu ebnen.

Der Homo-mensura-Satz gehört zum Strandgut der europäischen Ideengeschichte. Es ist Platon (427–347) gewesen, der ihn als eine Art Stolperstein eingeführt hat und ihn sogleich disqualifiziert. Wie in den Schriften Platons üblich, ist es auch an dieser Stelle, dem Dialog *Theaitetos*, in erster Linie die Aufgabe des Sokrates (469–399), über die herbeizitierte Auffassung im Austausch mit einem Gesprächspartner zu befinden.

Die Ausgangsfrage, die Sokrates und sein Gegenüber Theaitetos sich vorlegen, kreist um ein eminent philosophisches Problem: die Frage der Erkenntnis. Nachdem der junge Theaitetos, dem in diesem Gedankenaustausch die Rolle des Naiven zufällt, nach einigen Betrachtungen über das Wissen der Handwerker und der Messkünstler (vgl. 146c) den Vorschlag gemacht hat, die Erkenntnis *(epistéme)* summarisch als Sinneswahrnehmung *(aísthesis)* zu bestimmen, führt Sokrates, als habe er nur darauf gewartet, den Homo-mensura-Satz ein. Dieser sage, wenngleich mit anderen Worten, dasselbe. In der Übersetzung Friedrich Schleiermachers, die den deutschsprachigen Standardausgaben zugrunde liegt, lautet der von Sokrates angeführte Satz, um den sich alles dreht: »Er« – Protagoras – »sagt nämlich, der Mensch sei das

Maß aller Dinge, der seienden, ›wie‹ sie sind, der nichtseienden, ›wie‹ sie nicht sind.« (152a)

Der Satz des Protagoras – Bemerkenswert ist zunächst die Art der Präsentation. Der Homo-mensura-Satz erscheint sogleich als Zitat, als ein doppeltes Zitat sogar, und ob es zu dieser Wiedergabe des Textes jemals ein Original gegeben hat, so etwas wie die integrale Fassung eines Urtextes, bleibt unbestimmt. In dieser, der vorliegenden Form, in der Platon Sokrates zitiert, der wiederum Protagoras zitiert, leitet der Satz die Aufmerksamkeit des Hörers geradewegs auf denjenigen zurück, der als sein Urheber genannt und mit dieser Nennung als der eigentlich Verantwortliche direkt angesprochen ist: auf den Sophisten Protagoras.

Das Raffinement dieser Einführung, dieses Zitats im Zitat, ist eine nähere Betrachtung wert, denn sie ist für die ganze Geschichte des Maßes folgenreich. Indem er der Aussage einen Autornamen und damit zugleich einen bestimmten Ort und eine bestimmte Zeit zuweist, untergräbt der platonische Dialog den Anspruch der Allgemeingültigkeit. Ein kenntlich gemachtes Zitat ist das Gegenteil eines Sinnspruchs. Einmal als Redestück eingeführt und eindeutig zugewiesen, lenkt es die Aufmerksamkeit auf die Umstände der Entstehung, konfrontiert die Auskunft mit der Herkunft und rückt das Gesagte auf Distanz.

Die Eindeutigkeit der Zuschreibung verändert den Status des Textstücks, sie zeigt es in einem bestimmten Licht. Niemand anderes als dieser Eine und namentlich Bekannte, der Sophist Protagoras aus Abdera (um 470–411), hat es gesagt, und er hatte seine Gründe – Gründe, die keineswegs die des Sokrates oder des Theaitetos und schon gar nicht die unseren sein müssen, die wir nun als Leser Platons von dieser herbeizitierten Äußerung Kenntnis erhalten. Es sind, so offenbart die Einführung des Satzes als Zitat, besondere Gründe – Gründe und Hintergründe, die, wie die Aussage selbst, zu prüfen bleiben.

Die Vergegenwärtigung der Herkunft – der *Tatsache* der Herkunft – stellt, im wörtlichen wie im übertragenen Sinn des Wortes, Abstand her. Der historische Protagoras, den Sokrates da aus der Kulisse hervorholt, wird gerade nicht, wie in dogmatischen Zusammenhängen üblich, als Autorität angerufen, die eine Überzeugung bekräftigt und sie, sofern die Gewährsleute nur respektabel genug sind, gegen Zweifel immunisiert. Dieser Protagoras erscheint im Gegenteil als Vertreter einer Meinung, die nun, einzig und allein durch die Ausweisung der Quelle, in der Art eines Präparats vor den Leser hingestellt ist. Der Autorname soll die Aussage nicht aufwerten, soll sie nicht ›autorisieren‹; er setzt sie, im Gegenteil, der Überprüfbarkeit aus.

Damit aber verändert sich auch die Position des Dritten: die Position des Lesers, vor dessen innerem Auge der Wortwechsel zwischen Sokrates und Theaitetos vorüberzieht. Der Leser sieht sich in die Rolle desjenigen versetzt, *vor* dem und *für* den die Redebeiträge arrangiert sind. In dieser Weise angesprochen, wird der Leser zum Kritiker, der sich sein Urteil vorbehält, aber auch zum unmittelbar Beteiligten, der in die Lage versetzt ist, Einsicht zu gewinnen und sein Verständnis der Sache zu prüfen und zu überdenken. Die Prüfung der Sache und die Prüfung der Meinung fallen zusammen: Es gilt, den Sachverhalt zu klären, aber auch Stellung zu nehmen. Mit diesem Schritt spaltet der Text sich auf, und neben die Sache tritt die Frage, was von ihr zu halten ist: der im Austausch zwischen Sokrates, Theaitetos und dem Leser entwickelte, sich Zug um Zug verselbständigende und rasch an Schärfe gewinnende Kommentar.

Sollte es also, wie Sokrates selbst gelegentlich durchblicken lässt, so gewesen sein, dass der Homo-mensura-Satz in der Geisteswelt seiner Zeit ein gewisse Aura besaß – sagen wir: das Ansehen gehobener, durch die Namhaftigkeit der Quelle verbürgter Respektabilität –, so ist diese Aura schon durch die Art der Präsentation und ohne die Geltendmachung auch nur eines einzigen Arguments zerstört. Kenntlich gemacht als Zitat, ist der Homo-mensura-Satz nicht mehr Ausdruck einer allgemein geteilten, von unbestimmten Erwartungen getragenen Überzeugung, sondern ein Gegenstand strenger Prüfung. Wo eben noch das allgemein Anerkannte oder, um das heutige Gegenstück aufzugreifen, die Stimme der Prominenz für ein klares Meinungsbild sorgte, das das halb amüsierte, halb beeindruckte Publikum dazu einlädt, sich anzuschließen, ist der Leser des platonischen Dialogs aufgefordert, die Attraktionen des Jasagens – die Attraktionen des Mitmachens und des Dazugehörens, der Zustimmungsfreude und schlicht der Bequemlichkeit – zurückzustellen und sich ein eigenes, womöglich sogar abweichendes und entsprechend unbequemes Urteil zu bilden.

Das Gespräch wird szenisch, wird zu einem Wortwechsel vor Dritten. Die Bedeutung dieses Schritts, der über die Wahl zwischen Dafür- und Dagegensein, zwischen *like* und *dislike* entschieden hinausgeht, ist schwerlich zu überschätzen. Sollte es so etwas geben wie ein Gemeinsames der historischen Aufklärungsbewegungen, so ist es dieses Verfahren der Irritation, der Abweichung und des gezielten Denkanstoßes, das an das freie Urteil appelliert. Über die Wahrheit, wird Michel de Montaigne ganz im Geist der sokratischen Wende sagen, entscheidet nicht die Autorität.[5]

Dem Leser ergeht es wie dem Probanden Theaitetos: Sokrates durchkreuzt sein Meinungssystem, rüttelt ihn auf und ermutigt ihn, der Sache auf den Grund zu gehen. Er soll das Wort des Protagoras nicht einfach hinnehmen und sich weder von dessen rhetorischer Geschliffenheit blenden noch von den eigenen Wünschen oder der gängigen Meinung verführen lassen. Der Dynamik des Gedankenaustauschs folgend, soll er Schritt für Schritt in die Rolle des Richters wechseln. Es gilt, der Macht des Geläufigen innezuwerden, der Macht der Vorverständnisse und Befangenheiten – all dessen mithin, was Sokrates unter dem Begriff der Doxa zusammenfasst und Mal um Mal einer rücksichtslosen Prüfung unterzieht. Dem Leser aber ist damit ein Beispiel gegeben, das wie nebenbei den zentralen Streitpunkt ins Blickfeld rückt. Um das Maß zu haben, genügt den Menschen nicht, wie der Protagoras-Satz glauben macht, ihre Natur; was sie vor allem benötigen, ist etwas, das sie sich überhaupt erst aneignen, das sie ausbilden und pflegen müssen: ihre Urteilskraft.

Das System der Meinungen hat aufgehört, sakrosankt zu sein. Am Ende der sokratischen Demontagearbeit, die keinen Stein auf dem anderen lässt, steht eine neue, durch das Beiseitesetzen der Vorentschiedenheiten errungene Klarheit, steht das Innewerden und die Einsicht – eine Einsicht, die freilich eine letzte und definitive Einsicht gar nicht sein kann, sondern immer neu zu prüfen bleibt. Der Leser, der verstanden hat, der sich nicht länger einfach mitreißen lässt, ist auf die Seite der Kritik gewechselt, die – das ist die zentrale Intuition der Sokratik – die natürliche Verbündete der Vernunft ist. Die Vernunft, wird Friedrich Schiller auf den ersten Seiten seiner 1786 veröffentlichten *Philosophischen Briefe* ausrufen, ist eine Fackel in einem Kerker.

Der Sophist und die Nachwelt – Ganz in diesem Sinn ergreift Sokrates die Partei der Vernunft, die nicht nur ein Mittel der Erkenntnis ist, sondern – Schillers Metaphorik deutet es an – eine Erweckung und Befreiung. Es ist die sich ihrer Grenzen bewusste Vernunft, die dem Menschen die Möglichkeit eröffnet, zu dem zu *werden* und, mit wachsender Eindeutigkeit, sich zu dem zu *machen,* der er ist.

Nachdem er ihn herausgegriffen und sich zurechtgelegt hat, wendet Sokrates den Satz des Protagoras hin und her, um ihn schließlich als einen dunklen, sich vor sich selbst verbergenden Mythos zu entzaubern. Sollte also Protagoras, wie neuere Kommentare nahelegen, in dieser Umgebung, in der sein Satz überhaupt zum ersten Mal auftaucht, sogleich missverstanden oder gar dem Missverständnis gezielt ausgesetzt worden sein? Zwar erklärt Theaitetos auf Befragen, das Wort des Protagoras schon »oftmals gelesen« (152a) zu haben, eine von dieser Textstelle unabhängige Fassung des Homo-mensura-Satzes ist jedoch nicht bekannt.[6] Wovon die Schrift des Protagoras, der er entnommen sein soll, im einzelnen gehandelt haben mag, bleibt Spekulation, und selbst die Titel der denkbaren Quellen sind unsicher. So konzentriert sich das Augenmerk zunächst auf den Homo-mensura-Satz selbst, auf die Wahl und die Stellung der Wörter.

Der protagoreische Mensch, paraphrasiert Sokrates, sei das Maß insofern, als er »das Kennzeichen davon in sich selbst« hat und nun die Dinge genau so, »wie sie ihm begegnen, richtig vorstellt für sich selbst und wie sie sind« (178b). Mit der Verdeutlichung des Maßes als Kriterium steht der Mensch als ein Empfangender da – als der, dem die Dinge unter seinen bestimmten, eben: *menschlichen* Bedingungen vor Augen gestellt sind und fassbar werden. Das so verstandene Maß ist vorreflexiv. Es macht die sinnlich-somatischen Voraussetzungen der menschlichen Wahrnehmung geltend und erklärt zum einen, *dass* die Dinge den Menschen erscheinen, und zum anderen, *wie* sie ihnen erscheinen, nämlich: unter den unterhintergehbaren Bedingungen ihres Menschseins. Was erscheint, ist präformiert durch die Art und Weise, wie es der menschlichen Wahrnehmung gegeben ist: auf menschliche und menschlich bestimmte Art und Weise.

Dies vorausgesetzt, lenkt der Homo-mensura-Satz die Aufmerksamkeit auf das Weltverhältnis des Menschen, und in genau diesem Sinn ist das Maß menschlich und der Mensch das Maß. Sokrates scheint diesen Gedanken aufzunehmen und ihm auch ein Stück weit zu folgen. Mensch und Welt sind verbunden in der durch die »sachimmanente Struktur« des Maßes[7] gestifteten Situation, auf die allerdings der protagoreische Mensch festgelegt und in die er eingeschlossen ist. Maß wäre dann das, worüber der Mensch niemals hinausgelangt: der Inbegriff seiner Möglichkeiten, aber auch das Sinnbild seiner Befangenheit.

An genau diesem Punkt trennen sich die Wege des Sokrates und des Protagoras, die Wege der Sokratik und der Sophistik. Dem Referat des Sokrates zufolge beharrt Protagoras darauf, dass alles, was der Mensch vermag, zuletzt im Horizont seines Menschseins verbleibt. Sokrates weist diese Betonung des Menschseins, diese Geltendmachung der *condition humaine* keineswegs zurück, geht aber dann den entscheidenden Schritt darüber hinaus. Die von der Sophistik gezogene Grenzlinie, wendet Sokrates ein, ist keineswegs ein für alle Mal gesetzt. Zugestanden ist, dass der Mensch, als *Naturwesen,* in der Höhle seiner natürlichen Voraussetzungen gefangen ist. Aus sokratischer Sicht ist er aber auch das *Geistwesen,* das seiner Befangenheit innewerden, die Fesseln seiner Natur lösen und sich befreien kann. Entscheidend ist, dass der Mensch, der das Maß ist, ein Bewusstsein davon gewinnt – dass er um seine Befangenheit weiß und dieses Wissen in sein Selbstverständnis aufnimmt. Das Maß des Menschen ist nicht festgelegt durch seine Natur, sondern dynamisch dank der Weltoffenheit seiner Vernunft, die ihm die Bindekräfte der Natur vor Augen stellt und es ihm erlaubt, auf Abstand zu gehen und Urteilskraft und Phantasie zu entwickeln: sich, im Vollsinn dieses Wortes, zu *bilden.*

Vor allem die Fähigkeit, zwischen dem, was ist, und dem, was nicht ist, zu unterscheiden, wird auf diese Weise interessant. Der Mensch vermag zurückzutreten von der sinnlichen Präsenz der Dinge wie überhaupt von vorgelagerten, ihm natürlich erscheinenden Vorstellungen und Annahmen. Stellung nehmend zur Welt und zu sich selbst, rückt er ab vom Andrang der Erscheinungen, und indem er den gewonnenen Abstand durch die Schulung seiner Urteilskraft sichert und ausbaut, wird er frei. Er entwickelt Begriffe, die es ihm erlauben, sich in den Situationen des Lebens nicht nur zu verhalten, sondern sie zu beurteilen und zu gestalten. Mit diesem Schluss geht Sokrates den entscheidenden Schritt über die sophistische Vorgabe hinaus. Indem der Mensch das Maß nicht nur *ist,* sondern sich als dieses Maß auch *weiß,* ermächtigt er sich selbst und versetzt sich in die Lage, sein schöpferisches Potenzial auszuspielen.[8] In der sokratischen Relektüre bringt der Homo-mensura-Satz das geistige Vermögen des Wesens zur Geltung, das diese Welt etwas angeht, das sich die Dinge zurechtlegt und sie, nachdem nun das Maß als Ermessen und als Manifestation seines geistigen Vermögens erkannt ist, zum Gegenstand der Bearbeitung macht.

Der Satz des Sokrates – Die wirkungsgeschichtlichen Weiterungen vor Augen, wird noch Hegel das spektakuläre Zitat aus dem *Theaitetos*-Dialog hervorheben und gelten lassen. »Dies«, schreibt er über das Wort des Protagoras, »war ein großer Satz.«[9] Hegel kann so sprechen, weil er das Geschehen überblickt und als Vorlage für das, was in der Geschichte der Vernunft im weiteren geschehen ist, anerkennt. Und hatte nicht Sokrates selbst bereits gesagt, dass Protagoras ein »weiser Mann« (152b) gewesen sei und keineswegs nur so daherschwatze?

Hegel greift diesen Wink auf und überträgt die in weiten Teilen der Rezeptionsgeschichte zum Entweder-Oder verschärfte Rivalität zwischen Sokratik und Sophistik in ein historisches Stufenschema. Damit gewinnt er die Möglichkeit, den Sophisten als den unerkannten Vorläufer anzusprechen, dessen Formulierungsleistung den Auftritt desjenigen überhaupt erst möglich machte, der schon wenig später auftrat und, aus Hegels Sicht vollkommen zu Recht, das Redestück aufgriff und darüber hinausging.

Mit diesem Kommentar aus dem Off ist der Homo-mensura-Satz als historische Zwischenposition erkannt: als die Vorleistung, die das Momentum ihrer Überschreitung bereits in sich trug. Ebendiesen Akt der Aufhebung sieht Hegel mit der Einsicht des Sokrates gekommen, wonach das Denken auf seinem Weg zur Vernunft auf dieser, mit dem Homo-mensura-Satz erreichten Stufe der Reflexion nicht stehenbleiben durfte und überboten werden musste, genauer: sich in der Figur des Sokrates selbst überbot.

So behält die Sokratik die Oberhand. Bereits der platonische Dialog, der das Textstück in der Form des Zitats überliefert und umfassend kommentiert, lässt an diesem Ausgang der Geschichte keinen Zweifel. Sokrates – er sagt es am Ende selbst (vgl. 246d) – will dem Denken seines Gegners nicht, wie es die später und unter gänzlich anderen Umständen entwickelten Sorgfaltsregeln der Philologie vorsehen, gerecht werden, sondern von der bewusst herbeigeführten Auseinandersetzung profitieren. Dabei geht es nicht ums Rechthaben. Es geht darum, das Denken beweglich zu halten, es über seine eigenen Voraussetzungen aufzuklären und vom Bann der äußeren Gewalten, zu denen auch die herrschende Meinung gehört, zu befreien. Und genau diesen Vorsatz setzt

Sokrates um.[10] Beharrlich umkreisen seine Erwiderungen die Pointe, die, wie er moniert, der Protagoras-Satz unterschlägt: dass der Mensch, statt es sich in den Grenzen seines Maßes bequem zu machen, diese Grenzen erkennen und mutig überwinden kann. *Menschlich* ist das Maß insofern, als es vorgibt, was der Mensch auf der Basis seiner Natur vermag: die Grenzen ebendieser Natur zu überwinden. Das Maß ist nicht länger nur das Zeichen menschlicher Bindung und Gebundenheit, sondern auch das Zeichen der Entbindung, der Möglichkeit und der Freiheit.

Es leuchtet ein, dass die sokratische Reaktion auf den Homo-mensura-Satz das Selbstverständnis der Philosophie verändern musste. In ersten Umrissen zeichnen sich die Konturen eines Denkens ab, das sich als eine *Philosophie der Überschreitung* verwirklicht – als eine Philosophie, die aus der Gefangenschaft der Meinungen herausführt und damit einen Anspruch formuliert, der aus Sicht der vertrauten Weltbildhöhle weder möglich noch nötig erscheint. Bezeichnend für diese Geste der Überschreitung ist der Satz des Sokrates, er lasse es lieber darauf ankommen, dass die ganze Welt ihm widerspreche, als dass er mit sich selbst im Streit liege (vgl. *Gorgias* 482c). Die damit vorgenommene Positionsbestimmung ist klar: Nicht die Zustimmung der vielen taugt als Richtschnur des philosophischen Denkens, nicht der Konsens oder der Zeitgeist, sondern die Selbstverpflichtung auf den Zweifel an dem, was im geltenden Meinungssystem als unbestreitbar anerkannt ist. Ebendiese Selbstverpflichtung, dieser *Eigensinn,* isoliert allerdings den Philosophen gegenüber denen, die ihre bestimmte Meinung haben und in ihr leben. Philosophische Überschreitungen von der Art der Sokratik sind nicht, wie das Klischee sagt, *schwierig*; indem sie stillschweigende Voraussetzungen zu Bewusstsein bringen und dem Zweifel aussetzen, sind sie *zumutungsreich.*

Was es mit dieser Zumutung auf sich hat, verdeutlicht mit großer Klarheit Hannah Arendt. Demnach läuft die von Sokrates vorgelebte Überschreitung nicht darauf hinaus, das System der Meinungen zu zerschlagen, um es dann anschließend durch die Bekanntgabe der Wahrheit[11] zu ersetzen. Die eigentliche, weitaus größere Zumutung besteht darin, dass das philosophische Gespräch, nachdem es sein Werk getan hat, die Wahrheit schuldig bleibt. Das sokratische Durchsprechen des Gegenstandes ist eine Lockerungsübung; es führt die Teilnehmer aus ihrer Befangenheit heraus, macht sie frei – um es dabei zu belasssen. Was das sokratische Gespräch anzubieten hat, ist eine Art vorläufige, unmittelbar aus der Situation heraus gewonnene Erkenntnis, deren Validitätskriterium das Maß ist: eine Erkenntnis, die nicht mehr, wie Arendt formuliert, »Fantasterei und Willkür« ist, aber auch noch nicht, und womöglich niemals, ein »Absolutes und Allgemeingültiges«. Routinemäßig vorgetragene Schimpfbegriffe wie ›Skeptizismus‹ oder ›Agnostizismus‹ greifen nicht: Wer, wie der Sokratiker, nur weniges zu glauben bereit ist, darf an vielem, muss aber keineswegs an allem zweifeln.

Sokratischer Heroismus – Exemplarisch lässt die sokratisch-platonische Kritik an der Sophistik den Menschen als das Wesen hervortreten, das sich seiner Einstellungen bewusstwerden und sie überprüfen und korrigieren kann. Die damit gewonnene Haltung der Reflexivität ändert die Weltstellung des Menschen entscheidend. Die schlichte, von einem allgemein geteilten Meinungssystem getragene Überzeugung, das Maß der Dinge zu sein, weicht der Einsichtsfähigkeit eines Wesens, dass um die Herausforderung der Maßgeblichkeit weiß. Die im ersten Schritt als Einschränkung erkannte Festlegung auf das, was der Mensch *ist,* weicht der Aussicht auf das, was der Mensch aus sich macht und was er *wird.* Der von der Sokratik gewiesene Weg der Überschreitung erweist sich als Selbstüberschreitung.

Die Dramatik der Überschreitung ist allerdings gemildert durch die auch weiterhin zugesicherte Stabilität des Kosmos. Der historische Sokrates stellt seine Kritik in den Dienst der Bewahrung, genauer: in den Dienst einer Überschreitung, die an den Anspruch einer tieferliegenden, unerschütterlichen Kontinuität gebunden ist.

Die Grundsätzlichkeit dieser Kritik, deren Schärfe gerade im Fall des Sokrates legendär ist, überblendet den Anspruch einer Vorgehensweise, die davon überzeugt war, den Ausfall des Absoluten durch die Ausbildung der Urteilsfähigkeit kompensieren zu können. Bis hin zur römischen Stoa und weit darüber hinaus sind die Angriffe des Sokrates als Vorstöße wahrgenommen worden, die, indem sie Fehl- und Vorurteile aufspüren, die bloß vorübergehend verdunkelte Vernunft ins Recht setzen wollen. Mit großer Zähigkeit arbeitet die sokratische Rhetorik daran, bei ihren Hörern die Bereitschaft zu wecken, das Gesagte, statt es lediglich ›richtig‹ oder ›falsch‹ zu sortieren, zu *verstehen.* Das Verstehen – darin liegt die Appellfunktion der Sokratik – ist eine Zumutung, die der Philosoph seinen Zuhörern nicht ersparen kann.

Der Appell an das Mitdenken, und das heißt: die Anlage der Erkenntnissituation als Suche nach dem, was durch Meinung und Halbwissen verstellt ist, konnte die weltliche Ordnung nicht gleichgültig lassen. Sokrates, heißt es in Hegels Vorlesungen über die Geschichte der Philosophie, sei »der Heros« gewesen, der das »Prinzip der subjektiven Reflexion« eingeführt habe – ein Prinzip, auf das seine Umgebung in keiner Weise vorbereitet war, das sie bekämpfte und, weil es die statischen Wissensformen der Herkunftswelt bedrohte, aus ihrer Sicht bekämpfen musste. In der sokratischen Intellektualität sahen die herrschenden Mächte die Gewalt verkörpert, mit der die philosophische Aufklärung in die Welt der Höhlenbewohner einbricht und ihre Vorstellungswelt ungefragt durcheinanderbringt. Auf diese Gewalt, die Gewalt des Denkens, antwortete die weltliche Macht mit ihrer Form der Gewalt – mit der Gewalt gegen den, durch den sie die eine und einzige Ordnung der Dinge, die sie kannte und überhaupt für möglich hielt, akut gefährdet sah.

Der sokratische Heroismus, von dem Hegel spricht, besteht in der Einsicht in die Unausweichlichkeit dieser Zerreißprobe: darin, dass der Philosoph voraussah, was kommen musste, sich aber dennoch darauf einließ und, ohne Ausflüchte zu suchen, die Konsequenzen trug. Der Tod des Sokrates, die charakteristische Mischung aus Tötung und Selbsttötung, demonstriert, was im Herzstück der *Politeia* angedeutet ist: was es heißt, Höhlenbewohner aufzustören, die keinerlei Veranlassung sehen, das vertraute Weltbild aufzugeben.[12] Das Wort vom Heros der Reflexion zielt auf diesen Punkt. Für die Bestimmtheit, mit der Sokrates auf dem Recht und der Schärfe des Denkens beharrte, hat er mit dem Leben bezahlt und die Unausweichlichkeit des Geschehens mit dem Griff nach dem Giftbecher bestätigt.

Mit einiger Genugtuung weist Hegel darauf hin, dass dieser Ausgang der Geschichte die sokratische Art des Philosophierens nicht hat aufhalten können. Die Geltung der Philosophie, betont er, ist unabhängig vom Schicksal ihrer historischen Gestalten. Dank einer vernünftig urteilenden Nachwelt, als deren exponierte Stimme er selbst sich verstand, habe die sokratische Lehre die Person ihres Stifters überlebt und den Anspruch der Sokratik eingelöst. Mit Sokrates, versichert Hegel,[13] sei eine neue Welt aufgegangen.

Zweifel des Menschen an sich selbst – Vor diesem Hintergrund eines deutlich veränderten Verständnisses von Philosophie traf die Kritik, die Sokrates im *Theaitetos*-Dialog und an anderer Stelle vorträgt, den Sophisten. Unaufhaltsam und nur gelegentlich interpunktiert durch die ehrerbietigen Wortmeldungen seines Gesprächspartners, schreiten die Erwägungen voran, um sich schwer und gewichtig über das Skandalwort des Homo-mensura-Satzes zu legen.

Ohne sich dessen bewusst zu sein, hockt demnach dieses Wesen, das sich für das Maß der Dinge hält, in der Höhle seiner Sinnesdaten und klammert sich an Eindrücke, die doch bloß, wie jene Schattenbilder in der Höhle, Reflexe des allzu vertrauten Wähnens und Meinens sind. Dazu passt, dass Protagoras offenbar nicht lediglich von Dingen, sondern von »allen« Dingen gesprochen hatte. Demnach arbeitet das Maß der menschlichen Wahrnehmung wie ein Filter, der alle Eindrücke mit mechanischer Gründlichkeit vorsortiert und nur zulässt, was Sinn und Verstand des Menschen zugänglich ist. Statt jedoch den Menschen ihre Lage zu verdeutlichen und sie über ihre Situation aufzuklären, argwöhnt Sokrates, habe der Sophist ihnen zugeredet, in die Täuschung einzuwilligen. Dem protagoreischen Menschen ist die Anstrengung fremd, sich jenes Eindeutigen, Tragfähigen und »Bestimmten« zu versichern, das in den Situationen des Lebens das Handeln verlässlich anleitet. Diesem Einwand wird Hegel folgen: Sokrates habe die Menschen gelehrt, die von der sophistischen Dogmatik als unhintergehbar gesetzten Wahrnehmungsbilder nicht einfach hinzunehmen, sondern in Frage zu stellen.[14] Folgerichtig beginnt, gerade auch für Hegel, der Weg der Emanzipation mit dem Zweifel, und das heißt für den Kontext des platonischen Dialogs: mit dem Zweifel an der von der Sophistik zum Maß der Dinge erklärten Art und Weise, was der Mensch ist und wie er die Welt sieht.

Es wird sich allerdings zeigen, dass die damit erschlossene Deutungslinie nicht ganz so eindeutig ist, wie sie in Hegels philosophiehistorischer Rekonstruktion erscheint. Das Wissen um die eigene Beschränktheit äußert sich zunehmend radikal und steigert sich schließlich zum Zweifel des Menschen an sich selbst. Dieser Punkt ist erreicht, als unter dem Einfluss des Christentums der Hintergrund des Kosmosvertrauens verblasst. Die rigorose Befragungspraxis des Sokrates verliert ihren metaphysischen Rückhalt, und der Mensch beginnt, mit der Ordnung der Dinge auch seine eigene Stellung, die ihm im Rahmen dieser Ordnung zugedacht war, in Frage zu stellen.

Das alte, vom Maß gehaltene Gleichgewicht kippt. Aus der Bewusstwerdung und *Erkenntnis* seiner selbst wird die Kritik und der *Zweifel* an sich selbst. Der zu Lebzeiten des Sokrates noch ferne und außerhalb jeder Vorstellung liegende Aufbruch in die Neuzeit wird, soweit er ein geistiger Aufbruch ist, mit diesem Zweifel sein zentrales Motiv finden. 1620 legt Francis Bacon eine Irrtumslehre vor, die nicht nur die Sündhaftigkeit des Menschen aus seinen geistigen Anlagen heraus erklären soll,[15] sondern auch den Grund gefunden zu haben glaubt, weshalb das Fortkommen des Menschen so lange auf sich warten ließ.

Als den ersten dieser »Irrtümer« nennt Bacon die *idola tribus* (I 41) – die »Idole des Stammes« –, die den Menschen in dem Glauben wiegen, der Apparat seiner Sinne sei »das Maß der Dinge« – *mensura rerum*. Ganz auf der Linie des sokratischen Insistierens erkennt Bacon in den Idolen des Stammes eine Art des Irrtums, die nicht einfach bloß falsch und durch Richtigstellung aus der Welt zu schaffen ist, sondern, weit folgenreicher, die Fähigkeit blockiert, Irrtümer als Irrtümer zu durchschauen. Die Höhlensituation verdeutlicht auch hier, was gemeint ist: Ihre Verkennungsstruktur ist durch den Austritt aus der Höhle nicht sogleich überwunden, sondern stellt sich, wie aus der Sicht Bacons die unmittelbar vorangegangenen Jahrhunderte gezeigt haben, nur geringfügig verändert stets aufs neue ein. Wirkungsvoll verstellt sie die Einsicht, dass die Wahrnehmungen den Menschen nach dem Maß seiner eigenen Natur »und nicht nach dem des Universums« zustande kommen. Das ist die Stelle, an der, laut Bacon, die Neue Wissenschaft anzusetzen hat. Das Maß, auf das es ankommt, liegt nicht länger fertig bereit, um nur noch aufgenommen und erfolgreich eingesetzt zu werden; es muss im Gegenzug gegen verbreitete Vorverständnisse und Gewohnheiten überhaupt erst errungen und durchgesetzt werden.

Bacons Projekt der Neuen Wissenschaft tritt mit dem genuin sokratischen Anspruch an, die Menschen aus dem Schlaf der Vernunft zu wecken und die über die Jahrhunderte angesammelten Fehlwahrnehmungen, die den menschlichen Verstand deformiert haben, beharrlich abzutragen und durch geprüftes Wissen zu ersetzen. Im Unterschied zur sokratischen Aufklärung will die neuzeitliche Aufklärung nicht lediglich ein kontemplatives Unterfangen sein, das auf die Einsichtsfähigkeit des Publikums vertraut. Die neuzeitliche Aufklärung versteht sich, wo sie als Wissenschaft auftritt, als Praxis und als Aktion, die dem Irrtum entschlossen entgegentritt. Der als Inbegriff all dieser Irrtümer ausgemachte Protagoras-Satz vermittelt eine Vorstellung von den Widerständen, mit denen die anstehende Neupositionierung des Wissens zu rechnen hat. Die einsetzende Aufklärung sieht sich als Kämpferin gegen Widerstände, die in der menschlichen Natur gründen, allen voran in der fatalen Neigung, wie Thomas Hobbes schon auf den ersten Seiten des *Leviathan* den Gedanken Bacons weiterspinnt, die Dinge »an sich selbst zu messen« – *to measure by themselves.* Der Homo-mensura-Satz, dem Sokrates noch zugebilligt hatte, ihm auf die Sprünge geholfen zu haben, erscheint nur noch als naiver Anthropomorphismus, als gattungsgeschichtliche Blockade des nun unverzüglich einzuleitenden Aufbruchs der Wissenschaften.

Die Ablösung – Die Abwehr der sophistischen Vereinfachung verlangt nach einem klaren Schnitt – nach einem Schnitt zwischen Ich und Welt, zwischen Mensch und Maß. Entsprechend resolut rechnet der von Bacon als Protagonist des neuen Wissens eingesetzte Man of Science mit jenen Idolen ab, die nun als Irrtumsquellen ausgemacht und diskreditiert sind. Diese Abrechnung ist derart radikal, dass das menschliche Interesse überhaupt und ganz generell aus den Gleichungen des Wissens herausfällt. Es weicht den methodischen Ansprüchen einer Form der Erkenntnis, die sich strikt an dem Vorsatz ausrichtet, »mit den Dingen selbst« (I 36) vertraut werden zu wollen. Damit ist der entscheidende Schritt getan. Der Weg ist frei, das Maß vom Menschen zu lösen und ausschließlich aus der Eigenlogik der Quantitäten heraus zu begreifen: aus der Logik der Größen, Mengen und Maße.

Im Selbstbild der Neuen Wissenschaft sortieren sich ›Qualität‹ und ›Quantität‹ nach dem Deutungsmuster ›Glauben‹ oder ›Wissen‹. Infolge dieser Polarisierung ist der menschliche Verstand, dem Sokrates die Läuterung seiner selbst zugetraut hatte, nur noch eine Karikatur: die endlich dingfest gemachte Fehlerquelle, die – wie Bacons Typenlehre der menschlichen Irrtümer eindrucksvoll demonstriert – den Anspruch des Maßes mit innerer Folgerichtigkeit verfehlt. Ein Denken, das den Raum des Wissens verlässlich und fehlerfrei ausschreiten will, muss deshalb auf diesen fragwürdigen Beistand bis auf weiteres verzichten – so lange jedenfalls, bis »die Sühnung und Reinigung des Geistes« (I 69) erreicht ist. Aus der Sicht Bacons ist dieser Zeitpunkt der Wiederherstellung keineswegs unerreichbar fern; allerdings wird der menschliche Verstand sich darin beweisen, dass er, einmal geweckt, seine Grenzen erkennt und sich auf sie einstellt. Er wird seine Reife dadurch beweisen, dass er sich der Überlegenheit der methodologischen Vorgaben beugt, und das heißt in der bevorzugten Metaphorik des *Novum Organum:* dass er sich auf die »geraden« und gut befestigten »Wege« begibt, die in der Logik der Maße vorgezeichnet sind. Die Folgen der damit angebahnten Entscheidung sind schwerlich zu überschätzen. Dass die Menschen sich heute fraglos in der Außenperspektive einer statistischen Größe gegenwärtig sind, als Gegenstand der datenmäßigen Erfassung, der Beobachtung und Betreuung, ist die folgerichtige Konsequenz jenes Selbstzweifels, der gleich zu Beginn in das Weltbild der Neuzeit eingegangen ist.

Die Geläufigkeit der Schilderungen, mit denen Bacon auf die kommenden Normalitäten vorausgreift, verdeckt im Rückblick die Entschiedenheit, mit der er sich über die älteren Ordnungen des Wissens hinwegsetzt. Mit viel Geschick kleidet der philosophische Schriftsteller Bacon seinen Antitraditionalismus in Bilder der Tradition, die geeignet schienen, absehbare Einwände – und vor allem den Einwand der *Anmaßung* – ins Leere laufen zu lassen.

In den Aphorismen des *Novum Organum* ist die Revolution des Wissens als Einlösung ältester Zusagen dargestellt – als die Wiederaufnahme und längst überfällige Fortführung des großen Masterplans, der Vorsehung heißt. Wenn nun der menschliche Messkünstler darangeht, die Welt um sich herum datenmäßig zu erfassen, dann verfährt er nicht selbstherrlich und anmaßend, sondern greift auf, was der Schöpfer doch nicht grundlos für ihn bereitgelegt haben kann. Unverändert steht der Gedanke im Hintergrund, dass der Einsatz der Instrumente im Einvernehmen mit dem Einverständnis ebenjenes Überwesens geschieht, das einst die Welt nach Maß, Zahl und Gewicht geordnet hat.

Bezeichnend ist die Selbstverständlichkeit, mit der das *Novum Organum* die Entdeckung des Kompasses und anderer Messinstrumente nicht etwa dem Erfindungsgeist der

Menschen zuschreibt, nicht der Kraft des menschlichen Verstandes, sondern auf den bloßen Zufall zurückführt, der den Bedürfnissen der Menschen zupasskam. Der Mensch, das hält Bacon angesichts der Erträge seiner Irrtumsforschung für ausgemacht, ist ein von Affekten geplagtes, überfordertes und hilfsbedürftiges Wesen, dem am Ende gar nichts anderes übrigbleibt, als auf die von der Vorsehung verbürgte »innere Wahrheit der Dinge« (I 63) zu vertrauen, die sich durch den Einsatz im wesentlichen technischer Mittel erschließt. Folgerichtig fallen in der imposanten Schlussszene des *Novum Organum* die Ordnungen des Glaubens und des Wissens aufs neue in eins. Die Auskünfte des Messens erscheinen als die Geständnisse einer Natur, die, da von Gott geschaffen, unbedingt aufrichtig ist und niemals lügt. Das Vertrauen, das einst dem Schöpfer und der Schrift galt, ist eben dabei, an sein Werk und dessen Auskunftsfreudigkeit überzugehen.

Infolge dieses Pseudotraditionalismus, der das Neue auf die ältesten Beschlüsse zurückführt, geht der Nimbus unbedingter Vertrauenswürdigkeit glatt und problemlos an den technischen Apparat des Messens über. Das derart aufgewertete, geradezu mit Exklusivrechten ausgestattete Verfahren der quantitativen Erfassung wird autonom und richtet sich an seinen Eigenfunktionen aus. Schon Bacon erkennt den entscheidenden Vorteil dieses Autonomisierungsgeschehens darin, ein rein aus sich selbst heraus entwickeltes System von Normen bereitzustellen, das unabhängig von Raum und Zeit, vor allem aber vom Zutun der Beteiligten schlicht und einfach *gilt.*

Der Einsatz der Methode – Mit dem Angebot des Datenwissens empfiehlt sich das Messen einem Wesen, das, wie Bacon nicht müde wird zu betonen, angesichts seiner notorischen Irrtumsanfälligkeit allen Grund hat, an sich selbst zu zweifeln und sich des Beistandes der Neuen Wissenschaft zu versichern.

Was der Mensch allein nicht vermag, das leistet nun der neue, institutionell gesicherte und methodisch gefestigte Typ des Wissens. »Der menschliche Geist«, mit diesen Worten verdeutlicht Bacon die Überforderung des menschlichen Verstandes, pflegt »linkisch und oft so schlecht in Form zu sein, daß er sich anfangs wenig zutraut und sich bald nachher verachtet. Und zunächst erscheint es ihm unglaublich, daß so etwas [wie der Kompass] überhaupt gefunden werden kann. Nachdem es aber erfunden worden ist, erscheint es ihm vielleicht wiederum unglaublich, daß dies den Menschen so lange habe entgehen können. So kann man auch hier mit Recht Hoffnung hegen: Es gibt noch eine unbeschreiblich große Menge von Erfindungen, welche nicht bloß aus bisher unbekannten [und] noch zu entdeckenden Verfahrensweisen zu gewinnen sind, sondern auch aus der Übertragung, Verknüpfung und Anwendung der bereits bekannten, mittels der bereits erwähnten gelehrten Erfahrung abgeleitet werden können.« (I 110)

Der Argumentationsgang wirkt wie ein nachgereichtes, ins Interesse der Neuen Wissenschaft gestelltes Stück Theologie. Nach Jahrhunderten der Überforderung, des Stillstandes und des Scheiterns kann sich der auf sich selbst gestellte Mensch nicht länger der Einsicht verschließen, dass er, wie ihm der Monotheismus ohnehin von jeher versichert hatte, des Beistandes einer absoluten Macht bedarf, die sein Tun und Treiben über den Tag hinaus in der Spur hält. Nach den gemachten Erfahrungen muss dieser Beistand nun, anders als Sokrates erwartet hatte, von außen kommen, und es trifft sich, dass er in Gestalt der Messbarkeit der Welt wie eh und je verfügbar ist. Bacons Aufklärungsverständnis verlangt nicht die Überwindung, sondern den Austausch der Autoritäten, und so behält er das hierarchische Schema des überlieferten Weltbildes bei. Entsprechend leicht fällt ihm die Berufung auf die ältesten Zeugnisse. Die Idee einer quantifizierten Weltordnung überzeugt, weil sie, wie Bacon seinen Lesern versichert, schon im Ursprung zugesagt und, wie die Errungenschaften auf dem Gebiet der Technik beweisen, in der Lage ist, die Unzulänglichkeiten des menschlichen Verstandes wettzumachen.

Mit dieser Wendung, die den Menschen als Unsicherheitsfaktor aus der Praxis des Wissenserwerbs herausstreicht, ist das Projekt der Wissenschaft als eines selbständigen, aus der Gesamtanlage der Schöpfung resultierenden Vorhabens ins Recht gesetzt. Ist dies erst einmal klargestellt, kann die von den antiken Autoren und, nochmals verstärkt, von christlicher Seite betonte Herkunftsbestimmtheit des Menschen entfallen. Nichts liegt mehr hinter dem Menschen, alles liegt nun vor ihm: in der Gestalt der Möglichkeiten, die das durch die Vermessung der Welt vermehrte Wissen erwarten lässt. Bedingung ist allerdings, dass der menschliche Akteur sich bereitwillig der Autorität der »bisher noch unbekannten« und »noch zu entdeckenden Verfahrensweisen« beugt, die, wie es die wenig später ausformulierte Idee der Methode ausdrücklich vorsieht,[16] regelgerecht und ungehindert zum Einsatz kommen müssen.

Über die Vernunftappelle der Sokratik sind ihre frühneuzeitlichen Erben längst hinaus. Für Sokrates war es der Mensch selbst gewesen, der, indem er durch die Mobilisierung seiner Verstandeskräfte die Defizite seiner natürlichen Ausstattung überwindet, den Weg in eine Welt findet, die sich Zug um Zug als *seine* Welt vor ihm ausbreitet. Indem aber gerade dieses Vertrauen auf die Gemäßheit von Ich und Welt für Bacon zweifelhaft wurde, verlor sich die Zuversicht, der Mensch könne sich, wie im Höhlengleichnis nahegelegt, allein auf der Basis theoretischer Anstrengung und Verdeutlichung aus der Situation der geistigen Befangenheit befreien. Mit diesem Zweifel, den der Mensch nicht mehr nur auf diese oder jene Meinung, sondern auf sich selbst und seine Stellung in der Welt bezieht, gibt Bacon der Vorstellung Raum, autonome und automatisierte, ihrer eigenen Rationalität folgende Systeme könnten den Menschen die Last der Verantwortung abnehmen und an ihrer Stelle leisten, womit sie selbst so offenkundig überfordert sind.

Die damit vorgenommene Umstellung ist wegweisend: Wo einmal das Maß war, herrscht mit Beginn der Neuzeit das methodisch angeleitete Messen, das nicht *in* den Dingen liegt, sondern *auf* sie angewendet wird und das weitere Vorgehen bestimmt.

KAPITEL SECHS

Auftritt des Homo Faber

Von der Kreisbahn zur Ellipse – Der Herr der Maße – Vom Nutzen – Auftritt des Homo Faber – Der Kunstgriff der Delegation – Erzählung und Gegenerzählung – Im Namen des Menschen

> Die Gottheit dürfte nun für uns
> am ehesten das Maß aller Dinge sein,
> und dies weit mehr als etwa,
> wie manche sagen, irgend so ein Mensch.
> Platon, *Nomoi* (716c)

Hegels Parteinahme bestätigt die Sympathien der Neuzeit für die Sache der Sokratik. Weit über die Grenzen der Fachphilosophie hinaus haben die einschlägigen Berichte und Erzählungen den platonischen Sokrates zu dem intellektuellen Überwesen gemacht, das die Nachwelt beschäftigen und zur Zustimmung einladen wie zum Widerspruch herausfordern wird. Das gilt besonders für den sokratischen Widerstand gegen die Parole der Sophistik, wonach der Mensch das Maß aller Dinge ist.

Von der Kreisbahn zur Ellipse – Folgerichtig richteten sich die am Beginn der Moderne unternommenen Versuche, den Homo-mensura-Satz zu rehabilitieren, stets zugleich, um nicht zu sagen: vor allem gegen ihn. Dem Monolog der Vernunft, den Hegel entrollt und in Gestalt einer durchlaufenden Annäherung des Geistes an seine Manifestationen entfaltet hatte, setzen seine kritischen Schüler das Pathos der menschlichen Wirklichkeit entgegen, um damit jene lange Reihe der

Dualismen zu eröffnen, die im Verlauf des 19. Jahrhunderts als Gegensatz von Materialismus und Idealismus, von wirklichem Leben und kalter Abstraktion, von Relevanz und Elfenbeinturm ins allgemeine Bewusstsein einwandert. Wie einst an der Schwelle zur Neuzeit, so sollte nun auch an der Schwelle zur Moderne – und diesmal endgültig – Tabula rasa gemacht werden: Eben gerade jetzt, hieß es unter Anspielung auf die politischen und sozialen Umwälzungen in Europa, sei die totale Neuausrichtung des philosophischen Denkens fällig und unverzüglich umzusetzen.

Ludwig Feuerbach (1804–1872), Kopf und Stichwortgeber der dann von Marx (1818–1883) und Engels (1820–1895) prominent fortgeführten Bewegung, glaubte im Vernunftprimat Hegels die Selbstgenügsamkeit eines Denkens erkannt zu haben, dem, als es sich die Welt ›idealistisch‹ zurechtlegte, die unmittelbare, die sinnliche Präsenz des Menschen komplett abhandengekommen sei. Zahlreich sind in den Schriften Feuerbachs die Anspielungen und Verweise, die zeigen sollen, wie die Welt Hegels, mit der von seinen Kritikern popularisierten Metapher, auf dem Kopf steht. Als ein aus seiner Sicht besonders überzeugendes Indiz präsentiert Feuerbach die von Hegel geschätzte Gedankenfigur des Kreises, die das Denken immer wieder zu sich selbst zurückführe, es in der Selbstgenügsamkeit ebendieser Bewegung festhalte und schließlich den Kontakt mit der Wirklichkeit überhaupt verliere. Die Denkbewegungen Hegels, so der Einwand, verdanken ihre Imposanz einer schwerwiegenden Hypothek: ihrem weltfernen Kreisen in sich selbst.

Im Gegenzug fordert Feuerbach dazu auf, diese ganze, von Hegel an die Grenze ihrer Leistungsfähigkeit geführte Topographie des idealistischen Denkens, wie er sagt, »umzukehren«, und das heißt: das, was bei Hegel auf dem Kopf steht, mit einer beherzten Drehung auf die Füße zu stellen.

Folgerichtig gilt es bei dieser Gelegenheit auch gleich das Sprachbild zu verabschieden, das diese Denkform gefangen hielt. »Der *Kreis* ist das Symbol, das Wappen der *spekulativen* Philosophie, des nur *auf sich selbst sich* stützenden Denkens«, notiert Feuerbach in den *Grundsätzen der Philosophie der Zukunft* von 1843, »die *Ellipse* dagegen ist das Symbol, das Wappen der *sinnlichen* Philosophie, des auf die *Anschauung* sich stützenden Denkens.«[1]

Feuerbach inszeniert den modernen, sich der Situation der Modernität bewussten Aufstand der jungen Philosophen als Ausbruch aus den Denkzwängen der Tradition. Zur Verdeutlichung dieses Programms verschafft er der Rebellion, kaum dass er sie angezettelt hat, auch schon eine Vorgeschichte, die die Fälligkeit des Unternehmens untermalen soll. Anstoß erregt demnach nicht bloß die Endlosigkeit des Kreisens in sich selbst, das Feuerbach in die Sterilität weltferner Spekulation hineinlaufen sieht, sondern auch das unbelehrbare Festhalten an einem Vollkommenheitsideal, das sich jedem empirischen Einwand entzieht. An dieser Stelle kommt die Konkurrenzmetapher der Ellipse ins Spiel: Erst ihr, der auf Beobachtung, vor allem aber auf Berechnung fußenden Figur der Ellipse sei es einst gelungen, erinnert Feuerbach, die bis dahin von einer mächtigen Tradition getragene und, wie die frühneuzeitliche Astronomie zu zeigen vermocht habe, schließlich doch bloß auf vorgefassten Meinungen beruhende Vorzugsstellung der planetarischen Kreisbewegung zu erschüttern und endgültig abzuweisen.

Die Ellipse ist ein mit Bedacht gewähltes Zeichen, das es Feuerbach erlaubt, sein eigenes Unternehmen aus der Tradition des philosophischen Denkens herauszulösen, um es der Gesamtentwicklung einer heroisch kämpfenden Wissenschaft einzugliedern.[2] Tatsächlich war die Ellipse die Figur gewesen, mit der die frühneuzeitliche Astronomie die bis dahin kreisförmig gedachte Bewegung der Himmelskörper entscheidend präzisierte. Mit dem erfolgreich geführten Schlag gegen den Idealismus, darauf kommt es dem Hegelkritiker Feuerbach an, war es gelungen, das metaphysische und ebendarum nicht wissenschaftstaugliche Paradigma des Kreises abzuweisen und dem Fortschritt der Erkenntnis die Bahn zu ebnen.

Die damit gestiftete Analogie vermittelt einen Eindruck vom ideellen Einsatz, den Feuerbach geltend macht. Wie Johannes Kepler im Jahr 1609 den Mut gefunden hatte, von der überlieferten Leitmetaphorik des Kreises abzurücken und, in der Konsequenz, das Weltwissen zu revolutionieren, so triumphiert nun, gut dreihundert Jahre später, die neue Philosophie über die alte und verabschiedet die idealistische Grundausrichtung der philosophischen Tradition. An ihre Stelle soll eine Form der theoretischen Neugierde treten, die nicht nur *anderes* denkt, sondern *anders*: eine Form der Erkenntnis, die bereit und in der Lage ist, es mit der Wirklichkeit aufzunehmen. Dass der Preis dieses Aufstandes gegen die idealistische Tradition womöglich darin bestehen könnte, am Ende überhaupt keine Philosophie mehr zu haben, sondern – vielleicht – so etwas wie Kulturanthropologie, positive Wissenschaft oder Politische Ökonomie, ist Feuerbach bewusst gewesen.[3] Mehrfach hat er seine Bereitschaft erklärt, diesen Preis zu zahlen und das Projekt der Philosophie, sollte es sich den Herausforderungen der Stunde verweigern, überhaupt aufzugeben. Schließlich, gegen Ende seines Lebens, wird er die Ablösung der Philosophie durch ebenjenes methodische Prinzip voraussagen, das heute, in theoriemüden Zeiten, nicht mehr Materialismus oder Positivismus heißt, sondern sich mit entwaffnender Schlichtheit als ›Factfulness‹ präsentiert: als eine Form des Wissens, das ernsthaft daran glaubt, dass Zahlen für sich sprechen.

Der Herr der Maße – Greifbar wird dieser Vorstoß in Feuerbachs Kritik an der Art und Weise, wie bei Hegel der Mensch thematisch wird: als »bewusstloser« Vollstrecker historischer Bewegungsgesetze.

Auf die Hierarchie der idealistischen Begriffsordnung reagiert Feuerbach mit dem für seine Art der Kritik charakteristischen Manöver: Er kehrt das Schema um. Demnach macht nicht, wie bei Hegel, die Vernunft den Menschen, sondern der Mensch die Vernunft. Mit diesem Umkehrmanöver kommt Feuerbach zum entscheidenden Punkt. Mit einer Verzögerung von zweieinhalbtausend Jahren sieht er den Menschen nun endlich in die Position einrücken, die ihm bereits im Satz des Protagoras zugedacht war. Der Vorstoß gegen Hegel und die von Hegel affirmierte Sokratik, so zeigt sich nun, zielt auf die Rehabilitation der Sophistik. Wenn die alte Philosophie – die Philosophie der sokratischen Tradition bis zu Hegel – gesagt habe: »Nur *das Vernünftige ist das Wahre* und *Wirkliche*«, so hält ihr die neue, die moderne Philosophie im Namen der ältesten, der vorsokratischen Philosophie des Protagoras entgegen: »Nur das *Menschliche ist das Wahre* und *Wirkliche*; denn nur das Menschliche ist das Vernünftige, *der Mensch das Maß der Vernunft.*« (§ 51)

Dafür, dass diese neoprotagoreische Zuspitzung nicht sogleich die bekannten, mit dem Namen des Sokrates verbundenen Bedenken wachruft, sorgt der von Feuerbach selbst angemeldete Vorbehalt, dass die Natur, einschließlich ihrer Gesetze, von der Wiedereinsetzung der menschlichen Maßgeblichkeit auszunehmen sei. Keinesfalls will Feuerbach seinen Vorstoß als Rückfall in die alte, sensualistische Naivität verstanden wissen, als »hyperhumanen Dünkel«. Ausdrücklich warnt er vor der Verführbarkeit des Verstandes durch Redegewohnheiten, die sich aus der Verlegenheit des Menschen ergeben, »in Gemäßheit« einer »nur auf den subjektiven Schein der Dinge« begründeten Sprache der Natur Namen beizulegen, die bloß der menschlichen Phantasie entstammen. Diesen Eindruck der Nähe, gar der Vertrautheit mit den Gegenständen der Natur hält auch Feuerbach für eine Quelle des Irrtums. In der Begegnung mit ihr stößt deshalb die Rehabilitation der Protagoras-Formel an ihre Grenze. Weil der Mensch Teil der Natur ist und nicht umgekehrt,[4] muss sie ausgenommen sein von der Spiegelwelt der Vorstellungen und Phantasien, die den Menschen nur das sehen lassen, was er zuvor in die Dinge hineingelegt hat.

Es ist diese Skepsis gegenüber der Suggestivität seiner Vorstellungsbilder, und das heißt: die Skepsis gegenüber der Maßgeblichkeit seines Maßes, die der Mensch bei der Wiederannäherung an die Sinnlichkeit seines Weltbezuges zu veranschlagen hat. Der Mensch ist das Maß, darin folgt Feuerbach dem Satz des Sophisten; aber dieses Maß ist begrenzt und reicht nicht heran an die Übergröße der Natur, die ihn umfängt. Mit diesem Zugeständnis übernimmt Feuerbachs Natur die im Verlauf der Neuzeit vakant gewordene Stelle des Être suprême und ist, wie dieses, ihrem Begriff nach über das menschliche Maß immer schon hinaus.

»Der Mensch«, wiederholt Feuerbach im *Wesen des Christentums,* »ist das Maß aller Dinge, aller Realität.«[5] Der damit angesprochene, sich im Rahmen seiner Grenzen zu seiner Maßgeblichkeit bekennende Mensch hat eine Welt zu gewinnen – diejenige und, wie Feuerbach betont, einzig für ihn bedeutsame Welt, die diesseits der absoluten Vernunft liegt: die Welt, die ebensosehr zu ihm gehört wie er zu ihr; die Welt, die im nachdrücklichen und von dieser ganzen sokratischen Tradition bis hin zu Hegel entstellten Sinn des Wortes *seine* Welt ist. Der von Sokrates bis Hegel vorgebrachte Einwand der undurchschauten Befangenheit, die den Menschen in seine mentale Blase einschließt, ist passé. Feuerbach unterläuft ihn, indem er den Menschen, der das Maß ist, dazu aufruft, sich mit Leib und Seele der Wohleingerichtetheit der Dinge anzuvertrauen. Feuerbach, das unterscheidet ihn von Marx, träumt noch einmal den Traum der Restitution, den Traum der Wiederherstellung der ursprünglichen, in der Natur manifesten Ordnung der Dinge. Demnach ist gerade die *Beschränktheit* seines Verstandes die sinnfällige Ausstattung eines Wesens, das auch ohne die Gewährung philosophisch-idealistischer Einsichten im Rahmen seiner Welt »vollkommen glücklich« und restlos »befriedigt« (*GW* Bd. 5, S. 39) ist.

An Stellen wie dieser fallen bei Feuerbach Hegel-Kritik und Religionskritik in eins. Der Mensch, der Gott aus seinen Gedanken streicht, kann demnach den Verlust verschmerzen. Ihm wird nichts mangeln, weil schon die Natur für alles Nötige gesorgt hat. Im Denken Feuerbachs steht das Maß dafür ein, dass das religiöse wie von selbst in das technisch-wissenschaftliche Weltbild übergeht. Die alten Geschichten vom Sündenfall des Menschen haben sich erledigt, weil, wie der Religionskritiker Feuerbach nun feststellt, der Mensch die Paradieswelt in Wirklichkeit nie verlassen hat. Er muss bloß den Idealismus und damit den Zweifel an sich selbst überwinden, um sich mutig zu dem zu bekennen, was er von jeher war und ist. Als das Maß, als das er sich bereits zur Zeit des Protagoras und nun, am Beginn der Moderne, erneut erkannt hat, hindert den Menschen nichts mehr daran, die Welt, die sich vor ihm auftut, endlich als seine Welt anzunehmen und zu bejahen.

Wenn also das Maß den Menschen in seinen Möglichkeiten beschränkt, was Feuerbach keineswegs bestreitet, so ist dieser Effekt doch in keiner Weise bedenklich. Gerade die Wohlbestimmtheit des Maßes, seine Entsprechung zur menschlichen Situation, bestätigt dem Menschen sein tiefes, von den Irrlehren des Idealismus verkanntes Eingebundensein in die Ordnung der Dinge. Das Maß des menschlichen Wesens, heißt es im *Wesen des Christentums,* ist das Maß des menschlichen Verstandes. »Der Verstand ist der Gesichtskreis deines Wesens. So weit du siehst, so weit erstreckt sich dein Wesen, und umgekehrt. […] Und so weit *dein Wesen* […], so weit *bist du Gott.*«[6]

Der entscheidende Positionswechsel ist damit vollzogen. Nachdem das neue, posthegelianische Denken den religiösen Trug und seine idealistischen Aufgipfelungen entlarvt hat, fällt das einst von der Erde an den Himmel abgetretene Maß an die Menschen zurück. Feuerbach liefert damit die philosophische Pointe zu der rasch kanonisierten Übersetzung des Protagoras-Satzes, die Friedrich Schleiermacher zu Anfang des Jahrhunderts vorgelegt hatte.[7] Dass der Mensch sich als zweiter Gott erkennen dürfe und solle, war lange zuvor und auch von christlicher Seite ausgesprochen worden. Mit der Feststellung jedoch, dass der Mensch für sich selbst sein Gott sei, wagt Feuerbach einen Vorstoß, der dem Menschen gerade jene Rolle des naiven und selbstherrlich agierenden Subjekts anträgt, vor der ihn die klassischen Ausformulierungen der Maßethik hatten bewahren wollen.

Vom Nutzen – Die mit einem schlichten Achselzucken vorgetragene, einer ganzen Tradition widersprechende Entproblematisierung des Homo-mensura-Satzes konnte ein letztes Wort nicht sein. Deutlich urteilt Hannah Arendt (1906–1975), die in den Paragraphen 21 und 22 ihrer Schrift über die *Vita activa* den Vorstoß des Protagoras, ohne auf Feuerbach direkt einzugehen, scharf zurückweist. Arendt schließt sich den Einwänden des platonischen Sokrates an, der die Banalisierung des Satzes vorausgesehen und schon geahnt habe, dass sich unter den geeigneten Umständen der

Mensch in leichtfertiger Überanstrengung der historischen Vorlage zum Maß aller Dinge erklären werde: nicht als das Wesen, das angesichts der Beschränktheit seiner Möglichkeiten sein Verlangen zügelt, sondern umgekehrt als das Wesen, das die Dinge, indem es ihnen sein Maß aufdrängt, gefügig macht und sich nach Wunsch und Willen unterwirft.

Die Reihe der Rezeptionen bestätigt die von Arendt herausgestellte Zweideutigkeit des Homo-mensura-Satzes. Die eine, kritische Lesart sieht den protagoreischen Menschen als den *Diener,* die andere, affirmative, als den *Herrn* der Maße. Mit dem Schritt über die Schwelle zur Neuzeit, so Arendt, war dieses Schwanken einseitig entschieden. Der Augenblick war gekommen, das Maß nicht länger als die Sicherung dessen zu begreifen, was der Mensch in der Umgebung seiner Welt vermag, soll und darf, sondern dem Verlangen nachzugeben, die auf ihre Stofflichkeit zurückgeworfene Natur, wie Arendt sagt, zu »entwerten« und die Ethik des Maßes durch die »konsequent utilitaristische Gesinnung« des Machens zu ersetzen. Der Homo-mensura-Satz wurde zur Legitimationsformel, die den Weg freimacht, sich der Welt, da sie doch messbar ist und damit zu ihrer beliebigen Nutzung geradezu einzuladen scheint, zu bemächtigen.

Damit aber war der Begriffsumfang des Maßes entscheidend verschoben. An die Stelle der haltgebenden Funktion des rechten Maßes, in der Ermöglichung und Begrenzung einander die Waage hielten, trat der »Kitzel des Ungemessenen«[8], für den Grenzen nur insoweit existieren, als sie unverzüglich angegangen und automatisch überwunden werden.

Fatal ist Arendt zufolge nicht der Satz des Protagoras selbst; fatal ist die Art, wie er strategisch in Stellung gebracht worden ist: als die dankbar aufgegriffene Devise des Homo Faber, mit dessen Auftreten sich die Ethik des Maßes als unzeitgemäß erledigt hat. Wo alles, was die Welt zu bieten hat, mit innerer Folgerichtigkeit den Impuls des Zugreifens, des Betreten-, Haben- und Verändernwollens auslöst, hat das Maß keinen Ort. In der Figur des Homo Faber sieht Arendt die einst erfolgreich zurückgedrängte Sophistik als das ideologische Rüstzeug desjenigen wiederkehren, für den Maßstäbe, die unabhängig von seinen aktuellen Interessen Bestand haben, außerhalb jeder Vorstellung liegen. Der Homo Faber lässt nur gelten und braucht auch, wie ihm der Homo-mensura-Satz bestätigt, nur gelten zu lassen, was ihm im Rahmen aktueller Nutzenerwägungen zupasskommt und durch das eine und einzige Kriterium des Erfolgs gerechtfertigt ist. Ihres Maßes entblößt, sind ihm die Dinge nur Gegenstände zu beliebigem Gebrauch, nur Mittel zum Zweck. Diesem Denkmuster folgend, übersetzt der Homo Faber alles, was ihm an Brauchbarem begegnet, in die Logik des Nutzens *für ihn*.

Die semantischen Geschicke des Nutzens bestätigen die Tendenz. Die Nützlichkeit, wie sie die Autoren der Antike kannten, verstand sich als Auszeichnung einer Welt, deren Einrichtung den Bedürfnissen des Menschen entgegenkommt. Der durch die Zeiten getragene Satz des Horaz, wonach ein Maß in den Dingen sei, besagt genau dies. Unspektakulär, aber verlässlich rechtfertigt demnach das Maß die Zuversicht des Menschen, dass diese Welt ihm zugewandt sei. Im Zusammenspiel zwischen dem, was ihm *nützlich,* und dem, was ihm *gemäß* ist, kommt demnach die sinnhafte Einrichtung der Welt zur Evidenz. Diese, von der Ethik des Maßes in sämtliche Lebensbereiche getragene Gewissheit des Eingebundenseins verblasste, als der Mensch über die Rolle des Nutznießers hinausdrängte und die Erwartung des Nutzens mit dem des Interesses zusammenfiel. Abgelöst von den Dingen und dem, was ihnen gemäß ist, orientierte sich der Nutzen fortan an dem, was sich, weit über das Maß hinaus, mit den Dingen anstellen lässt und was sie einbringen: an ihrer Verwertbarkeit. Dem Homo Faber ist es freigestellt, das, wovon er, im bezeichnenden Doppelsinn dieses Wortes, ›genug hat‹, auch wieder zu zerstören und in den ziellosen Prozess des wirtschaftlichen Wachstums zurückzuleiten.

Es leuchtet ein, dass Maßvorgaben, die sich auf besondere, vielleicht sogar einzigartige Fälle und Situationen beziehen, dem Vollzug dieser endlosen, sich ständig aus sich selbst heraus erneuernden Dynamik nur umständlich im Weg stehen. Wo der Mensch sich selbst das Maß ist, verliert die Unterscheidung von Maß und Maßlosigkeit ihren Sinn. Sobald sie aber zusammenfallen, erübrigen sich Grundsätze, die das Handeln an die Bedingung der Gemäßheit binden. Der Homo Faber kennt keine Haltepunkte; er kennt nur Vorläufigkeiten, und indem ihm das Machen und Mehren, das Steigern und Überbieten zur zweiten Natur wird, rückt schließlich alles, was ihn umgibt, in den allumfassenden Kreislauf aus Herstellen, Verwerten und Entsorgen ein. Das Sensorium, wie Arendt unerschrocken romantisierend schreibt, ein von diesem Automatismus Unabhängiges, also etwa »das Dasein des Windes als ein natürlich Vorhandenes zu erfahren«, hat in dieser strikt auf Effizienz getrimmten Wirklichkeit keinen Ort. Da, wo sich ein solches Erleben unversehens einstellt, kann der Homo Faber, um es in seiner Sprache zu sagen, nichts damit anfangen.

Auftritt des Homo Faber – Und doch ist die Entwicklung des Menschen zum Homo Faber, wo dieser selbst auf seinen Werdegang zurückblickt, alles andere als die Geschichte einer Anmaßung gewesen. Maßlosigkeit ist keine Ideologie. Sie ist das beiläufige Resultat mentaler Verschiebungen, die mit ganz anderen, zutiefst in den Bildern des Mythos wurzelnden Erwartungen verbunden sind. Entscheidend ist einmal mehr die Szenenfolge des Genesisberichts und die Befreiung aus der Notlage der dort geschilderten Vertreibung. Nun, seit Überschreitung der Neuzeitschwelle, stehen mit Wissenschaft und Technik die für diese Befreiung geeigneten Mittel bereit.

Die Geschichte vom Leistungsvermögen und Stolz des Menschen – die Urgeschichte gleichsam des Homo Faber – hat in der Mitte des 18. Jahrhunderts mit dem Naturforscher Georges-Louis Buffon (1707–1788) ihren Erzähler gefunden. Auf den Spuren Francis Bacons und René Descartes' erläutert Buffon die Selbsternennung des Menschen zum »Eigenthumsherrn der Erde« – zum *maître du domaine de la terre*[9] – als das folgerichtige Ergebnis der einst mit der Erschaffung der Welt geregelten Aufgabenverteilung. In der Natur, bestätigt Buffon die Deutungslinie der Frühaufklärer, tritt die Herrlichkeit der göttlichen Schöpfung zutage, die unter all den Geschöpfen dem Menschen das Privileg zuerkannte und zugleich die Pflicht auferlegte, für ihre Erhaltung Sorge zu tragen.

Es ist, als würden die Weitsicht und der tiefere Sinn dieses vorzeiten erteilten Auftrags erst jetzt, im Anschluss an die nach der Vertreibung aus dem Paradies gemachten Erfahrungen, in ihrem vollen Umfang begreiflich werden. Infolge jenes Ereignisses der Vertreibung, ruft Buffon seinen Lesern ins Gedächtnis, habe der Mensch erleben müssen, dass die Gegenstände der außerparadiesischen Natur, wie auch er selbst, vergänglich sind. Seine Streifzüge durch die neue Wirklichkeit habe den Menschen in Gegenden geführt, die dem Urgarten nicht im geringsten ähnlich gesehen hätten – Gegenden, in denen sich das Totholz stapelte, in denen trübe Gewässer und schlammiges Erdreich stockten, in denen giftige Insekten umherschwirrten und grausame Bestien ihr Unwesen trieben. Angesichts dieser »Wüsteney« und all des »überflüssigen Unraths«, dem sich der aus dem Urgarten vertriebene Mensch gegenübersah, sei ihm ein zweifellos bestürzender, aber doch auch erlösender Gedanke gekommen, der ihm die Augen öffnete für die Aufgabe, die ihm als dem auserwählten unter den irdischen Wesen zugewiesen war. »Die Natur ist scheußlich, und liegt in ihren letzten Zügen; ich, nur ich allein, kann ihr Anmuth und Leben schenken« – *c'est Moi, Moi seul qui peux la rendre agréable & vivante.*

Man muss an dieser Stelle die bereits tief verwurzelte, vom zeitgenössischen Deismus verbreitete Vorstellung des Gottes hinzudenken, der sich zurückgezogen hat, um die theologischen Nebentöne dieser dann von Feuerbach erneut ausgemalten Selbstermächtigung des Menschen mitzuhören. Ungeachtet der Großschreibung, die nur eine Lesehilfe ist, will dieses menschheitsumgreifende ICH, dem Buffon das Wort erteilt, nicht als Triumphator verstanden sein. Es erscheint als das Wesen, das aus dem Rückzug des Schöpfergottes seine Schlüsse gezogen hat und im rechten Augenblick zur Stelle war, um die Welt und damit auch sich selbst vor dem Untergang zu bewahren. Nachdem dies klargestellt ist, braucht der Homo Faber als der, der das ihm bestimmte Schicksal erkannt und es angenommen hat, mit seinem Stolz auf das einstweilen Erreichte nicht länger zurückzuhalten. Was der Mensch zustande gebracht hat, schreibt Buffon, versteht sich nicht mehr als ein dem göttlichen Schöpfungswerk Nachgebildetes, sondern als etwas Neugeschaffenes und von ihm, dem Menschen, authentisch Hervorgebrachtes: »Wie schön sie ist, diese kultivierte Natur!«

Der Ausruf Buffons lässt schon das kommende Fasziniertsein durch die Innovation erkennen, das Bekenntnis zu dem titelgebend ›Neuen‹ der nun auch bald so genannten ›Neuzeit‹. Das Neue, dass der Mensch im Prozess seiner Selbstbehauptung hervorbringt, versteht Buffon als das in der ursprünglichen Erschaffung ungeschaffen Gebliebene, aber doch, wie sich zeigt, möglich Gewesene. Die damit bekräftigte Idee des Neuen lässt den Schöpfungsrahmen und seine Geltung immer weiter zurücktreten. Während die herkömmliche Ethik des Maßes die Ordnung der Dinge als Gabe und Geschenk angesehen hatte, als *donum,* dessen Erhalt eine fraglose Verpflichtung war, wird sie jetzt als *factum* fassbar, als etwas Gemachtes, das beliebiger, von den Hemmungen des Maßes befreiter Bearbeitung offensteht.

Es ist, als habe die Heilsgeschichte dem Homo Faber die Aufgabe der Umgestaltung anvertraut. Vertrieben in eine unwirtliche Welt, nahm demnach der Mensch lediglich sein Überlebensrecht wahr – zum einen, wie Buffon schreibt, um das Werk des Schöpfers »zu vollenden«, zum anderen, um die Erde »zu vermehren«. So handelt auch der Homo Faber, ungeachtet seiner Freistellung, auf höhere Weisung: »Alles, was sie in ihrem Schooße verbarg, bringt er durch seine Kunst an das Licht.«

Inzwischen, heißt es weiter, seien die Resultate des seinerzeit erteilten Auftrags klar erkennbar. Buffon nennt die zweite, aus den Händen des Menschen hervorgegangene Natur »schön«, und all die Bilder, in denen er die Monumente menschlichen Wirkens beschreibt, vertiefen diese konsequent ästhetisierende Perspektive. Wie ein fliegendes Auge gleitet der Blick des Naturforschers über die Städte und Landschaften hin, die als Beweise menschlicher Tatkraft rund um den Erdball verteilt sind. Der zweihundert Jahre später getane Blick auf den blauen Planeten ist so früh schon mit der Kraft naturkundlicher Imagination in Reichweite gerückt worden: als die einsam und allein durch die Endlosigkeit treibende Domäne des Menschen.

Buffons Schilderungen würdigen die Taten des Homo Faber. Der Panoramablick des Erzählers, der mit dem Geschehen unverhohlen sympathisiert, und ein paar wenige

Retuschen am Weltbild genügen, um die Normalität der veränderten Welt zu zeigen und gerechtfertigt zu finden. Der alte, einst von der Erfahrung der *Messbarkeit* evozierte und durch die Jahrhunderte getragene metaphysische Hintergrund erfährt durch die Konsequenz der *Machbarkeit* eine grandiose, durch die herbeizitierten Kollektiverfahrungen wirkungsvoll untermalte Bestätigung. Ich, darf der Homo Faber sich sagen, bin auf dieser Welt erwartet worden; und an mir ist es, sie zu gestalten und, wo nötig, sie zu retten – und sei es vor mir selbst.

Mit Hannah Arendt gelesen, erscheint der von Buffon in Szene gesetzte Einstellungswechsel als der Augenblick, in dem die Bindung an das Maß verlorenging und der Mensch von sich selbst das Bild des Herrn der Welt gewann: das Bild desjenigen, der sich selbst das Maß ist. Mit dem Auftritt des Homo Faber verwandelte sich die metaphysische Zusicherung der Zugewandtheit in die Vorstellung einer umfassenden Verfügbarkeit. Nachdem diese Umstellung erst einmal vollzogen war, lag der Nutzen nicht länger in den Dingen selbst, sondern in dem, wozu sie taugen und was sich mit ihnen anstellen lässt. Dieser neue Begriff des Nutzens ist dynamisch und ohne Maß, weil grenzenlos steigerbar. Anders als das Wachstum in der ersten Natur, das organisch, als Fülle und Fruchtbarkeit gedacht war und mit der Zeit der Reife seinen Abschluss fand, ist das Wachstum in der zweiten Natur ein technischer Vorgang – eine permanente, in Zahlen sprechende Zunahme und Steigerung, deren Dynamik Grenzen nicht kennt. So führt, folgt man der aktualisierenden Lesart Hannah Arendts, eine durchgehende Linie vom Homo-mensura-Satz des Sophisten über die wissenschaftlich-technischen Angebote der Welterschließung zur kapitalistischen Profitwirtschaft und ihrer globalen Expansion.

Der Kunstgriff der Delegation – Arendts Kritik läuft geradewegs auf die Formel zu, mit der Platon bei Gelegenheit noch einmal auf jenen Skandalsatz aus dem *Theaitetos* zurückgekommen ist, um der seinerzeit von Sokrates vorgetragenen Argumentation eine weitere und, wie sich zeigen sollte, wiederum entscheidende Wendung zu geben: »Die Gottheit«, heißt es in den *Gesetzen*, »dürfte nun für uns am ehesten das Maß aller Dinge sein, und dies weit mehr als etwa, wie manche sagen, irgend so ein Mensch« (716 c).[10]

»Irgend so ein Mensch« – Platons wegwerfende Bemerkung versteht sich als Replik auf die Maßlosigkeit derer, die selbst das Maß der Dinge sein wollen und sich, wie Arendt in der Mitte des 20. Jahrhunderts ergänzt, von Hemmungen befreit zu menschenverachtender Maßlosigkeit hinreißen lassen. Sah die sokratische Erwiderung auf Protagoras vor, das doppelte Unverständnis des Sophisten sowohl hinsichtlich des Maßes als auch hinsichtlich des Menschen herauszustellen, um die theoretische Unzulänglichkeit der Sophistik zu demonstrieren, so läuft nun dieser zweite, in den *Gesetzen* gewiesene Ausweg darauf hinaus, den Satz des Protagoras überhaupt zu streichen, und das heißt: die Menschen vor der Exklusivität einer Maßgeblichkeit zu bewahren, die allein schon Ausdruck der Maßlosigkeit ist.

Indem Platon den sokratischen Einspruch in einen Gegenentwurf verwandelt, legt er den Keim zu einer neuen Erzählung. Statt – so lautet, kurz gefasst, dieser Plot – das Maß für sich selbst zu beanspruchen, reicht der Mensch es an eine höhere Instanz weiter – an »die Gottheit« – und belässt es in ihrer Obhut. Der Mensch tritt zurück und legt das Maß einem Wesen in die Hand, dem er zutraut, das brisante Gut zu bewahren und damit zu leisten, wozu er selbst sich nach den vielfachen Erfahrungen des Überfordertseins, wie Platon sie in seinem *Protagoras* aufzählt (vgl. 322 b und c), außerstande sieht: das Maß unbeschadet durch die Zeiten zu tragen, damit es auch den kommenden Generationen als Richtschnur diene. Im Buch Hiob, dessen Schlussredaktion die historische Bibelforschung annähernd auf das Jahr 100 v. Chr. datiert, wird der platonische Delegationsgedanke durch die suggestive, in die Form einer rhetorischen Frage gekleidete Gottesrede bestätigt und für den christlichen Monotheismus wegweisend: »Wer setzte ihre Maße? Du weißt es ja. / Wer hat die Maßschnur über ihr gespannt?« (38,5)[11]

In ihrer Rekonstruktion der platonischen Gedankenreihe spielt Arendt auf diese Delegationslösung an. Demnach hat Protagoras ein Geheimnis ausgeplaudert und einem Wesen nach dem Mund geredet,[12] von dem er doch hätte wissen müssen, dass es sich geschmeichelt fühlen und in die Maßlosigkeit locken lassen würde. Indem er ihnen den Homo-mensura-Satz anbot, lieferte demnach der Sophist den Menschen den Vorwand, den Sinn der alten, mit der Ordnung der Dinge verbundenen Ethik des Maßes zu verkehren und sich über die traditionell zur Zurückhaltung mahnende Vernunft hinwegzusetzen.

Ebendieser Konsequenz, so Arendt, trägt Platons Nachsatz Rechnung. Der Ausweg der Delegation sieht vor, mit dem höchsten Wesen eine Macht zu installieren, die leisten muss, woran der auf sich selbst gestellte Mensch würde scheitern müssen: Maßstäbe zu finden und zu setzen, die fraglos dem Guten verpflichtet und stabil genug sind, um der entfesselten Willkür standzuhalten. Die Abtretung des Maßes an das Être suprême ist ein Akt der Vorsorge, der sicherstellt, dass dem Menschen das unverfügbare, aber auch fraglos gegebene Maß auf Dauer erhalten bleibt.

Die aus der Tiefenzeit der Antike überlieferte Versicherung, dass ein Maß in allem sei, »was da ist«, wird vor diesem Hintergrund als Versuch erkennbar, die Paradoxie eines

Mäßigkeitsappells zu bewältigen, der zu seiner Beglaubigung das Übermaß einer übermenschlichen Autorität bemühen muss: die Autorität sei es des natürlichen Kosmos, sei es des göttlichen Schöpfungswerks. Die Pointe des Gedankens liegt darin, dass der wahre Profiteur dieser List ebender ist, der sie ersann. Die Delegation ist eine List – eine List im Dienst des Maßes. Nachdem der Mensch sich zu dem Anspruch der Maßgeblichkeit bekannt hat, entspricht er ihm nun gerade dadurch, dass er sich zum Verzicht entschließt, dass er Zurückhaltung übt und, mit dem Wort Goethes, *entsagt*.

Angesichts dieser Wendung der Dinge offenbart erst der knappe Nachsatz aus den platonischen *Gesetzen* die ganze Tragweite der protagoreischen Indiskretion, aber auch das Ausmaß der Verzichtsleistung, die dem Menschen – wohlgemerkt: nicht um Gottes, sondern um seiner selbst willen – zugemutet ist. Das Maß aller Dinge ist der Mensch, der ebendarum in der Lage ist zu erkennen, dass ihn die ihm von den Sophisten zugesprochene Maßgeblichkeit zu überfordern droht. Der Kunstgriff der Delegation – der Abtretung des Maßes an ein Wesen, das über ihm steht und ihn von der Bürde der Verantwortung auf überschaubare Weise entlastet – ist die Konsequenz dieser Einsicht.

Erzählung und Gegenerzählung – Die Geschichte des Maßes ist von unterschiedlichen Erzählungen getragen, die im Mythenfundus der westlichen Kulturen wurzeln und als solche weder beweisbar sind noch widerlegbar. Es wäre allerdings ein Irrtum zu meinen, der Mythos wolle durch förmliche Beweisführung überzeugen. Stark ist der Mythos in dem, was er leistet. Zu diesen Leistungen gehört, mit Bildern und Szenen auszuhelfen, wo verlässliches Wissen fehlt und vielleicht niemals verfügbar sein wird. Der Mythos hat es nicht nötig, schönzureden oder zu ›rationalisieren‹. Unverblümt spricht er aus, was auf dem Spiel steht.

Halten wir also Folgendes fest: Den Anfang dieser Erzählung, die im Auftritt des Homo Faber gipfelte, macht der Protagoras-Satz, dessen Stellung im Zusammenhang seiner Zeit aus heutiger Sicht nur teilweise einsehbar ist. Die vom platonischen Sokrates, ohne den wir das Textstück gar nicht besäßen, begonnene Auseinandersetzung ist zweideutig geblieben, und gerade in dieser Zweideutigkeit hat sie Schule gemacht.

Das Bedürfnis, den Satz philologisch zu erschließen und ihn den säuberlich getrennten Schulen und Lehrtraditionen einer weit zurückliegenden Vergangenheit zuzuweisen, ist das Bedürfnis einer anderen Zeit. Deutlich wirkungsmächtiger ist das, was Generationen von Lesern in Kenntnis und großteils auch mit Billigung der sokratischen Vorbehalte aus ihm herausgezogen haben. In der Hauptsache ordnen sich diesen Lektüren zwei Deutungsfiguren zu. Die eine Auffassung besagt, dass der Homo-mensura-Satz den Menschen in das vorgefundene Maß seiner natürlichen Ausstattung einschließt und ihm nahelegt, sich mit seiner Lage abzufinden. Das Maß des Menschen, hat demnach Protagoras sagen wollen, ist sein Schicksal. Die andere Kritik besagt, dass der Protagoras-Satz den Menschen dazu einlädt, sich zum Herrn der Welt aufzuschwingen, um ihr das Maß – *sein* Maß – aufzuerlegen. Bei genauem Hinsehen, das bestätigt die Wiederaufnahme dieser Kritik bei Arendt, zeigt sich, dass beide Lesarten zusammengehören: diejenigen, die das Maß als Instrument einsetzten, um ihren Herrschaftsbereich fortlaufend zu erweitern, standen dem, was sich den gewachsenen Zugriffsmöglichkeiten entzog, ebenfalls gleichgültig gegenüber.

Die Geschichte des Maßes erzählt von derlei Positionswechseln und Neuausrichtungen des Begriffs. In dieser Reihe steht auch das zweite, teils platonisch, teils vom christlichen Monotheismus inspirierte Kapitel dieser Geschichte, demzufolge das Maß der Dinge seit eh und je in den Händen einer überirdischen Vernunft liegt, die aus eigener Machtvollkommenheit darüber verfügt. Seitdem er die Welt nach Maß, Zahl und Gewicht geordnet hat, hütet demnach der göttliche Weltbaumeister – die stillschweigende Pointe lautet: und nicht der Mensch – mit der Welt auch das Maß. Der Mensch *ist* nicht das Maß, hat aber seinen Nutzen davon: Das Maß ist ihm *gegeben* und weist noch stets zurück auf den, dem diese Gabe zu danken ist.

Was sich mit dieser Umadressierung von der Kosmoswelt zur Schöpfungswelt ändert, ist der Status des Maßes. Es verliert die freitragende Selbstgegebenheit seiner Präsenz, die ihm die antiken Autoren zugesprochen hatten, und gerät in die Abhängigkeit von der absoluten Macht. Deren Unangreifbarkeit sichert das Maß und macht es zu einer, vielleicht zu *der* göttlichen Gabe, die die Geschichte der menschlichen Selbstbehauptung hält und trägt. Die göttliche Herkunft sichert die Geltung des Maßes schlechthin – also auch da, wo der Mensch beginnt, auf die Dinge dieser Welt zuzugreifen und nach Gutdünken mit ihnen zu verfahren.

Das dritte Kapitel in dieser Chronik des Maßes ist eine Erwiderung, die sich schließlich als übermächtig erweisen wird. Ohne sich mit der sokratischen Kritik weiter aufzuhalten, verwirft dieses Erzählstück die platonisch-christliche Adaption des Themas als undurchschauten Schein, als mutwillig verkehrte Welt. Das Bild der Gottheit, die das Maß der Dinge ist, erscheint als ein wirkungsvoll in Szene gesetztes Spektakel, in dem ein von den Menschen selbst eingesetztes Überwesen für sich beansprucht, was doch ihnen, den Menschen, wie eh und je allein zukommt. Feuerbach spricht es aus und wird nicht müde, es zu wiederholen: Der Mensch ist das

Maß – aber nicht, weil ihm dieses Sein, wie einst Sokrates mit Blick auf die Höhlenbewohner eingewandt hatte, als von ihnen selbst undurchschaute Täuschung auferlegt ist, sondern weil die Natur sich in ihm den Inbegriff ihrer Möglichkeiten geschaffen hat. Das moderne Maß, von dem Feuerbach spricht, ist die Fülle und die Vielzahl der menschlichen Möglichkeiten, ist, wie der von Feuerbach inspirierte Schriftsteller Gottfried Keller sagen wird, des »Lebens goldner Überfluß«.

Im Namen des Menschen – Feuerbach hat seine religions- und philosophiekritische Gegenerzählung mit der Erwartung verbunden, eine längst überfällige Revolution des Weltbildes anzustoßen – eine Revolution, die auf die ältesten Quellen zurückgreift, um hier und heute und diesmal unwiderruflich den Sturz der Götter zu erzwingen. Allerdings verschweigt auch Feuerbach nicht, was der Gottesglaube den Menschen einmal war, und so geht seine Kritik über eine bloße Abschiedsgeste hinaus. Feuerbach verlangt die Rückerstattung dessen, was gläubige Menschen einmal ersonnen und geleistet haben, um dem einen, von ihnen selbst als Hüter des Maßes eingesetzten Gott, wie Feuerbach formuliert, in totaler Verkennung der Situation »wohlgefällig« zu sein.

Indem Feuerbach diesen ganzen Zusammenhang der Illusionen und der undurchschauten Schatzbildung »umkehrt«, verleiht er dem Protagoras-Satz das Pathos einer einsamen, aber eindringlichen Gegenstimme, die nun endlich, nach den jahrhundertelangen Irrungen des Idealismus, Gehör findet. Damit ist klar, was nun, am Beginn der Moderne, die bevorzugten, von den alten Vorbehalten befreiten Einsatzgebiete des Maßes sein werden. Auf der einen Seite steht die endgültige Überflügelung des überlieferten Maßbegriffs, der von nun an in Gestalt des Messens einen Objektivitätsanspruch geltend macht, dem sich der Mensch so wenig entziehen kann wie in vormoderner Zeit dem Absolutheitsanspruch des einen Gottes. Auf der anderen Seite lädt Feuerbach die protagoreische Humanisierung mit ungeheurem Pathos auf, um sie unwiderruflich ins Recht zu setzen. Vehement widerspricht er der platonisch-sokratischen Deutungslinie, die zunächst den Logos, dann Gott und schließlich die Geschichte zu Metasubjekten aufgebaut hatte. Im Bewusstsein seiner historischen Position fordert er das Maß aller Dinge im Namen des wirklichen Menschen zurück.

KAPITEL SIEBEN

Flucht aus der Mitte

Darstellung des Absoluten – Maß und Zeit – Die Mitgift des gerechten Gottes – Mitte, Maß und Vernunft – Kein Mangel, kein Überfluss – Auge, Zahl und Maß – »Von allen Einschränkungen frei« – Das Elend der weiten Mitte – Flucht aus der Mitte

> Man sagt, zwischen zwei entgegengesetzten Meinungen liege die Wahrheit mitten inne. Keineswegs!
> Das Problem liegt dazwischen, das Unschaubare, das ewig tätige Leben in Ruhe gedacht.
> Johann Wolfgang Goethe,
> *Maximen und Reflexionen* 417/616

Das also wäre die große Erzählung des Maßes, deren Anfangskapitel sich an dieser Stelle überblicken lassen.

Aller Dinge Maß, so der Sophist Protagoras, ist der Mensch. Er ist es aber, wie Platon erwiderte, nur insofern, als er sich angesichts der Ungeheuerlichkeit dieses Anspruchs sein Überfordertsein eingesteht und die Verantwortung rechtzeitig abtritt – sie delegiert. Unter dem Eindruck dieser Entgegnung hat die Philosophie, soweit sie der Linie des sokratischen Platonismus folgte, den Homo-mensura-Satz aufgegriffen und gegen seinen Ursprungssinn ausformuliert. In der Nachfolge des bereits in den platonischen *Gesetzen* vorgenommenen Stiftungsaktes, der naturgemäß im Verborgenen bleiben musste und seinem Gedächtnis auch wirklich entfiel,[1] reichte demnach der Mensch, was anderenfalls er selbst hätte bewerkstelligen müssen, an ein höchstes, unmessbares *(immensum)* Wesen weiter. Einzig ein solches Überwesen versprach zu gewährleisten, was den Menschen, ernüchtert und klug geworden durch illusionslose Selbsterkenntnis, als Überanstrengung ihrer Möglichkeiten vor Augen stand: um das Maß nicht bloß zu *wissen,* sondern es auch zu verkörpern und, weit mehr noch, es zu *sein.*

Darstellung des Absoluten – Der Kunstgriff der Delegation richtete eine Art Selbstschutz auf, der die Menschen in die Lage versetzte, sich ihre kreatürliche Schwäche einzugestehen. Statt über den Zweifel an sich selbst in Verzweiflung zu geraten, durften sie in der Gewissheit leben, das Orientierungsangebot des Maßes auch ohne eigenes Zutun auf ihrer Seite zu haben.

Klassischen Argumentationswegen folgend, setzte das Delegationsprinzip eine über die Unbeständigkeit und Streitlust der Menschen erhabene Autorität ein, der zuzutrauen war, die Grundsätze von Recht und Moral nicht nur vorzugeben, sondern auch zu gewährleisten. Im Nachgang macht diese Gedankenreihe, die das Schicksal der Menschheit an die Tugenden der Mäßigung und Zurückhaltung band, nochmals deutlich, wie unfassbar eitel und töricht die Aufforderung erschienen sein muss, der Mensch möge doch all dies beiseiteschieben und kurzerhand sich selbst als das Maß der Dinge einsetzen. Michel de Montaigne (1539–1592), der den sophistischen Zuspitzungen gewöhnlich mit milder Ironie begegnet, zitiert Plinius als die Stimme der Weltweisheit, die sich von Torheiten wie diesen zu keiner Zeit hatte beirren lassen. »Als ob derjenige den Dingen das Maß nehmen könnte, der noch nicht einmal sein eigenes kennt.«[2]

So einfach kann die Abweisung eines Weltbildes sein. Indem das Maß, in diesem Punkt kommt Montaigne der Lehre des Sophisten entgegen, in die Hände des Menschen geriet, begründete es seine Sonderstellung in der Ordnung der Dinge. Das Maß, sagt der Satz des Protagoras, ist sein

Schicksal. Allerdings, und mit diesem Einwand schwenkt Montaigne auf die Linie des christlich getönten Platonismus ein, zeigt der Mensch sich seiner Situation gerade dadurch gewachsen, dass er den hochschießenden Wunschbildern und Machtphantasien, die der Homo-mensura-Satz hervorlockt, mit Bedacht widersteht. Statt der Richtung zu folgen, die ihm die Sophistik weist, tritt der Mensch zurück und reicht die Verantwortung für das Ganze dieser Welt an ein Wesen weiter, das für ihn selbst und die Welt der Allmächtige ist. Der Mensch erkennt sich als *Nutznießer* des Maßes, und diese Einsicht bleibt bestehen; er verzichtet jedoch auf den Anspruch, darüber hinaus der *Garant* des Maßes zu sein.

Der über solche Überlegungen angebahnte Kunstgriff der Delegation gereicht dem Menschen dreifach zum Vorteil: zum einen dadurch, dass er sich die Erfahrung des Scheiterns erspart, denn die Verantwortung für die Ordnung der Dinge, dessen darf er versichert sein, liegt nur zum geringeren Teil bei ihm. Als vorteilhaft erweist sich überdies, dass der Mensch sich mit der einsichtsvollen Bezwingung seines Machtstrebens in die Lage versetzt sieht, das Maß nun nicht mehr vorgeben, sondern ihm, was ihm schwer genug fällt, lediglich gerecht werden zu müssen. Drittens kann er sich zu seinem Schutz auf die von höchster Stelle garantierte Unangreifbarkeit des Maßes berufen und dessen Respektierung gerade da verlangen, wo die irdische Macht zur Willkürmacht wird, ihm zu nahe tritt und ihm zusetzt.

Indem es die Gottgeschaffenheit der Dinge und ihrer Ordnung bezeugt, ist das Maß, wie noch Hegel sagen wird, die »Darstellung des Absoluten« und steht turmhoch über den Mächten dieser Welt.

Maß und Zeit – Aus dem Maß, darauf beruht seine Unanfechtbarkeit, spricht die wohlweisliche Vorsorge einer überweltlichen Autorität. Das Maß ist den Menschen an die Hand gegeben: als *ethische* Verpflichtung und *technische* Ermöglichung zugleich.

Gleichwohl und ungeachtet der Rückversicherung bei den Gedankenbildern der Antike krempelt das Delegationsprinzip das Themenfeld gründlich um. Waren die griechischen Autoren davon überzeugt gewesen, dass das Maß schlechthin gegeben sei, zeitlos und unmittelbar eins mit der Ordnung der Dinge,[3] so reformuliert der christliche Monotheismus das Maß als ein ursprünglich Geschaffenes, und das wird in den Augen der Neuzeit heißen: als ein Hergestelltes und Verfügbares. Aus der Gabe, die man in Ehren hält, wird ein Geschenk, mit dem man, nachdem es einem nun einmal gehört, anstellen kann, was man für richtig hält. So ebnet die Delegationslösung den Übergang und rückt das Maß in die Perspektive beliebiger Gestaltungsabsichten: in die Perspektive einer Praxis, die mit wachsender Deutlichkeit als *Praxis des Messens* hervortritt.

Einstweilen jedoch deckt die Unerforschlichkeit der göttlichen Ratschlüsse alle Geheimnisse, alle Weiterungen und Konsequenzen zu. Von höchster Stelle sanktioniert, bleibt die Gewährleistungsfunktion des Maßes der Fraglichkeit entzogen – und genau darauf kam es an. Durch die Verbindung von Delegation und Autorisierung war die Fraglosigkeit der Geltung auch da gesichert, wo der Sanktionszusammenhang der Entstehungszeit zu verblassen begann. Unter der Hand konnte das Attribut der fraglosen Geltung vom Maß an das Derivat des Messens übergehen und als eine in der gottgeschaffenen Ordnung bereits angelegte Kulturtechnik schlicht und einfach zum Einsatz kommen.

Erstaunlich ist angesichts dieses Hintergrundes, wie konventionell noch ein Denker vom Format Francis Bacons (1561–1626) das Thema aufnimmt, um dann doch, ohne das erzählerische Grundmuster nennenswert zu verändern, zu deutlich abweichenden Schlussfolgerungen zu gelangen. Das Maß steht dafür ein, versichert Bacon 1620 im *Novum Organum,* dass die den Menschen überlassene Welt durch das im Genesisbericht überlieferte Fluchwort der Gottheit nicht »gänzlich und bis ins Mark hinein widerspenstig gemacht worden«[4] sei. Die Tragweite dieser Feststellung ist kaum zu überschätzen. Indem sie den wissenschaftlichen Aufbruch als Ausfluss zutiefst vertrauter Grundströmungen darstellt, die das Weltgeschehen anleiten, steht er außerhalb jeden Zweifels. In der postparadiesischen Wirklichkeit, die für die jüdisch-christliche Tradition die Wirklichkeit des gefallenen Menschen ist, beweist das Maß die Fortdauer des göttlichen Wohlwollens, das ungeachtet der Freveltat des menschlichen Urpaares fortbesteht.

Wie zum Beweis der Gottgefälligkeit seines Ansinnens lenkt der Begründer der neuzeitlichen Wissenschaft das Augenmerk auf das, was mit der Messbarkeit der Welt über diese selbst sowie über die Stellung des Menschen gesagt und ihm zugesichert ist. Demnach rechtfertigt die zeitlose Verlässlichkeit des Maßes die Erwartung der endlich in Reichweite gerückten Versöhnung: die Erwartung der nun, nach den als Zeitvergeudung stigmatisierten Umwegen des ›Mittelalters‹, mit Gottes Segen einsetzenden, vom Wissen der Wissenschaften angeleiteten Humanisierung der Welt.

Das Maß überbrückt die Epochengrenzen und schließt die Kluft zwischen alter, vorchristlicher, und neuer, nachmittelalterlicher Zeit. Durch sein bloßes Dasein rechtfertigt es die Zuversicht des Aufbruchs der Wissenschaft und, in der Folge, die Dominanz ihres unbedingten, wie Bacon versichert, im Schöpfungsplan bereits vorgesehenen Weltbildes.

Abb. 4: Friedrich Karl Hausmann, *Galilei vor dem Konzil* (1861), Hamburger Kunsthalle

Die Mitgift des gerechten Gottes – Tatsächlich ist die Blindheit des Vertrauens, von dem Erwartungen wie diese einmal getragen waren und immer noch sind, ein kaum zu überschätzender Antrieb der weiteren Entwicklung. Zur Folklore einschlägiger Selbstbeschreibungen gehört die Überzeugung, das Unternehmen der Wissenschaft verdanke sich der Unbezähmbarkeit menschlicher Neugierde, die – exemplarisch eingefangen in Friedrich Karl Hausmanns treuherzigem Genrestück *(Abb. 4)* – die Irrtümer der Tradition rücksichtslos aufgedeckt und so dem Fortschritt die Bahn geebnet habe. Auch Bacon kokettiert mit dieser Trivialerzählung. Aufs Ganze gesehen vermittelt sein *Novum Organum* jedoch ein anderes Bild.

In der Hauptsache präsentiert Bacon das Unternehmen der Neuen Wissenschaft als Wiedergutmachungsleistung, deren historischen Rang er im biblisch verstandenen Verlauf der Menschheitsgeschichte vorgezeichnet sieht. Das Maß gilt ihm als die Signatur einer übergeschichtlichen Seinsordnung, die jene Urangst der Verlassenheit schon vorgreifend mildert, die wenig später Blaise Pascal (1623–1662) in ein bleibendes Bild fassen wird: in das Panorama des Alls, dessen soeben enthüllte Unendlichkeit dem Menschen jede Möglichkeit nimmt, darin auch weiterhin seine Mitte und sein Maß zu finden. Angesichts dieser Konsequenz bietet das auf die Höhe der Zeit gehobene Maß verlässlichen Halt. Es mildert den Schrecken der Ungeborgenheit, indem es die Menschen in die Lage versetzt, in der veränderten Situation der postparadiesischen Wirklichkeit den offenen Raum zu vermessen und, wie Bacon Mal um Mal versichert, mit Gottes Segen nach Wunsch und Willen auszufüllen.

Mit seiner Herleitung aus der Sündenfallgeschichte, die tief im Bildervorrat des jüdisch-christlichen Denkens wurzelt, hält Bacon an der überweltlichen Herkunft des Maßes unbedingt fest. Die Messbarkeit der Welt ist dem gefallenen Menschen ein Zeichen: das Zeichen des Davongekommenseins und der gerade jetzt in Reichweite gerückten, von Bacon in satten Farben ausgemalten Chance der Bewährung.

Vor diesem Hintergrund ist es nur folgerichtig, wenn Bacon die Homo-mensura-Formel ebenfalls abweist und dass gerade ihm, dem prominenten Vordenker der wissenschaftlichen Revolution, nichts ferner liegt, als die geforderte Mehrung des Wissens gegen die Autorität des Maßes auszuspielen. Im Argumentationszusammenhang des *Novum Organum* ist das Maß nicht die empörende, von einer Willkürmacht errichtete Schranke menschlichen Strebens, und es ist ebensowenig das universale Instrument, das dem Homo Faber die Unterwerfung der Natur freistellt. Das Maß ist das Zeichen der *Kontinuität,* und es ist die damit gesicherte Rückbindung an die göttliche Herkunft, von der die Praxis des Messens profitiert. Wie einst die Ethik des Maßes, so erscheinen nun auch die Auskünfte des Messens als Mitgift des gerechten Gottes.

Aufgrund dieser Implikationen besteht aus der Sicht Bacons auch nicht der geringste Anlass, am legitimen Gebrauch der Maße zu zweifeln. Die mythische Vorgeschichte des jüdisch-christlichen Erzählzusammenhangs, die er jederzeit präsent hält, setzt die Ansprüche der wissenschaftlichen Weltbeschreibung ins Recht, hält jedoch zugleich die Forderung der Demut jederzeit in Reichweite. »Denn ich begehre nicht kindisch goldene Früchte«, versichert Bacon im 117. Aphorismus des ersten Teils, »sondern warte auf die Zeit der Ernte.« Die gelegentliche Beobachtung Walter Benjamins, dass zwischen der mathematisch-technischen Welt der Moderne und der archaischen Bilderwelt des Mythos urgeschichtliche »Korrespondenzen« walten, wird vom Anspielungsreichtum der Neuen Wissenschaft eindrucksvoll bestätigt.

Das Maß, von dem Bacon spricht, birgt die Chance der Wissenserweiterung, gemahnt aber auch an die Grenze dessen, was der Mensch vermag und was ihm zusteht.[5] Vehement weist der 62. Aphorismus des ersten Buches auf die – wie Bacon unterstellt – von den philosophischen Lehrmeinungen ausgehende Gefahr der ›Maßlosigkeit‹ – *intemperantia* (vgl. I 67) – hin, die in der Wissenschaft unbedingt zu vermeiden sei. Überzogene Erwartungen führten zur Übereilung, förderten den Dogmatismus und endeten in Planlosigkeit.

Mit dieser Anspruchsbeschränkung tritt Bacon all denjenigen entgegen, die in der Freigabe der theoretischen Neugierde die alte, schon von den Autoren der Antike angeprangerte Hybris menschlichen Strebens am Werk sehen. Alles andere als vermessen, will die neue Wissenschaft als der Bescheidenheitserweis eines Wesens verstanden sein, das seine

Lektion gelernt hat und das Wissen so ausrichtet, dass es mit der Schöpfungsordnung in Einklang steht.

Und doch gewinnt unter der Oberfläche des Traditionalismus die Vorstellung Raum, dass die Welt ihr Geheimnis nicht mehr, wie in den Zeiten des Kosmosvertrauens, von selbst preisgibt. Der Wahrheit, daran lässt Bacon keinen Zweifel, muss nachgeholfen werden. Er selbst zeigt sich von diesem Wandel noch wenig beeindruckt, weil er die neue und seither sprichwörtlich gewordene Macht des Wissens nicht als Ermächtigung des Menschen versteht, sondern als Bestätigung seiner Richtigkeit, die, ganz im Sinn der Lehre des Maßes, ihrerseits die Macht begrenzt. Was funktioniert, so das Kalkül, kann unmöglich dem Schöpfungsplan widersprechen. Aus der Sicht Bacons ist die damit erreichte Autonomisierung des Wissens denn auch nicht im mindesten anstößig. Keinen Augenblick zweifelt er am Zeitregime der Schöpfung, auf deren solidem Fundament er an der Wende zum 17. Jahrhundert das Gebäude der Wissenschaft Stück für Stück emporwachsen sieht. Ausdruck dieser Gelassenheit ist die schon auf den ersten Seiten seiner Epochenschrift ausgesprochene Versicherung, dass die Neue Wissenschaft keineswegs auf »Übermenschliches« hinauswolle. Diejenigen, versichert Bacon, die den Irrtum zurückdrängen, verfahren ganz im Sinne des Schöpfers und haben sein Wohlwollen auf ihrer Seite. Wer das Maß hat, hat Zeit. Unter keinen Umständen muss er befürchten, die Wahrheit werde ihm davonlaufen.

Mitte, Maß und Vernunft – Wie zur Mahnung an die Leserschaft setzt die Vorrede zum *Novum Organum* mit der Rekapitulation der beiden Irrlehren ein, die, wie Bacon zeigen möchte, in der Vergangenheit dazu geführt haben, im Reich des Wissens »das rechte Maß« zu verfehlen.

Der eine Irrtum habe die Vorstellung genährt, dass man im großen und ganzen doch längst schon wisse, was zu wissen dem Menschen möglich sei, und dass es weiterer Forschung nicht bedürfe. Der andere, komplementäre Irrtum, mit dessen Erwähnung Bacon gleichfalls auf Positionen des mittelalterlichen Denkens anspielt, habe zu der Auffassung geführt, im Grunde könne der Mensch über das ihm Zugestandene hinaus rein gar nichts wissen. Alles Forschen, das darüber hinausgeht, sei eitel, anmaßend und vor allem: vergebens.

Bacon interessiert sich wenig für die kolportierten Ansichten, für ihr Zustandekommen oder ihre gedanklichen Hintergründe. Wichtig ist ihm die Konstatierung des Schadens, den sie, wie er feststellt, im System des Wissens angerichtet haben. Indem sie in den Leichtsinn und in die Bequemlichkeit des Extrems flüchteten, in das starrsinnige Bescheidwissen des Dogmatismus auf der einen und das resignative Abwinken des Agnostizismus auf der anderen Seite, verfehlten sie, was Bacon »die kluge Mitte« nennt. Die Griechen seien sich der Bedeutung der Mitte bewusst gewesen und hätten diesen Orientierungspunkt mit der gebotenen Sorgfalt austariert »zwischen einem vorschnellen, anmaßenden Urteil und einer verzweifelnden Urteilsenthaltung über alles«.

So geraten nun die philosophischen Schulen, die den Boden vorsokratischer Weisheit verließen, allesamt ins Zwielicht. In ihrer Maßlosigkeit hätten sie vertan, was für ihre Vorfahren noch selbstverständlich gewesen war: das Vertrauen in die kluge Mitte, über deren Ansetzung sich das Weltganze für den handelnden Menschen verlässlich erschließt.

Die Zurückweisung des Extrems, mit der Bacon seine Hauptschrift eröffnet, zitiert noch einmal die klassische Gedankenverbindung von Mitte, Maß und Vernunft. Seit sie terminologisch hervortrat, also seit der eleatischen Spekulation über die Kugelgestalt der Welt, wurde die räumliche Vorgabe der *Mitte* als Möglichkeit verstanden, sich das Maß der Dinge auch da vor Augen zu stellen, wo Evidenzen fehlen. Die Mitte – im Sinne der antiprotagoreischen Verwahrungen ist wiederum mitzuhören: und nicht der Mensch – ist der Bezugspunkt des Maßes.

Das Maß der Mitte ist ein Kunstgriff des weltzugewandten Menschen, ein zweisilbiger, jederzeit abrufbarer Behelf, der Fehlschläge wohl nicht ausschließt, ihre Wahrscheinlichkeit jedoch deutlich senkt. Wir würden so etwas wie Vertrauen in die Gegebenheiten dieser Welt gar nicht aufbringen, hat Georg Simmel (1858–1918) gelegentlich bemerkt,[6] würden wir nicht mit der größten Selbstverständlichkeit der »Hypothese« eines »mittleren Zustandes zwischen Wissen und Nichtwissen um den Menschen« folgen, die uns in riskanten Momenten und selbst unter Zeitdruck die »praktische Entscheidung« ermöglicht. Es sind solche Routinen, die dafür sorgen, dass der Anhaltspunkt der Mitte – ganz unabhängig von politischen Inanspruchnahmen – überzeugt und in den Situationen des Alltags Halt und Orientierung verspricht.

Kein Mangel, kein Überfluss – Die besondere Wertschätzung, die sie bei den antiken Autoren besaß, verdankt die Mitte ihrer konzeptionellen Nähe zur Maßethik. Dabei weist schon Platon die Vorstellung als trivial zurück, die Mitte sei eine Art Zwischending zwischen zwei Extremen – das Mittlere zwischen Übermaß *(hyperbolé)* und Mangel *(elleipsis)*. Als Ergebnis eines simplen Rechenvorgangs ist demnach die Mitte gründlich missverstanden. In der Mitte, hält Platon derlei Vorstellungen entgegen (*Politikos,* 283c), tritt »ein wirklich Werdendes« hervor, dessen Übereinstimmung mit der Ordnung der Dinge – und nichts anderes heißt ›Angemessenheit‹ – die Darstellungsmöglichkeiten bloß komparativer

Verhältnisbestimmungen wie ›größer als‹ oder ›kleiner als‹ überfordert. Die in den *Politikos* eingewobene Maßlehre ist deutlich bemüht, die Komplexität eines Begriffs zu vergegenwärtigen, der einerseits Spielräume gewährt, ohne es andererseits an bestimmten Vorgaben fehlen zu lassen. Ausdrücklich hebt Sokrates die »Arten« (285a) der Messkunst hervor, die beide ihre Berechtigung haben. Demnach steht ein physikalisches *Vermessen*, das die Gegenstände quantitativ erfasst und miteinander in Beziehung setzt, dem urteilenden *Ermessen* gegenüber, das Qualitäten feststellt und Unterschiede zu ihrem Recht kommen lässt. Es gilt, die Ethik des Maßes und die Praxis des Messens als wechselseitige Ergänzungen zu begreifen, die nicht jede für sich, sondern – und dies ist eine unerlässliche Bedingung – in ihrem Zusammenwirken ihren Zweck erfüllen.

Die Aufschlusskraft der Extreme – paradigmatisch: die Gegenstellung von Mangel und Überfluss – wird von Platon bestätigt, aber da, wo es die Mitte zu bestimmen gilt, mit deutlichen Worten als unzureichend zurückgewiesen. Die Extreme fungieren als Indikatoren, um die Mitte spontan zu ›er-mitteln‹. Entscheidend aber ist der Gedanke, dass ›es‹ diese Mitte ganz unabhängig vom Spiel der Extreme ›gibt‹. Die Mitte ist nicht lediglich ein berechenbarer Punkt oder Durchgangspunkt, sondern eine mit der Ordnung der Dinge gegebene Entität.

Diesen Grundgedanken der gegebenen Mitte greift Aristoteles auf und verleiht ihm Nachdruck. Die aristotelische *mesótes* hat, wie das Maß, ihren Platz in der kosmischen Gesamtordnung, die für die Möglichkeit einer ›richtigen‹, von aktuellen Inanspruchnahmen unabhängigen Mitte bürgt. Allerdings findet auf dem Weg von Platon (427–347) zu Aristoteles (384–322) ein richtungsweisender Begriffsumbau statt. Während der platonische Sokrates die Autorisierung der Mitte durch die Kosmosordnung bereits für hinlänglich gesichert hält, führt Aristoteles mit dem »Einsichtigen« *(phrónimos)* eine Figur ein, die über die nötige Erfahrung verfügt, um, wie es in der *Nikomachischen Ethik* heißt, die Mitte »im Bezug auf uns« (1106a 35) zu bestimmen. Die metaphysische, von Platon übernommene Aufhängung der Mitte öffnet sich damit der Praxis, öffnet sich konkreten Situationen, und die »Mitte der Sache nach« wird ergänzt um die »Mitte für uns«[7]. Es zeichnet sich hier bereits eine Aufgabenzuweisung ab, die dann die Stoiker weiter ausformulieren und für die Idee einer philosophischen Lebenskunst nutzen werden: die Auffassung, dass die Philosophie sich als Seelenführerin verstehen müsse (und die Seelenführer Philosophen werden), um jene innere Haltung zu lehren, die überhaupt erst jenes »gute Leben« ermöglicht, von dem in der aristotelischen *Politik* (1257b 38) die Rede ist.

Stärker als Platon betont Aristoteles die praktische Seite der Mitte, ihre spontanen Hilfsdienste in den Bezügen des Alltagslebens. Um dies zu leisten, bedarf allerdings die Mitte der Adaption, und es ist der Einsichtige, der die Verbindung herstellt zwischen der Mitte, die eine Idee ist, und der Mitte, die es hier und jetzt, in den Situationen des Lebens, zu bestimmen gilt. Die Mitte ist der Ort, an dem die allgemeine Regel des Handelns in einer besonderen, situationsbezogenen Handlung ihre Entsprechung findet. So wenig wie der dann von Francis Bacon eingeführte Man of Science agiert der Einsichtige bei seinem ausgleichenden Tun in eigener Sache. Seine Rede sagt aus und stellt fest, was überhaupt und ganz unabhängig von ihm selbst der Fall ist. Der damit gestiftete Bedingungszusammenhang kommt in den raummetaphorischen Untermalungen der Mitte zur Evidenz. In einem Universum der Sphären ist die Mitte der eine und ausgezeichnete Punkt, dessen Eindeutigkeit der moralischen

Abwägung die Richtung weist. Gut und richtig handeln, sagt Aristoteles, kann man nur auf *eine,* schlecht und falsch aber auf unendlich *viele* Arten.

Es ist diese Überzeugung, dass moralisches Handeln möglich ist, die es erlaubt, bei der Findung der Mitte Spielräume zu gewähren und konziliant zu sein. So wenig wie die Ethik des Maßes verfährt die Ethik der Mitte dogmatisch, fast möchte ich sagen: Nichts liegt ihr ferner. Dieses Zugeständnis ist nicht nur Ausdruck eines spezifisch ethischen Realismus, der die Erfolgsaussichten theoretischer Ableitungen einzuschätzen weiß, sondern zieht die Konsequenz aus der Einsicht, dass Gegenbegriffe einander häufig asymmetrisch zugeordnet sind und mit einer rechnerischen Mittelung nichts erreicht wäre. Die Ermittlung der Mitte wird sehr rasch kompliziert, weil das Gute und das Schlechte, das Richtige und das Falsche einander nicht als gleichwertige ›Optionen‹ gegenüberstehen.

Um in solchen Fällen nicht auf Abwege zu geraten und der Einsicht Rechnung zu tragen, dass das Gute an sich schon, wie Aristoteles sagt, »ein Höchstmaß« ist, bedarf es der Urteilskraft, die durch kein mathematisches Modell zu ersetzen ist. In der Praxis kann das bedeuten, sich mit der zweitbesten Lösung zufriedengeben zu müssen, und es ist bezeichnend, dass Aristoteles diese Einschränkung ohne Zeichen des Bedauerns vornimmt. Der aus dem Rumoren der Komparative resultierende Zwang zur Optimierung, dem dann doch kein Ergebnis jemals genügen kann, liegt der Mesotes-Lehre fern.

Auge, Zahl und Maß – Wie das Maß, so überzeugt auch die aristotelische Mitte durch die Verbindung von Sekurität und Flexibilität. Die Mitte ist, in einem ontologischen Sinn, gegeben und ›da‹, will aber auch ausgemacht und, in einem weiteren Schritt, angenommen sein. Ganz zu Recht ist deshalb die Mesotes – ich erinnere an das Wort des Cusanus vom ›lebendigen Maß‹ – als ›lebendige Mitte‹ beschrieben worden.

Die kühne Metapher ist umso mehr am Platz, als kosmische Mitte und menschliche Mitte, Weltmittelpunkt und Lebensmittelpunkt, im Rahmen der Mesotes-Lehre getrennt bleiben. Das Wort von der »Mitte für uns« legt die Vorstellung nahe, der Mensch sei das Wesen der Mitte nur im Umraum seiner eigenen Welt. Und tatsächlich ist die Zusicherung des xenophonischen Sokrates, wonach selbst die Bewegungen der Himmelskörper »um des Menschen willen« stattfinden, bei Aristoteles ohne Entsprechung: »der Mensch ist nur noch regionaler Zweck der Natur, nicht mehr das höchste Telos des ganzen Kosmos«.[8]

Entscheidend ist die Einschränkung, dass die Natur wohl alles zur materiellen Ausstattung des Menschen Nötige bereithält, im übrigen aber nicht zweckhaft auf ihn und sein Wohlergehen hin angelegt ist. Der aristotelischen Natur fehlt, um es mit der einschlägigen Metapher zu sagen, das Element der Mütterlichkeit, das die Stoiker ihr zuschreiben werden. Der aristotelische Mensch, mag er auch im Mittelpunkt stehen, ist nicht der, um den sich alles dreht. Stattdessen sieht er sich verwiesen auf den Rahmen seiner, wie Hans Blumenberg formuliert, »regionalen Anthropozentrik«, die als solche kontingent bleibt. »Das Zusammenfallen von Weltmitte und Erdmittelpunkt in der aristotelischen Kosmologie ist ein Faktum von physischer, nicht von metaphysischer Bedeutung. Es ist ohne indizierenden Wert für die Selbsteinschätzung des Menschen.«

Die Konsequenzen dieser Gedankenordnung reichen weit. Im Rahmen einer philosophischen Genealogie des Maßes und der Mitte interessieren vor allem die anfänglichen, bis zu Pico della Mirandolas berühmter *Oratio* reichenden Versuche, die Folgen dieser Trennung von Kosmozentrik und Anthropozentrik aufzufangen.

An erster Stelle ist hier zu nennen der Austausch des unbewegten Bewegers, von dem Aristoteles gesprochen hatte, gegen die Vorstellung einer bewegten, einer tätigen und – das ist die entscheidende Präzisierung – einer welterschaffenden *Natur.* Der Schöpfungsgeschichte zufolge, die der römische Philosoph Seneca erzählt, privilegierte die schaffende Natur den Menschen, indem sie ihn in die Weltmitte stellte und sich damit ein Wesen erschuf, das aufgrund seines ausgezeichneten Blickpunktes in der Lage sein würde, sich an der Wohlgeratenheit ihres Werks zu erfreuen. Der stoische Mensch ist der in die Mitte gestellte Weltzuschauer, die Welt ein für ihn und einzig um seinetwillen veranstaltetes Spektakel. Er ist, darf er sich sagen, kein Produkt des blinden Zufalls, nicht einsam und allein, sondern von einem Überwesen gewollt und erwählt, dessen Gunst er versichert sein darf. Anders als der aristotelische Kosmos, der dem Treiben der Menschen gleichmütig gegenübersteht, hat die stoische Natur sich den Menschen um der Anerkennung willen erschaffen, die sie braucht, und wirkt damit in der Rolle der »mütterlichen« Umsorgerin nur umso glaubwürdiger.

Ein knappes Erzählstück, das die Schauwerte der Welterscheinungen ausbreitet, fügt all die Motive zu einem kompositorisch geschlossenen Gedankenbild zusammen. Einen neugierigen Geist habe die Natur den Menschen gegeben, schreibt Seneca in seiner Schrift über die Muße (4,3 u. 4),

> und, ihrer Kunstfertigkeit und Schönheit sich bewußt, uns als Zuschauer bei diesem großen Weltenschauspiel erschaffen, da sie den Lohn für ihre Mühe verlieren würde, wenn sie so Großes, so Herrliches, so kunstvoll Gestaltetes, so Glänzendes, und nicht nur in einer Hin-

> sicht Schönes der Einsamkeit zeigte. Damit du weißt, daß es ihr Wille gewesen ist, genau betrachtet und nicht nur mit einem flüchtigen Blick bedacht zu werden, sieh, welchen Platz sie uns gegeben hat: in ihre Mitte hat sie uns gestellt *[in media nos sui parte constituit]* und uns den Rundblick auf alles geschenkt; und sie hat dem Menschen nicht nur den aufrechten Gang gegeben, sondern hat ihm auch in der Absicht, ihm die Beobachtung bequem zu machen, damit er die Gestirne auf ihrer Bahn vom Aufgang bis zum Untergang verfolgen und seinen Blick mit dem All kreisen lassen könne, den Kopf obenauf angebracht und auf einen biegsamen Hals gesetzt. Ferner: Sechs Sternbilder bei Tage, sechs bei Nacht vorbeiführend, hat sie jeden Teil von sich entfaltet, um durch das, was sie seinen Augen dargeboten hatte, die Neugier auch nach dem Übrigen zu wecken.

Geschrieben zum Lob und zur Feier der Muße, verdeutlichen diese Zeilen zugleich die Eminenz der Mitte. Das von Seneca lokalisierte *medium* ist zunächst und vor allem ein Geborgenheitsversprechen, denn es ist – wiederum anders als bei Aristoteles – erklärtermaßen *ihre* Mitte, die Mitte der fürsorglichen Natur, in die der Mensch gestellt ist. Der schauende Mensch, ebendies besagt der von den Griechen entwickelte Gedanke der *theoría*, ist zugleich der geborgene Mensch. Allenfalls nebenher und an nachgeordneter Stelle ist ihm sein ›Schauen‹ und ›Betrachten‹ als Instrument dienlich, als ›Sehen‹ und ›Beobachten‹. Der Mensch ist aufgerufen, frei zu stehen und mit offenen Augen Umschau zu halten.

Die Mitte ist der Ort, an dem beide, die Verehrung der Natur und die Feier des Menschen, in einem Klima der Allsympathie zusammenfinden. Um die Vielfalt der Weltbezüge zu zeigen, in die der Mensch hineingestellt ist, bedient sich

Seneca der Metapher des Sehens. Der Mensch schlägt die Augen auf, blickt um sich, schaut, staunt, bewundert und erkennt, was sich zeigt. Er ist geschaffen, um anzuschauen, was die Natur hervorgebracht hat, und so fällt sein Blick folgerichtig auch auf ihn selbst. In einer reflexiven Wendung, die der Situation des Sehens schon eingebaut ist, geht ihm auf, wie sinnreich sein leibliches Dasein mit der ihm zugewiesenen Weltposition harmoniert. Wie alles, so ist auch dieses vergewissernde Sehen ein Geschenk und Ausdruck dessen, was die zum Subjekt der Welt ernannte Natur mit der Erschaffung des Menschen im Sinn gehabt hat.[9]

Mit der Darbietung alles Geschaffenen für die Augen des Menschen ist die aristotelische Scheidung von Kosmozentrik und Anthropozentrik überwunden. Der Mensch, um ebendieser ›Einsicht‹ willen fordert Seneca den zweiten, den erkennenden Blick, ist in die Gesamtordnung der Dinge hineingestellt, und es fehlt diesem Betrachter jedes Motiv, die ihm damit gewährte, mit dem Vorzug der Mittelstellung unterstrichene Gunst durch Verstöße gegen die Grundsätze naturgemäßer Lebensführung zu verspielen. Sein Glück findet der Mensch nicht gegen die Natur und indem er sie bezwingt, sondern in einem Leben, das mit ihr im Einklang steht. Senecas emblematische Szene hält den Augenblick fest, in dem diesem Wesen der Mitte die Tröstlichkeit seines bedingungslosen Angenommenseins aufgeht.

Von der Sprache des Menschen ist, bei allem Detailreichtum der Beschreibung, keine Rede. Der von der Natur Erwählte ist ganz und gar ein Sehender, und als solchem kommt ihm entgegen, was die Natur ihm zugedacht hat. Es ist dieses Versprechen der Leichtigkeit, das sowohl die neuzeitlichen Triumphe des Sensualismus ermöglichen wird[10] als auch die verzögert einsetzenden Aufschwünge der Ästhetik. Der im 17. Jahrhundert erstmals auftretende und lange Zeit unverstandene Bildertypus der *Landschaft* schöpft sein ungeheures, rein thematisch kaum begreifliches Pathos aus der Demonstration einer sich wort- und vorbehaltlos kundtuenden, dem Auge ihres menschlichen Betrachters darbietenden Natur.

Die Emphase des Sehens hat noch die frühneuzeitliche, prominent wiederum von Bacon vorgetragene Kritik des Bücherlesens beflügelt. Wer *liest,* studiert das Buch der Bücher, in dem das Wort Gottes festgehalten ist; wer aber *sieht,* schaut in das Buch der Natur, das unmittelbar von Gott selbst verfasst ist und, das ist die Pointe dieser Aufmerksamkeitsverschiebung, darum eigentlich das erste Buch ist. Das Sehen, mit diesen Worten entscheidet Francis Bacon im *Novum Organum* (I 85) den medialen Konflikt, ist der Weg, um die fragwürdige Autorität der Bücher zu brechen und »mit den Dingen selbst« bekanntzuwerden. Folgerichtig heißt ›Wissenschaft‹, das Wahrgenommene statt in die missverständliche Sprache der Wörter in die eindeutige, letztlich gottgebene Ordnung der Zahlen zu übertragen. Das Prä der Zahl, ihr Zauber, beruht auf beiläufigen Umstellungen wie dieser, die aus dem antiken Weltzuschauer den neuzeitlichen Beobachter, Vermesser und Berechner der Natur gemacht haben.

Die Ansichtigkeit der Dinge verspricht, den Schleier der Sprache, die ein lästiger und noch dazu unnötiger Umweg ist, zu durchdringen. Wer sieht – und sei es durch Fernrohr und Mikroskop – darf von nun an glauben, die Gegenstände so wahrzunehmen, wie sie tatsächlich sind.

»Von allen Einschränkungen frei« – Senecas Mitte erschließt die Bedingungen des Menschseins. Die Mitte ist ein Privileg und, damit verbunden, der Aufruf an den Menschen, die ihm gebotenen Möglichkeiten zu nutzen, damit er werde, was er ist. Der Mensch ist also nicht nur das dankbare Objekt natürlicher Zuwendung und Fürsorge; er sieht sich auch gemeint

und ermuntert, im Einvernehmen mit der Natur den Raum des Wissens auszuschreiten.

Das damit angedeutete Verständnis der Mitte nicht als Daueraufenthalt, sondern als ausgezeichnete Startposition des Menschen ist in der Folgezeit aufgenommen und bestätigt worden. Das gilt vor allem für Pico della Mirandola, dessen szenischer Entwurf dem Erzählstück Senecas zunächst auffallend ähnelt. Das als Gottesrede angelegte Textstück, das auf das Jahr 1486 zurückgeht und von Jacob Burckhardt zu den »edelsten Vermächtnissen« der Renaissancephilosophie gezählt wurde, setzt mit einer Erläuterung ein, die der Mitte sogleich und ganz entschieden den Charakter einer unbedingt verlässlichen Seinszusage *abspricht.* Der Mensch, obgleich in den »Mittelpunkt der Welt« gestellt, steht darum, wie es in der *Oratio* heißt, doch keineswegs an einem »bestimmten Platz«. Wie sich rasch zeigt, ist dieser einleitend ausgesprochene Bestimmtheitsentzug als Ausdruck negativer Freiheit zu verstehen: als Freiheit von Einschränkung und Bevormundung. Alle Vorgaben der antiken und der christlichen Metaphysik, und das gilt auch für Maß und Mitte, verlieren mit einem Mal den Status unbestreitbarer Gültigkeit.

Der als Gottesrede wiedergegebene Rollentext[11] lautet:

> »Keinen bestimmten Platz habe ich dir zugewiesen, auch keine bestimmte äußere Erscheinung und auch nicht irgendeine besondere Gabe habe ich dir verliehen, Adam, damit du den Platz, das Aussehen und alle die Gaben, die du dir selber wünschst, nach deinem eigenen Willen und Entschluß erhalten und besitzen kannst. Die fest umrissene Natur der übrigen Geschöpfe entfaltet sich nur innerhalb der von mir vorgeschriebenen Gesetze. Du wirst von allen Einschränkungen frei nach deinem eigenen freien Willen, dem ich dich überlassen

> habe, dir selbst deine Natur bestimmen. In die Mitte der Welt habe ich dich gestellt *[medium te mundi posui]*, damit du von da aus bequemer alles ringsum betrachten kannst, was es auf der Welt gibt. Weder als einen Himmlischen noch als einen Irdischen habe ich dich geschaffen und weder sterblich noch unsterblich dich gemacht, damit du wie ein Former und Bildner deiner selbst nach eigenem Belieben und aus eigener Macht zu der Gestalt dich ausbilden kannst, die du bevorzugst. Du kannst nach unten hin ins Tierische entarten, du kannst aus eigenem Willen wiedergeboren werden nach oben in das Göttliche.«

Die Mitte Senecas war der Ort der ausbalancierten, der miteinander abgestimmten Bedürfnisse und Interessen des Menschen gewesen. Die Mitte Picos ist etwas anderes: eine von einer Willkürmacht markierte Stelle, die mit der raumlogischen Auszeichnung der Zentralität auch deren metaphysische Implikationen zurückstellt. Diese Mitte hat aufgehört, das Obdach für den Menschen zu sein; sie ist die raummetaphorische und überhaupt nur vor dem Hintergrund dieses Entzuges begreifliche Aufforderung an den Menschen, die ihm gebotenen Chancen zu nutzen. Senecas Mitte war auf eine bestimmte Wirklichkeit bezogen, Picos Mitte eröffnet unbestimmte Möglichkeiten.

Ungeachtet ihres gehobenen Tons nehmen die an den Urmenschen gerichteten Sätze rasch die Züge einer Mahnrede an. Es zeigt sich, was es heißt, aus der antiken Kosmoswelt in die gottgewirkte Schöpfung übergetreten zu sein. Während die mit dem Attribut der Mütterlichkeit versehene Natur den Menschen mit seiner Welt und sich selbst bekanntmachte, spricht Picos Vatergott mit der Autorität dessen, der im sicheren Bewusstsein seiner Unanfechtbarkeit wie eh und je die

Richtung vorgibt. Erst nachdem dies klargestellt ist, räumen die zahlreichen Verneinungen des Textes die Bühne frei für das Wesen, das erst noch beweisen muss, dem Pensum eines »Formers und Bildners seiner selbst« gewachsen zu sein. Aus der Ambitioniertheit des Programms, das später den Namen ›Neuzeit‹ tragen wird, macht Picos göttlicher Rhetor kein Hehl. Sinnfällig wird das Ausmaß dieser Herausforderung in der veränderten Position der Natur: Während sie bei Seneca den Menschen ein Rückhalt war, ist sie bei Pico zum Gegenstand der Formung, und das heißt: zum Objekt geworden. Mit diesem Rollentausch rückt der Mensch in die Position des Herrschers ein, der sich den Dingen nicht um ihrer selbst willen zuwendet, sondern um, »von allen Einschränkungen frei«, das offene Feld der Möglichkeiten auszuschreiten.

Folgerichtig kommt dieser Szenenwechsel auf das einst von Platon ins Spiel gebrachte Motiv der Delegation zurück, um es auf vielsagende Weise zu variieren. Demnach reißt sich der Mensch nicht einfach von traditionellen Bindungen los, sondern sucht seinen Weg mit Zustimmung, ja sogar im Auftrag des höchsten Wesens. Mit der Trennung von Kosmozentrik und Anthropozentrik hat sich ein unermesslicher Freiraum aufgetan, den der von seinem Schöpfer freigestellte Renaissance-Adam nun auszufüllen hat. Den von Seiten der religiösen Orthodoxie genährten Verdacht, die Freistellung des Menschen nehme die Abkehr vom Schöpferwillen billigend in Kauf, weist Pico – wie dann auch Bacon – mit dieser Gottesrede entschieden zurück. In Wirklichkeit, ebendies ist die zentrale Botschaft, ist es Gott selbst, der dem Menschen nun zurückerstattet[12], was dieser ihm einst abgetreten hatte. In den Erläuterungen, die Pico der Rede folgen lässt, wird die spezielle Art dieser Freigabe auf eine bemerkenswerte Formel gebracht: »Wir sind geboren worden unter der Bedingung, daß wir das sein sollen, was wir sein wollen.« Alles hängt am menschlichen Willen, der indes schon vorgreifend so ausgerichtet ist, dass er mit dem göttlichen Weltplan übereinstimmt. Damit ist der Kreis geschlossen, und die vorderhand verabschiedete Metaphysik bleibt, ohne noch länger thematisch zu sein, stillschweigend intakt. Jederzeit folgt der Voluntarismus des Menschen der Linie, die ihm im Voluntarismus des Schöpfergottes vorgegeben ist.

Das Elend der weiten Mitte – Die Umdeutung der Mitte zum Ausgangspunkt des Weges, über dessen Richtung und Verlauf der freigestellte Mensch, wie es im Rollentext des höchsten Wesens heißt, »nach eigenem Willen und Entschluß« entscheidet, hat sich als folgenreich erwiesen. Vor allem hat die damit vorgenommene Aktualisierung unverständlich werden lassen, was mit der Position der Mitte einmal zugesichert war. Aus dem Zentrum der Weltdinge wurde eine heikle, im übrigen nicht weiter ausgezeichnete Mitte. Statt selbst etwas zu *sein,* deutet sie von sich weg und über sich hinaus in den offenen Raum einstweilen unverwirklichter, in die Hände des Menschen gelegter Möglichkeiten. Die Mitte wird zu einem Ort, den der Mensch, der den Aufbruch wagt und auftragsgemäß sein Leben in die Hand nimmt, so rasch wie möglich hinter sich lässt.

Die neue Mitte der Neuzeit ist ohne Glanz, und sie hat aufgehört, das Sinnbild unverlierbarer Haltgebung zu sein. So wird ihre Entleerung ihrerseits zum Zeichen – zum Zeichen der Situation des Menschen, der, wie Blaise Pascal festhält, auf sich selbst zurückgeworfen ist. In der 199. Pensée ist dieser Ort als »weite Mitte« beschrieben, die ebenjene Situation der Verlassenheit kennzeichnet, die für den aus seinem metaphysischen Obdach vertriebenen Menschen der Neuzeit charakteristisch ist. Pascals Beschreibung hat das Format einer Epochendiagnose: »Wir treiben auf einer weiten Mitte *[sur un milieu vaste]*, immer unsicher und schwankend, von einem Ende zum anderen gestoßen; jeglicher Grenzpunkt, an den wir uns klammern und festhalten wollten, gerät ins Wanken und entschlüpft uns, und wenn wir ihn verfolgen, entzieht er sich unserem Zugriff, er entgleitet uns und wendet sich zu ewiger Flucht; nichts steht für uns still.« Kaum mehr als ein notdürftiges Asyl, erweist sich das *milieu vaste* als ein trostloser Ort, der den Menschen mit seiner kreatürlichen Schwäche und Haltlosigkeit konfrontiert.

Von der Gunst der Natur ist keine Rede mehr – und kann nun auch, wie Pascal angesichts der zeitgenössischen Aufrufe zu ihrer Unterwerfung erkennt, keine Rede mehr sein. So akzentuiert die Pensée die von Pico ausformulierte Dynamik entscheidend um. Eine unglückliche Dramaturgie hat demnach die Selbstermächtigung des Menschen an die Bedingung geknüpft, seine Mittelstellung aufzugeben. Aus dem einen und eindeutigen Punkt der Mitte, der einmal Ruhe, Gewissheit und Konstanz versprach, ist ebenso ungeplant wie unvermeidlich ein Ort geworden, an dem Unruhe, Ratlosigkeit und Verzweiflung herrschen: »Unser ganzes Fundament kracht auseinander, und die Erde tut sich auf bis in die Tiefen.«

Kennzeichen der weiten Mitte ist jedoch nicht nur das deprimierende Einerlei der alltäglichen, ihrer Stimmigkeit beraubten Verrichtungen. Indem sie den Blick auf »die Anfänge« und »das Ende« der Dinge trübt, kann diese neue Mitte den Weg zur Wahrheit nicht weisen. Es deutet sich hier bereits an, was an der Schwelle zum 19. Jahrhundert ›Nihilismus‹ genannt werden wird. Würde der Mensch – was ihm allerdings im Reich der weiten Mitte verwehrt ist – sich selbst erkennen, schreibt Pascal, würde er sich seine Unfähigkeit eingestehen müssen, über das unmittelbar Vorliegende »hinauszugehen«. Die Falschheit der weiten Mitte ist potenziert:

Für sie ist die Wahrheit nicht bloß verdunkelt – die Verdunkelung selbst entzieht sich der Wahrnehmung. Die Welt rundet sich zum geschlossenen Kreis, zur ›Blase‹, und der Mensch ist außerstande, den Vollzug dieser Schließung zu durchschauen, geschweige denn, sie aufzuhalten. Gefangen im Wahnsystem der weiten Mitte, legt er sich das Zurückgeworfensein auf sich selbst als Auszeichnung zurecht und wähnt sich als Subjekt seiner Welt, als Maß aller Dinge.

Der scharfe Ton Pascals dient ersichtlich dem Zweck, absehbaren Verwechslungen und, damit einhergehend, der Banalisierung der Mitte zuvorzukommen. Die ›weite Mitte‹, dies gilt es zu erkennen, ist nur ein schaler und irreführender Ersatz, eine traurige Karikatur. Besonders Goethe, den ansonsten nichts mit Pascal verband, hat diesen Blick auf die Situation geteilt und versucht, die Mitte vor falschen Freunden zu bewahren. So muss sich Wilhelm in den *Wanderjahren* (1829) darüber aufklären lassen, dass die Wahrheit keineswegs in jener Mitte liegt, die sich zwischen einander gegenüberstehenden Extremen bilden lässt. Die Mitte, erläutert Goethes Sprecher Montan, bleibt »ein Problem« – »unerforschlich vielleicht, vielleicht auch zugänglich, wenn man es darnach anfängt«. Bei dieser einen, ins Romangeschehen eingewobenen Auskunft bleibt es nicht. Goethe erschien das Thema bedeutend genug, um es in den »Betrachtungen im Sinne der Wanderer« (Nr. 177) und, ein weiteres Mal, in den *Maximen und Reflexionen* aufzugreifen. »Man sagt, zwischen zwei entgegengesetzten Meinungen liege die Wahrheit mitten inne. Keineswegs! Das Problem liegt dazwischen, das Unschaubare, das ewig tätige Leben in Ruhe gedacht.«

Noch einmal gewinnt die Mitte ihre Respektabilität zurück – allerdings um den Preis, sich in eine offene Frage verwandelt zu haben. Das Versprechen der Leichtigkeit, mit der sich die Orientierung durch Maß und Mitte einmal zwanglos hatte ergeben sollen, hat sich wie für Pascal, so nun auch für den späten Goethe erledigt. Die Bestimmung der Mitte erweist sich als Herausforderung besonderer Art. Sie ist ein Unverfügbares, dem allenfalls durch das kluge Zusammenspiel von *vita activa* und *vita contemplativa* näherzukommen ist. Goethes Attribut des Unschaubaren[13] ist wörtlich zu nehmen als das schon im Bewusstsein der Unzeitgemäßheit vergegenwärtigte Nachbild jener einst von den Stoikern gefeierten Natur. Die Mitte verweist auf das Rätsel oder, philosophisch gesprochen, auf die Erstaunlichkeit des all unserem Wähnen und Meinen vorausliegenden Angenommenseins in dieser Welt.

Flucht aus der Mitte – Die zwischenzeitlich, im Gefolge der Revolution aufgekommene Politisierung der Mitte hat sich mit solcher Spurensuche nicht aufgehalten. Die Politik hat die semantische Entleerung des Begriffs, die Goethe um den Preis der Verrätselung hatte abwenden wollen, dazu genutzt, um ihn umzubesetzen und wahlweise emphatisch zu beanspruchen oder polemisch zu verwerfen.

Beides findet sich bei Maximilien de Robespierre (1758–1794), der als Mitglied im Club der Jakobiner zu den führenden Köpfen der Französischen Revolution gehörte.[14] In seinen Reden vor der Nationalversammlung wandte sich Robespierre an die soziale Mitte der Gesellschaft, die er als Trägerin der Revolution ausgemacht hatte und rhetorisch geschickt in das große ›Wir‹ einschloss, das hier und jetzt das Übel der Reaktion ein für alle Mal vernichten müsse.

Neben diesem protosoziologischen Verständnis der Mitte als des zwischen Bauern und Aristokraten angesiedelten Mittelstandes, den es für die Sache der Revolution zu gewinnen galt, entwickelte die Rede eine weitere, nicht weniger folgenreiche Vorstellung der Mitte, die sich aus der Sitzordnung der Nationalversammlung ergab. Die politischen Extreme verteilten sich auf der Empore nach ›rechts‹ und ›links‹, um von dort aus auf die mittleren Plätze, im doppelten Sinn des Wortes, herabzusehen. Alles, was das Mittelmaß seither verächtlich erscheinen lässt – seine Risikoscheu, seine Überkorrektheit, seine Engstirnigkeit – findet sich in den Polemiken, die der Führer der Revolution in seiner berühmten Konventsrede vom 3. Februar 1794 vortrug. Demnach finden sich die Feinde der Revolution, wie zu erwarten, zunächst in den Reihen der Aristokratie. Als weit schädlicher aber attackiert Robespierre die ›Gemäßigten‹. Ihnen, den Vertretern der Mitte, hält er die Milde und Nachsicht vor, mit der diese »falschen Revolutionäre« der Konterrevolution begegnen und mit ihrer auf Ausgleich bedachten Politik den Elan der Revolution blockieren.[15] Wörtlich klagt der Führer der Revolution die Moderaten an, »die Sache der Freiheit durch scheinheilige Mäßigung aufs Spiel zu setzen«. Damit war es um den Ruf der Mitte geschehen. Ihre Vertreter, das konnte aus Sicht der revolutionären Mobilmachung gar nicht anders sein, sind die wahren und daher unnachsichtig zu bekämpfenden »Feinde der Republik«.

Der in der Folgezeit verbreitete, häufig politisch gefärbte Spott über Mitte und Mittelmaß hat Friedrich Nietzsche nicht davon abgehalten, die Robustheit dieser Position genüsslich auszumalen. Die Mittelmäßigen, hält er dem Elan der Revolutionäre entgegen, seien »die Menschen der Zukunft, die einzig Überlebenden«. Einlassungen wie diese ähneln der Sichtweise und dem Ton, in dem Pascal das Dasein in der weiten Mitte geschildert hatte. Darüber hinaus aber reagieren sie auf den im Zeitalter der Revolution aufgekommenen Verdacht, wonach die Mitte es darauf anlege, die politische Emanzipation zu verwässern und ins Leere laufen zu lassen. Solche Zurückweisung, erwidert Nietzsche, verkennt die Abhängigkeit, die zwischen der Ablehnung und dem Abgelehnten fortbesteht. Das Außerordentliche, die Ausnahme, »das Leben nach der *Höhe*« habe »zuallererst eine stark und gesund consolidirte Mittelmässigkeit zur Voraussetzung«, von der sie sich abhebt, um durch das Ritual der Distanzierung zu sich selbst zu finden. So behauptet die Mitte ihre Stellung und ihren Zweck: als der Ort, von dem es loszukommen gilt.

Unversehens ist damit die Exzentrizität des Menschen, die Exzentrizität dieses »noch nicht festgestellten Thiers«, anthropologisch, geschichtsphilosophisch, kulturkritisch, aber auch und immer wieder politisch lesbar geblieben. Zu den Hinterlassenschaften der politischen Revolution gehört die Aufforderung, sich von der Mitte, von ihrer Trägheit und Enge, von ihrer Halbherzigkeit und ihrem Mangel an Konsequenz klar und vernehmlich zu distanzieren. Aber gerade damit, als Gegenstand der Abstoßung, erfüllt sie auch weiterhin ihren Zweck. Der politische Diskurs der Neuzeit folgt jener machtvollen Grundströmung, die Michel Foucault, offensichtlich auf den Spuren Nietzsches,[16] als Flucht aus der Mitte beschrieben hat. »Je mehr ich mich aus der Mitte entferne«, so lautet seit den Tagen der Revolution die Devise, »um so mehr sehe ich die Wahrheit.«

KAPITEL ACHT

Die Messbarkeit der Welt

Maß, Zahl und Gewicht – Welt als Schöpfung und Konstruktion – Vom Maß zum Messen – Die Messbarkeit der Welt – Die Messbarkeit des Menschen – Des Menschen Wohlgestalt – Kopf oder Zahl

Nun ist zu fragen:
wie entstand ein solches messendes Wesen?
Friedrich Nietzsche,
Nachgelassene Fragmente (1872/73)

Lange Zeit rankten sich die Geschichten der Mitte um ein gegebenes, konkret benennbares Zentrum. Die Eminenz dieses Raumpunktes – der Thron Gottes, der Stuhl des Papstes, die Residenz des Fürsten, die Position der Sonne – ergab sich zum einen aus seiner Einmaligkeit, zum anderen aus der Strahlkraft, die er auf eine Umgebung ausübte, deren Mitte er nicht lediglich vorgab, sondern schlicht und einfach *war.* Kreis und Kugel waren die prädestinierten Sinnbilder einer Welt, deren Ordnung sich dem menschlichen Betrachter aus ihrem Zentrum heraus erschloss.

Es ist diese Standardversion eines Universums, das eine Mitte hat, von der an der Schwelle zur Neuzeit der Gottesmonolog Pico della Mirandolas mit der Aussage abweicht, der Mensch sei in die Mitte der Welt gestellt, ohne damit einen bestimmten Platz beanspruchen zu dürfen. Die kryptisch anmutende Formulierung, welche die Zusage der Mitte mit deren Entzug verbindet, ist mit Bedacht gewählt. Die Mitte, von der hier die Rede ist, hat ihre Bestimmtheit verloren: den ihr vormals schlechthin zuerkannten Rang eines Zentrums. Seit

Picos Intervention ist die Mitte etwas anderes: nicht ein Seiendes und unmittelbar Gegebenes, sondern ein, wie es bei Pico heißt, »Zugewiesenes« und von dritter Seite »Verliehenes«.

Aus der Mitte, die einmal ein unverfügbarer Haltepunkt gewesen war – der eine Punkt im Sein, von dem aus sich dessen Ordnung zuverlässig erschloss –, ist ein Verfügbares geworden: etwas, das gewährt, aber auch verspielt werden kann. Einmal in dieser Weise kontingent geworden, hört die Mitte auf, ein mit dem Sein der Dinge gegebener Ort zu sein, der dem Menschen seine Stellung in der Welt zusichert.[1]

Nachdem dies klargestellt ist, tut Pico ein übriges und deutet die Konsequenzen dieser Mitteilung an. Demnach haben die Menschen mit der Entgegennahme des ihnen Verliehenen in die Situation eingewilligt und sie als Demonstration der überweltlichen Macht akzeptiert. Diese, hinter dem Schleier der Großherzigkeit nur mühsam verdeckte Demonstration fällt im Text der *Oratio* umso eindrucksvoller aus, als der Allmächtige den Menschen als eine Art Bevollmächtigten einsetzt, der seither die Verantwortung für sich selbst und die Dinge dieser Welt zu tragen hat. Sichergestellt ist damit zum einen, dass die Freisetzung des Menschen – woran noch Francis Bacon besonders gelegen sein wird – rechtens, weil von höchster Stelle verfügt ist; zum anderen aber, dass das Dasein des Menschen in der Abhängigkeit von einer höheren, ihm letztlich unbegreiflichen Ordnung verbleibt. Wie zur Erinnerung daran steht die Rückübertragung der einstmals an das höchste Wesen delegierten Verantwortung unter dem Vorbehalt einer Grenze, die der Vatergott mit sicherem Gespür für den Effekt zum Abschluss seiner Rede in Erinnerung bringt: Die ungeheure Weite dessen, was sich vor dem Menschen auftut, schließt die Möglichkeit seines Untergangs ein.

Die geschenkte Freiheit ist negativ: Alles, wirklich alles ist möglich. Es sagt etwas über die Schrankenlosigkeit der ihnen nun gebotenen Aussichten, dass die Kinder Adams keineswegs gerettet sind, sondern weiterhin mit ihrem Sturz zu rechnen haben. Um dieses Äußerste abzuwenden, sind ihnen Hilfsmittel an die Hand gegeben, die das Gelingen des humanen Projekts trotz allem im Bereich des Möglichen halten: »Maß, Zahl und Gewicht«. Auf diese, schon im Zugriff technische Ausrichtung des menschlichen Weltverhältnisses geht zurück, dass sich die Wahrheit der Erkenntnis zunehmend am Nachweis der Funktion ausrichtet: an dem, was sich mit dem gewonnenen Wissen anfangen lässt.[2]

Maß, Zahl und Gewicht – Mit Johann Christoph Gottsched (1700–1766) hat noch einer der einflussreichsten Organisatoren der deutschen Aufklärung das für Künste und Wissenschaften gleichermaßen charakteristische Vertrauen in die Strategien der Formalisierung auf ebendiese göttliche Mitgift zurückgeführt. »GOtt hat alles nach Zahl, Maß und Gewicht geschaffen«, versichert Gottsched 1730 in seiner *Critischen Dichtkunst*. »Unsre Gedanken sind so vieler Harmonie, Ordnung, Abmessung und Verhältnis fähig als Figuren und Töne. Nur es gehören scharfsinnige Köpfe dazu, die Schönheiten solcher Dinge [...] recht auszugrübeln und in ihrer ersten Quelle zu untersuchen.«[3]

Die universale, auf ihr ursprüngliches Geschaffensein verweisende Formbestimmtheit der Welt offenbart sich dem Kundigen am Sternenhimmel ganz ebenso wie in der Lyrik: in den Rhythmen der gesprochenen und, erst recht, der dichterischen Sprache. Als Vermittlerin dieser Einsicht lässt Gottsched noch einmal die – zu seiner Zeit bereits zum Verstand umgeprägte – Weisheit auftreten, die, wie die einschlägigen Bibelstellen versichern, das Sechstagewerk der Schöpfung begleitet hat als die »Meisterin aller Dinge« (Weish. 7,21).

Die Figur des geometrisierenden Gottes *(Deus geometra)* reichert das Bild dessen an, aus dessen Händen die Welt einst hervorgegangen ist. Demnach hat der Schöpfer sein Werk nicht lediglich, wie es im Genesisbericht heißt, durch das gesprochene Wort hervorgebracht. In der Art eines Handwerkers hat er ihr nach Maß und Zahl eine fassbare Gestalt gegeben, die sich, neben der Heiligen Schrift, als zweite Offenbarung verstehen und – auf dieser Folgerung beruht die Idee der neuzeitlichen Wissenschaft – beobachten, studieren und auswerten lässt. Die Formen und Figuren der Erscheinungswelt sind, wie es in mittelalterlichen Quellen heißt, vom »Finger Gottes« – *digito Dei* – geschrieben, und ohne Zweifel habe Gott gewollt, dass der Mensch die Geometrie in der Natur entdecke und nutze.[4] So ist es nur folgerichtig, wenn nun die alte, bereits in der Antike hörbar gewordene Forderung zum Gemeinplatz wird, alle Wissenschaft müsse dem vom höchsten Wesen gegebenen Beispiel folgen und mathematisch sein. Das Ergebnis dieser Generalausrichtung ist eine bezwingende Kombination aus Orthodoxie und Pragmatik. Die Zahlen, mit denen bereits der *Deus calculus* bei der Erschaffung der Welt hantiert hatte, sollen nun auch den Menschen die Erschließung der Welt ermöglichen: nicht, und gerade nicht, durch die der Vieldeutigkeit verdächtige menschliche Sprache, sondern durch die Eindeutigkeit und Zweifelsfreiheit der göttlichen Zahl.

Der göttliche Schöpfungsakt selbst, so die verbreitete Überzeugung der aufkommenden Neuzeit, ist nach mathematischen Regeln erfolgt und das Buch der Natur in mathematischen Zeichen geschrieben. Das in der jüdisch-christlichen Weltentstehungsgeschichte bereits angebahnte Schema der Doppelung von erster und zweiter Offenbarung ist damit bestätigt, wird aber auf seinem Weg in die Neuzeit nochmals und auf folgenreiche Weise modifiziert. Kam einst das göttliche *Wort* in der Zeichenhaftigkeit des göttlichen Werks zur Evidenz, so ist es nun dieses *Werk* ganz unmittelbar, das in seiner konsequent durchgehaltenen Gesetzlichkeit und Schönheit[5] dem Menschen zu treuen Händen übergeben ist. Der fällige Übergang von der Autorität des Wortes zur Aufschlusskraft der Zahl verändert, was von nun an Wirklichkeit heißt. Das Buch der Welt entpuppt sich als eine Welt nicht von Dingen, sondern von Gegenständen und Gegenstandsbeziehungen, die es in der zeitlosen Ordnung der Maße, Zahlen und Gewichte zu erfassen und im System des Wissens als Tatsachen zu vermerken gilt.

Die Besinnung auf die göttliche Herkunft ist zweideutig. Einerseits wird sie zusehends irrelevant für eine Erkenntnispraxis, die sich den Rückzug Gottes als stillschweigende Zustimmung zu der längst angestoßenen Dynamik ihrer Entwicklung zurechtlegt. Zugleich aber bestätigt die Berufung auf den Ursprung die Unbeirrbarkeit eines Gestaltungswillens, der sich strikt an das Beispiel hält, das mit dem göttlichen Schöpfungswerk gegeben war. Für große Teile der europäischen Aufklärung zeugt die Gesetzesförmigkeit der Natur von der »Unermeßlichkeit jenes Wesens« – *the Immensity of that Being* –, das solch sinnfällige Vollkommenheit hervorgebracht und vor den Augen der staunenden Menschheit zu deren Belehrung und Erbauung ausgebreitet hat. Es ist dieses Grundvertrauen in die ursprüngliche Sinnhaftigkeit des Aufbaus der Welt, das all die intellektuellen Abenteuer und Initiativen der europäischen Aufklärung, von der Naturlehre bis zur Ästhetik, eint. Um die Sonne herum, mit diesen Worten eröffnet Lord Shaftesbury (1671–1713) den dritten Teil seiner *Moralists*, ziehen die Planeten unermüdlich ihre Bahn, »alle durch Licht und belebende Wärme von ihr beseligt. Zu ihr hin als zu ihrem Mittelpunkt reißt ein mächtiger Zug sie fort; aber zum Glück erhält ein andrer, ebenso mächtiger Zug sie in ihrer himmlischen Ordnung; und so rollen sie im genauesten Takt und Maß« – *in just Numbers, and exactest Measure* – »ihren ewigen Tanz«.

Welt als Schöpfung und Konstruktion – Die Bewunderung des Naturbetrachters gilt der Kunstfertigkeit des als ›Weltgebäude‹ apostrophierten Schöpfungswerks. Mit zunehmender Deutlichkeit finden Gottes- und Menschenwerk in der Vorstellung der einen und einzigen Wirklichkeit zusammen, die aus einem grundsätzlich nachvollziehbaren, der menschlichen Praxis verwandten Handlungsschema hervorgegangen ist und, gemäß der Lehre der *creatio continua,* auch unter den Händen des Menschen immer weiter hervorgeht.

So wird aus der Geschichte der *Schöpfung* die Geschichte einer nicht weniger bewunderungswürdigen *Herstellung* der Welt. Lag darin zunächst eine Demutsbezeigung, der Verzicht auf das als Hybris verdächtige Ausspielen menschlicher Geisteskraft, so ermöglicht die Sicherheit des Zahlenwissens spätestens mit Beginn der Neuzeit, den Bann der *imitatio* zu brechen und zu einem Messen und Berechnen zu kommen, das den Rahmen der Schöpfung sprengt. Damit ist, wiederum beiläufig, der Standbeinwechsel von der Wirklichkeit zur Möglichkeit erfolgt. Die Welt hört auf, aus einem unfassbaren, einem Gott vorbehaltenen Akt hervorgegangen zu sein – aus der *Magie der Sprache*; sie entstand, dieser Eindruck wird mehr und mehr zur Gewissheit, auf eine dem Menschen verständliche und gerade für ihn charakteristische Weise – durch den *Einsatz der Technik*.

Mit diesem Standbeinwechsel erhält der Mensch, der dem Bild des zuvor anthropomorphisierten Schöpfers folgt, endlich und unwiderruflich Zugriff. Mit der Reformulierung der Weltentstehung als einem planvollen Konstruktionsgeschehen – als einer Entstehung aus der *Zahl* – werden die Taten der absoluten Macht zum Muster eines genuin menschlichen Schöpfertums, das sich aus den Vorgaben des Nachschaffens *(mímesis, imitatio)* Schritt für Schritt befreit und zusehends als Neuschaffen *(inventio, creatio)* hervortritt. Indem er das Werk des Deus geometra überschaut, aufgreift und fortsetzt, ahmt der Mensch in der distanzwahrenden Position der bloßen, ihn aber doch zugleich auszeichnenden Position der Ebenbildlichkeit den Schöpfer nach, wird ihm ähnlich und, in seinen kühnsten Träumen, sogar gleich.

Was folgt, ist von bestechender Konsequenz. Aus der biblischen, durch Beobachtung und Erfahrung bestätigten Versicherung, dass die Welt »nach Maß, Zahl und Gewicht« geschaffen sei, schließt die Neuzeit auf die dem Schöpfungswerk inhärente Idee einer Ordnung, die sich auch ohne göttlichen Beistand zu erhalten vermag.[6] Damit verliert die Maßethik den Rückhalt ihrer göttlichen Autorisierung, während die Geltung der Maße rein aufgrund ihrer Praktikabilität immer neue Bestätigung findet. Die ins Auge springende Relevanz des Messens gibt den Ausschlag. Über die Separierung der Begriffsanteile hinaus festigt sie die Hierarchie zwischen dem Maß und den Maßen, die Mal um Mal beweisen, wie reibungslos sie auch ohne Rücksicht auf die überlieferte Erwägungskultur des Maßes funktionieren. Die Bindung an das Maß, an das spontane Wissen um das Angemessene und Gemäße, ist im Rahmen des neugeordneten Wissens nicht nur nicht länger verpflichtend, sondern schlicht ohne Belang. Wer klare Fakten und eindeutige Zahlen will, muss bereit sein, sich auf den Horizont des Quantifizierbaren zu beschränken.

An der Schwelle zur Moderne häufen sich die künstlerisch-literarischen Szenen, die den Folgen dieser Neuaufstellung nachspüren. Das gilt besonders für die Bildentwürfe der Romantik, die das Geschehen aus kritischer Distanz verfolgt. Die Bahn wird nun frei, argwöhnt diese Kritik, für die Wüteriche und Dämonen, die mit dem Instrumentarium des Messens Beliebiges anstellen und, indem sie mit der Rolle des Allmächtigen kokettieren, nun ihrerseits neue Welten erschaffen, die den überlieferten Schöpfungsrahmen sprengen. Der Bruch mit der Vergangenheit reicht tief: Das Gottgeschaffene verliert seine Auszeichnung, in Abhebung vom Ungeschaffenen das zu sein, was nicht nur *ist,* sondern so, wie es ist, auch sein *soll.*

An die Stelle des Gottes der Weisheit und der Gnade tritt die Imago des geometrisierenden Willkürgottes, der mit herrscherlicher Geste die Welt zerlegt und zerteilt, schafft und umschafft, um weit über das Maß der Dinge hinaus Unerhörtes hervorzubringen und die Urschöpfung in immer neuen Anläufen zu übertreffen: durch die triumphale Hervorbringung all dessen, was im Ursprung ungeschaffen geblieben war. Der offene Horizont des Ungeschaffenen bildet den grenzenlosen und aus der Binnensicht auch gar nicht begrenzungsbedürftigen Aktionsraum der Moderne.

Mit der systemisch gewordenen Überschreitung verschwimmt der Unterschied zwischen dem, was die Welt verändert, und dem, was sie zerstört. William Blakes (1757–1827) berühmtes Frontispiz *(Abb. 5),* das an der Schwelle zum 19. Jahrhundert entsteht, zeigt den maskenhaften, vor einem schwarzen Bühnenhintergrund agierenden Willkürgott, der sich vom Gipfel des Weltgebäudes herabbeugt, um mit weit geöffnetem Stechzirkel das Universum zu umspannen: *Times on times he divided & measur'd.* Die Vermessung der Welt tritt in den Dienst des reinen Machens, der ziellosen Entbindung aller überhaupt denkbaren Möglichkeiten. Der überlieferte Lehrsatz, wonach Gott niemals zulassen würde, was nicht sein dürfte, erscheint plötzlich als Lizenz zur Grenzüberschreitung: Man *tut* es und man *darf* es – und zwar einfach deshalb, weil es doch *geht* und man es *kann.*

Abb. 5: William Blake, *Der Alte der Tage* (1794), Frontispiz zu *Europe a Prophecy*

Wie rasch angesichts dieser Verschiebungen das Gebot der Angemessenheit aus dem Blick geriet, hat als aufmerksamer Zeitzeuge der Bergbauingenieur und Dichter Novalis (Friedrich von Hardenberg; 1772–1801) festgehalten. Im Morgenland, schreibt er in seinen mathematischen Fragmenten, »ist die ächte Mathematik zu Hause. In Europa ist sie zur bloßen Technik ausgeartet. / Wer ein mathematisches Buch nicht mit Andacht ergreift und es, wie Gottes Wort, ließt, der versteht es nicht.«[7] Das ist fein herausgehört. Bereits Novalis erkennt, dass Entwicklungen wie diese ohne Plan ablaufen, dass sie *gleiten* und keineswegs den Vorgaben formierender Kräfte folgen. Es ist nur so, dass die positive Wissenschaft rein aus methodischen Gründen verlangen muss, von Erwartungen wie dem (hermeneutischen) Verstehen oder der (ethischen) Vertretbarkeit, und das heißt: vom klassischen Anspruch des Maßes freigestellt zu sein.

Vom Maß zum Messen – Im Bildersaal der Kunst sind die Stationen dieser Geschichte, die von der *Ablösung der Maßethik* und der *Entproblematisierung des Übermaßes* erzählt, szenenartig festgehalten.

Die hochmittelalterliche Bildregie, die in der Darstellung des göttlichen Geometers *(Abb. 6)* zum Tragen kommt, nimmt noch einmal das für die Antike bezeichnende Vertrauen in die Unantastbarkeit des Maßes auf. Der Zusammenhang von Naturphilosophie und Ethik, von weltlicher Ordnung und menschlichem Handeln, ist fraglos gesichert durch einen Schöpfergott, der neben der Weltkugel auch den Zirkel, und damit beides: *Maß* und *Maße,* in seinen Händen hält. In dieser einen Gebärde schießt die ganze Vorgeschichte des Maßes zusammen: die Erzählung von der Welt, die einst aus dem Gestaltlosen hervorging und seither durch Maß und Zahl im Sein gehalten ist. In Verbindung mit den Auskünf-

Abb. 6: Illustration aus der *Bible moralisée,* Paris um 1220. Österreichische Nationalbibliothek, Wien

ten der Heiligen Schrift ist das symbolstarke Bild darüber hinaus als Appell lesbar – als Aufruf an die Menschen, das Instrumentarium des Messens zu nutzen, ohne dabei zu vergessen, welchen Ursprungs es ist und welche Verpflichtung mit diesem daseinserhaltenden Gnadengeschenk des Maßes verbunden ist.

Die Neuzeit gibt die Moral dieser Erzählung auf, ohne ihr direkt zu widersprechen. Die Einheit von Maß und Messen wird einfach unverständlich, der Zeichencharakter des Maßes verblasst. Entsprechend unbekümmert legt sie die Instrumente in die Hände der Menschen und baut das Messen zu einer separaten und vielfältig nutzbaren Kulturtechnik aus. Mit dieser Geste, der Aushändigung der Instrumente, ist der entscheidende Schritt getan. War die bereits in der Antike eingeleitete Autonomisierung des mathematischen Wissens noch stets mit den Ansprüchen der Ethik verbunden geblieben, so konnte nun, gemäß der Vorstellung einer »reinen« und »freien« Mathematik, der Nimbus der Daten und Zahlen an ein Maß übergehen, das sich als Messen, Zählen und Rechnen verwirklichte. Die Quantifizierung – das nur noch als Menge, Größe und Gewicht interessierende Maß – wurde Realität.

Die Messenden *(Abb. 7)* des 16. Jahrhunderts bestätigen den Ablauf dieser Schrittfolge. Wie weit die Überflügelung der Maßethik bereits vorangeschritten ist, lässt sich der hintersinnigen Plazierung der Kugel entnehmen, für deren Symbolik keiner der Beteiligten mehr einen Blick hat. Als Sitzgelegenheit hat sie eine neue Bestimmung gefunden. Der Fortschritt des Wissens und der Erkenntnis, dessen Erscheinungsbild der Maler glossiert, gibt sich im übrigen wortkarg. Ohne Versprechungen zu machen, zeigt sich der Fortschritt indirekt: in der geräuschlosen »Subtraktion«[8] nicht näher bestimmter Wertzuschreibungen und Selbstverständlichkeiten,

Abb. 7: Hendrik van Balen (zugeschrieben), *Die Messenden,* spätes 16. Jahrhundert, Museum of the History of Science, Oxford

die plötzlich, man weiß nicht wie, als weltfern kassiert und, soweit es den Bereich des positiven Wissens betrifft, außer Kraft gesetzt sind.

Aber nicht nur das Ansehen der Kugel, deren ideale Form einmal die Wohlgestalt des Kosmos vor Augen stellte, auch das Auftreten der Menschen hat sich verändert. Der Anonymus des 16. Jahrhunderts ordnet sie zu einer disziplinierten Gruppe Einzelner und In-sich-Gekehrter, die den Blick von der Welt da draußen abgezogen haben, um sich auf den technischen Weltzugang zu konzentrieren. Die Menschen erscheinen als Somnambule, die sich, wie im modernen Großraumbüro, einen großflächigen Arbeitsraum teilen und doch jeder für sich den eigenen Verrichtungen nachgehen. Die mentale Verschiebung findet ihren Ausdruck in der Körpermimik, speziell in der Haltung des gesenkten Kopfes, die heute nicht mehr nur am Arbeitsplatz, sondern überall da zu sehen ist, wo Menschen nach dem Mobiltelefon greifen und aus ihrer analogen Umgebung, an die sie leiblich gebunden bleiben, in die Parallelwelt der digitalen Blase wechseln, in der die Wichtigkeiten des Lebens verwaltet werden.

Der Blick des unbekannten Meisters ist ethnologisch. Wir sehen die ersten Europäer, die mit ernsten Pflichtgesichtern auf die Anzeigen der Instrumente hinunterblicken, um die Antworten auf ihre Fragen bei den Zahlen zu suchen. Folgerichtig ist auch die Dingwelt, die Welt da draußen, nicht mehr dieselbe. Einmal ins Schema der Quantität geraten, verlieren die Dinge ihre Aura. So versteht es sich fast von selbst, dass die nächste, rund zweihundert Jahre später veröffentlichte Szene *(Abb. 8)* bereits ganz auf sie verzichtet und allein mit diesem weiteren Ausschluss – dem Ausschluss störender Dinghaftigkeit – die längst geweckte Entschlossenheit nochmals verstärkt, was immer sich zeigen mag als Zahlenwerk zu erfassen. Die gegen Geschlechter- und Standesunterschiede gleichgültige Technik, die diese Zahlen zu liefern hat, macht die Menschen erkennbar zu Gleichen: zu denen, die sich mit wachsender Ausschließlichkeit über die Funktion definieren, die ihnen in der kommenden, zahlenbestimmten Wirklichkeit zugedacht ist.

Indem sie vorher und nachher lakonisch gegeneinanderstellt, untermalt die wie eine öffentliche Bekanntmachung konzipierte Tafel den Weg in die globale Quantifizierung. Die im Geist der Revolution erfolgte Neubestimmung des Alltags durch Zahlen wird zur Kenntnis gegeben und erhält, nach zweihundert Jahren der Vereinheitlichung und Begradigung, den Rang einer allgemein anerkannten Tatsache.

Die fraglose Bereitschaft der vielen, sich auf dieses Austauschgeschehen einzulassen, und die beispiellosen Erwartungen, die Ende des 18. Jahrhunderts durch den Zusammenschluss von politisch-sozialer und technisch-wissenschaftlicher Revolution geweckt worden sind, bestätigen

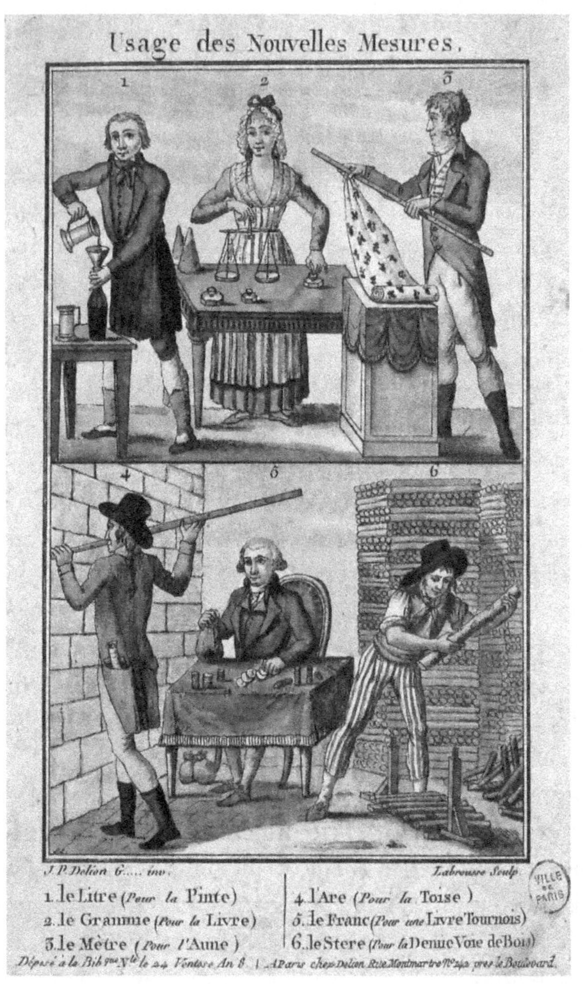

Abb. 8: *Gebrauch der neuen Maße*, kolorierter Kunstdruck, um 1800, Bibliothèque nationale de France, Paris

das Wort Max Webers von den theologischen Gehalten, die in der Lebenswirklichkeit der Moderne gespenstisch fortleben. Als reine, unverstellte und irgendwie verheißungsvolle

Größen gehen sie in jenem Typus des Wissens auf, der seither das Bild der Welt bestimmt. Sinn und Bedeutung – die Zusagen der längst abgehängten Metaphysik – sind damit keineswegs verloren. Sie sind unmittelbar an die Zahlen selbst übergegangen, deren Relevanz in der vermessenen Welt als konkurrenzlos gültig hervortritt. Wie einst die Worte der Schrift unumstößlich galten und von eigens dazu Berufenen auf das menschliche Handeln bezogen wurden, so gelten heute mit der gleichen Unbedingtheit die Auskünfte und Zustandsbeschreibungen der Zahl.

Die Messbarkeit der Welt – Das Messen ist derjenige Teil der physikalischen Praxis, der Erfahrungs- und Zahlenwelt miteinander verbindet. Die Einsätze dieser Praxis folgen der Erwartung, dass die Welt der Phänomene formale Regelmäßigkeiten aufweist, die sich freilegen, als Gesetzmäßigkeiten darstellen und nach ihrer experimentellen Bestätigung in zeitlos gültige Formeln überführen lassen. Zug um Zug ist aus dieser Schrittfolge ein ganzes Weltbild hervorgegangen, das in der bereits vom cartesianischen Rationalismus ausgemalten Vision[9] einer restlos logifizierten, fehlerbereinigten Universalsprache gipfelt: der Sprache der Zahlen.

Mit der von Descartes und anderen vorangetriebenen Mathematisierung war der entscheidende Schritt getan zur Universalisierung des Messens als Basisdisziplin der angewandten Wissenschaften. Mit Hilfe der Formeln, so die Erwartung, lassen sich die Messdaten aufeinander beziehen und situationsübergreifend anwenden. Der Raum öffnet sich der Zeit. Im Formelwerk der Zahlen ist aufgegangen und festgehalten, was sich gezeigt hat, und bereitet sich vor, was möglich ist. Die flankierende Forderung nach Strenge[10] hält das Geschehen in sicheren Bahnen und öffnet den Horizont der Prognostik: Der Blick auf die Welt, wie sie ist, wird erweitert um den Blick auf die Welt, wie sie, konstante Bedingungen vorausgesetzt, sein wird. Mit innerer Folgerichtigkeit münden die einmal verselbständigten Operationen des Messens in die Routinen des Entwerfens, Konstruierens und Überschreitens: in die Routinen des ›Hinausschickens über sich‹.

Die Quantifizierung nutzt das religiöse Bild einer Welt, die von sich aus ihre Daten preisgibt und zu beliebiger Bearbeitung zur Verfügung stellt. Hinzu kommt die gleichfalls aus den Tiefen der Tradition übernommene Überzeugung, dass das auf diesem Weg Festgestellte das ist, worauf es im Bereich der Erkenntnis und des Wissens wesentlich ankommt. Besondere Umstände und Gegebenheiten, die den Gesamteindruck der menschlichen Wahrnehmung vervollständigen – Geräusche, Aromen, Farben –, bleiben, soweit sie nicht selbst als physikalische Gegenstände interessieren, grundsätzlich außer Betracht. Jeder einzelne Messvorgang ist ein Filter, ist ein konsequentes Absehen von dem, was den korrekten Ablauf des Verfahrens stören und die Ergebnisse verfälschen könnte. Schon diese wenigen Vergewisserungen der wissenschaftlichen Praxis[11] lassen die Konsequenz erkennen, die angesichts des einmal eingeschlagenen Weges aus der Weltverbundenheit des Maßes herausführen musste. Der Wert des Messens korreliert, wie überhaupt das Wissen aus Zahlen, mit einer methodengeleiteten Reduktion; aber gerade auf dieser Reduktion, auf dieser aus freien Stücken gewählten Einäugigkeit[12], beruht seine Beweiskraft. Um Erfolg zu haben, sind die Messenden gehalten, den Blick auf die Welt entsprechend auszurichten und die Fülle der Erscheinungen zu reduzieren. Die vormals phänomenalen Wahrnehmungsbilder und Landschaften sind als infographisch aufbereitetes Zahlenwerk in Form von Kurven, Blöcken und Linien vor uns hingestellt, die eben nicht Bilder von Realitäten sind, sondern professionell designte, durch Visualisierung fassbar gemachte Daten: Sichtbarmachungen der ewig unsichtbaren Wahrheit.

Der Übertritt in die Idealwelt der Zahlen, so folgenreich er für die Geschichte der Wissenschaften gewesen ist, erfolgte in der Praxis denkbar unspektakulär. Der Einsatz eines alltäglichen Messgerätes genügt, um den Beziehungsreichtum der qualitativen Wahrnehmung auf einen einfachen Datensatz zu beschränken. Es ist interessant zu sehen, dass die zivilisationsgeschichtliche Tragweite dieses scheinbar so alltäglichen Vorgangs den Menschen einmal klar genug vor Augen stand, um durch einen Parlamentsbeschluss gewürdigt zu werden. Im Jahr 1795 gab die französische Nationalversammlung bekannt, »die Maßeinheiten nicht mehr am Menschen, sondern an Naturphänomenen ausrichten« zu wollen[13] – an Naturphänomenen, die zu diesem Zeitpunkt bereits in physikalische Größen umgedeutet waren. Der Bruch in der Geschichte des menschlichen Weltverhältnisses, der sich lange schon angekündigt hatte, war mit diesem, im Namen der Menschheit ergangenen Beschluss bestätigt und nun auch offiziell vollzogen. Wer misst, will etwas Bestimmtes, im vorhinein Festgelegtes herausfinden – und weiter nichts. Der Zugriff erfolgt auf der Bahn eines technischen Vorverständnisses, dem sich der Wissenserwerb als eine Folge methodengeleiteter Schritte darstellt.[14] So führt unmittelbar die Methode selbst in jene Quantifizierungsdynamik hinein, in jenes ›Hinausschicken über sich‹, das den Ausschluss des Unmessbaren – exemplarisch: des Schönen, Wahren und Guten – aus dem Reich des positiven Wissens erzwingt.

Die im Lauf dieser Anbahnungen verstärkte Divergenz von Messen und Maß ist grundsätzlicher Art. Die Operationen des Messens mögen inflationär ausgeweitet und rechnerisch fortlaufend optimiert werden – am Maß und seiner Idee gehen sie vorbei.

Die Messbarkeit des Menschen – Das Messen ist ein Vorgang der Auslese und Abstraktion. Um erfolgreich zu sein, muss es die methodische Verengung des Wissbaren auf das verlangen, was in Zahlen darstellbar ist und im Zug dieser Erfassung von einem Phänomen zum Faktum wird: zu einem Gegenstand, der durch das Verfahren verifiziert und ins Schema kausaler Erklärbarkeit eingefügt ist.

An sich ist weder diese Prozedur noch ihre Anerkennung bedenklich. Gerade das Absehen von dem, was über das Messbare hinaus sonst noch zu bedenken wäre, hat den Erfolg der Quantifizierung gesichert. Der Schritt in die Ordnung des Mess- und Zählbaren erlaubte es, die Welt in zusehends vereinheitlichten Maßen zu erfassen, und das heißt, wie inzwischen offen zutage liegt: sie zu globalisieren und zu digitalisieren. Die Digitalisierung ist die konsequente Fortführung einer Richtungsentscheidung, die bereits an der Schwelle zur Neuzeit gefallen ist, ja diese Schwelle eigentlich ausmacht. Zu der inzwischen eingetretenen Normalität gehört allerdings auch die Marginalisierung all derjenigen Wissensformen, die sich der Messbarkeit entziehen. Fragen, die einmal die Welt bewegten – die Frage nach der Ewigkeit, nach Gott oder dem Glück –, sind nur noch Umfragethemen von mäßigem Unterhaltungswert. Weil die Begriffe fehlen, bleiben sie unverstanden und werden durch die Art des Zugriffs bis zur Unkenntlichkeit entstellt.

Vor dem Hintergrund solcher Ausblendungsroutinen, die für gewöhnlich denkbar unspektakulär ablaufen, bleiben Kommentierungen aufschlussreich, die einmal unmittelbar unter dem Eindruck des Wandels zu Papier gebracht worden sind: »Indem wir unsere Grenzen ins Maßlose hinausschieben«, mit diesen Worten hat Georg Simmel die Dilemmatik der Situation bereits vor hundert Jahren auf den Punkt gebracht, »drücken die Relationen zu so ungeheuren Räumen und Zeiten uns in unserem Bewußtsein auf die Größengrenze verschwindender Pünktchen zurück.«[15] Der Satz resümiert die kollektive Erfahrung der Neuzeit: die erst allmählich in dieser Deutlichkeit hervorgetretene Erfahrung, dass die einst fraglos unterstellte Passung zwischen der Welt des Maßes und der Welt der Maße verloren sei.

Einen Eindruck von der Tiefe des damit erfolgten Einschnitts vermittelt der Kontrast zu der Fraglosigkeit, mit der Maß und Maße einmal korrelierten. Das gilt, um ein prominentes Beispiel herauszugreifen, für den Architekturtheoretiker Vitruv, der im ersten vorchristlichen Jahrhundert dazu riet, sich beim Bau eines Tempels an die Proportionen eines »wohlgeformten Menschen« zu halten: an die Körpermaße des *homo bene figuratus.* Das Kriterium der Wohlgeformtheit gewinnt Vitruv aus dem ›Bau‹ des menschlichen Körpers, der sich den geometrischen, und das heißt an dieser Stelle: den naturgegebenen Idealfiguren des Kreises und des Quadrates problemlos einfügt. Setze man nämlich eine Zirkelspitze auf den Nabel eines auf dem Rücken liegenden Menschen, erläutert Vitruv, werde der Umkreis Finger- und Zehenspitzen berühren. »Ebenso«, heißt es weiter,[16] »wie sich am Körper ein Kreis ergibt, wird sich auch die Figur des Quadrates an ihm finden. Wenn man nämlich von den Fußsohlen bis zum Scheitel Maß nimmt und wendet diese Maße auf die ausgestreckten Hände an, so wird sich die Breite und Höhe ergeben, wie bei Flächen, die nach dem Winkelmaß quadratisch angelegt sind.«

Schon diese wenigen Worte genügen, um den gelegentlich geäußerten Verdacht eines unbedachten Anthropomorphismus[17] zurückzuweisen. Vitruv projiziert nicht die Maße des menschlichen Körpers auf die Welt, sondern unterstellt das ontologische Modell einer allem Sichtbaren vorausliegenden Sinnfälligkeit, die, wie in der Ordnung der Dinge, so auch in den Proportionen des menschlichen Körpers ihren Niederschlag findet. Indem der Mensch den eigenen Körper in seinen Proportionen erfasst, wird er sich deshalb keineswegs zum Objekt. Die Vermessung nutzt das Einbezogensein des Menschen in das Weltgefüge, um diejenigen Maßeinheiten zu gewinnen, die sich auch bei der Einrichtung seiner nächsten Umgebung empfehlen. In ihren Grundzügen – in ihren Maßen – bleibt die gebaute Wirklichkeit Nachahmung der Natur. Die damit unterstellte Analogie zwischen Kunst und Natur genügt, um die Einheit der Welt bestätigt zu finden. Wie die Ordnung der Natur, so soll auch die von ihnen errichtete Welt den Menschen eine Heimstatt sein – eine Welt, in der sie angenommen sind und, mit dem ganzen Nachdruck dieses Wortes, *wohnen.* Der ideengeschichtliche Rang des vitruvianischen Entwurfs ist damit bezeichnet. Im Gedankenzusammenhang der antiken Idee des Bauens hat das von Simmel als Grundzug der Neuzeit aufgewiesene Missverhältnis von Maß und Maßen, zwischen dem Maß des Menschen und dem Übermaß der vermessenen Welt, gar nicht erst aufkommen können.

Des Menschen Wohlgestalt – Die von Simmel beschriebene Disproportion brauchte solange nicht abgewehrt zu werden, wie die Ablösung von Maß und Maßen außerhalb jeder Vorstellung lag. Das gilt auch für diejenigen, die nach einer zwischenzeitlich eher sporadischen Rezeption mit Beginn der Renaissance auf die vitruvianischen Überlegungen zurückkamen, sie vergegenwärtigten und fortführten.

Während aus der Zeit Vitruvs Illustrationen nicht überliefert sind, haben die Künstler der Renaissance mit Bildfindungen, von denen die Proportionsfigur Leonardos kanonisch geworden ist, die Probe aufs Exempel gemacht. Die Darstellung des vitruvianischen Menschen, der mit seinen Extremitäten die Linien eines Kreises und eines Quadrates berührt *(Abb. 9)*, ist die vielfach variierte Übersetzungsleistung dieser Zeichner und Maler. Zu dieser Nachfolgerschaft bekannte sich auch Albrecht Dürer (1471–1528). Dem »Maß der menschlichen Gestalt« hat er in seinem *Lehrbuch der Malerei* ein Kapitel gewidmet, das mit einer emphatischen Vitruv-Paraphrase einsetzt. »Wer bauen will, halte sich an die Beschaffenheit der menschlichen Gestalt, in der das verborgene Maß sich finden wird. Und eben darum und bevor ich über das Gemälde spreche, will ich sagen, wie ein wohlproportionierter Mensch gestaltet ist. Danach ein Weibsbild, ein Kind, ein Pferd. Auf diese Weise lassen sich die verschiedensten Dinge ohne weiteres messen.«[18] Ergänzend zu dem, was einst Vitruv mit seinen Lehrbüchern für die Architektur geleistet hatte, bietet nun er, Dürer, ein physiologisch, naturphilosophisch und ästhetisch aufgeklärtes Lehrbuch für die Ausbildung junger Künstler.

Wiederholt betont Dürer die Eigenständigkeit dieser aus dem Erfahrungsraum des Ateliers hervorgegangenen Lehren der darstellenden Kunst. Während die Philosophen für gewöhnlich die geistige Verfasstheit des Menschen ergründen wollen, schärft die Messkunst Dürers den Blick für das Erscheinungsbild des Menschen, für seine leibliche Konstitution. Das überlieferte Wort vom Menschen, der das Maß aller Dinge ist, wechselt den Kontext und mit ihm die Bedeutung. Die Verfänglichkeiten des Voluntarismus und der Hybris, die dem Homo-mensura-Satz nachgesagt worden waren, haben in der kunstästhetischen Lehre vom Maß des Menschen keine Entsprechung. Nicht, was der Mensch denkt oder begehrt, was er sich erhofft oder anmaßt, ist Dürers Thema, sondern was er seiner körperlichen Gestalt nach und ohne sein Zutun *ist* und was dieses ihm unverfügbare Sein ihm über sich und sein Dasein sagt.

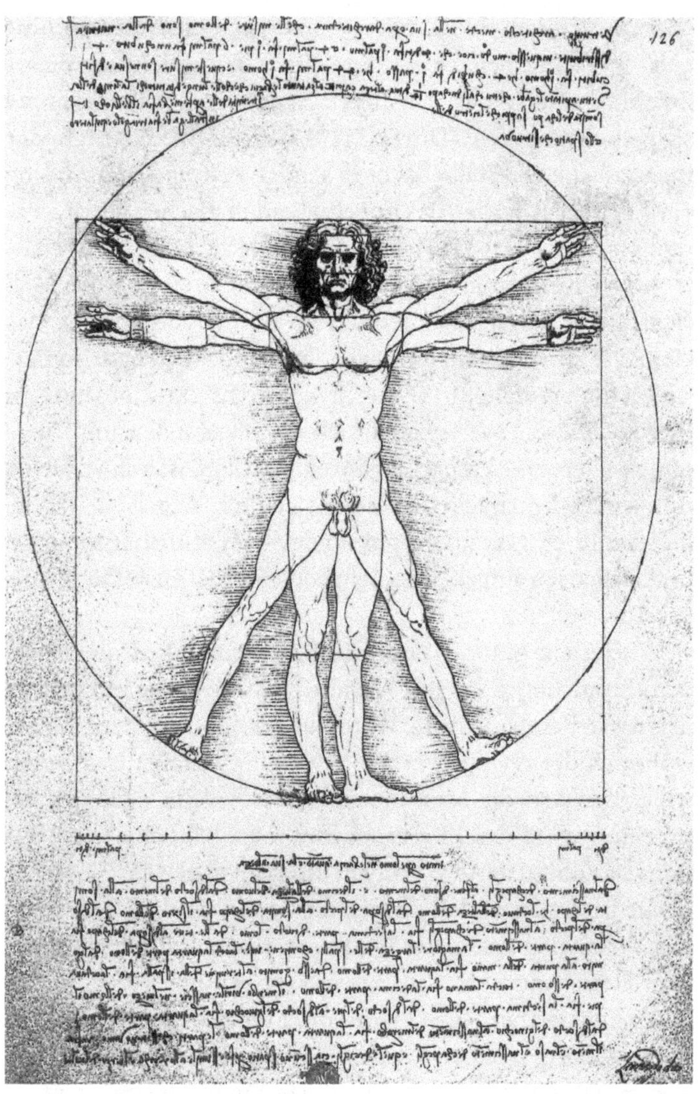

Abb. 9: Leonardo da Vinci, *Proportionsfigur nach Vitruvs Schlüsselschemata der Menschenmaße als Grundlage des Bauens,* 1485/90, Venedig, Galeria dell'Academia

Sein Unternehmen, versichert Dürer, nehme seinen Ausgang von »Maß, Zahl und Gewicht«. Das damit erneuerte Vertrauen in die Maßethik ist stark genug, um mit Annäherungen zu arbeiten und Spielräume zu gewähren. In zahlreichen Musterzeichnungen, die Dürer angefertigt hat, sind die Konturlinien des menschlichen Körpers gedoppelt *(Abb. 10)*, so dass ein Spielraum für das Mehr oder Weniger bleibt, in dem, mit Hinweis auf die Fülle und Vielfalt der Naturerscheinungen,[19] Rücksicht genommen ist auf die Individualität der Physiognomien. Ganz im Sinn der Tradition versteht sich dieses Maß als Vorgabe, dessen Variabilität den Einsatz in jeweils bestimmten Situationen gestattet, ohne damit die Verbindung zwischen Idealität und Empirie aufzuheben. Seine Bewährung findet dieses Konzept in der Praxis: Den jungen Malern rät Dürer, in einer Art Hin- und Herbewegung die konstruktiven Elemente der Komposition mit dem sinnlichen Eindruck zusammenzuführen, also, ganz praktisch, nach dem lehrbuchhaften Aufriß der Zeichnung ein menschliches Modell zu wählen, das »zu eben diesem Maß recht tauglich sei«, so dass am Ende ein Werk herauskommt, »darin die Wahrheit ist« (S. 247).

So bleiben Maß und Maße fraglos verbunden, und es versteht sich, dass sie auch für Dürer nur in dieser Verbundenheit ihren Zweck erfüllen: »Einmal hat der Schöpfer die Menschen gemacht, wie sie sein müssen, und ich halte, dass sie recht mit Wohlgestalt und Hübschheit unter dem Haufen aller Menschen begriffen sind. Wer das Recht daraus ziehen kann, dem will ich mehr folgen als dem, der ein neu erdachtes Maß, woran die Menschen keinen Teil gehabt haben, machen will. Denn einmal muss die menschliche Gestalt abgeschieden bleiben von anderen Kreaturen.«[20] In der Akkuratesse des Homo ad circulum et quadratum, den auch er gelegentlich gezeichnet hat, wird die Ebenbildlichkeitsformel

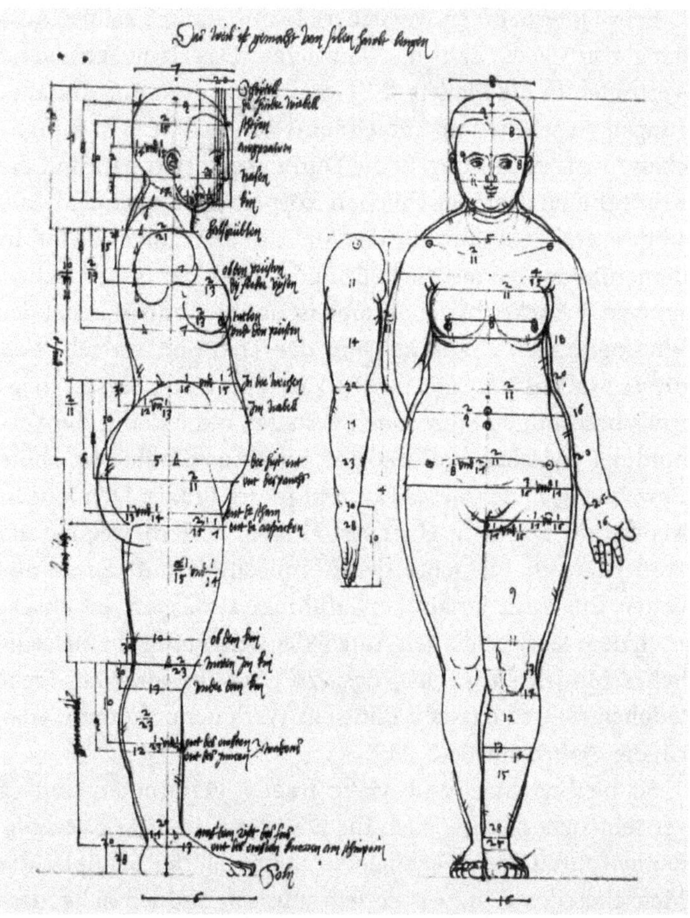

Abb. 10: Albrecht Dürer, *Frau von sieben Kopflängen,* um 1523, Germanisches Nationalmuseum, Nürnberg

des Genesisberichts sinnfällig: in dem sinnlich-sichtbaren Maß der menschlichen Physis.

Das Maß des Menschen, an diesem Grundsatz hielt der Renaissancekünstler Dürer jederzeit fest, steht außerhalb dessen, was sich messen und berechnen lässt. Die Rezeption seines Lehrbuchs hat sich, wie die Neuzeit überhaupt, über diesen Vorbehalt hinweggesetzt. Sie hat die anthropometrischen Grundlegungen der Proportionenlehre aus ihren gedanklichen Zusammenhängen herausgelöst und den Menschen mit wachsender Eindeutigkeit aus dem heraus verstehen wollen, was an ihm und seiner Welt messbar ist. Aus Dürers vielfaltbewahrenden Figurenzeichnungen hat sie statische Durchschnittstypen geformt, Muster- und Schablonenwesen, die ihre Entstehung der Quantifizierung verdankten.

Das Ergebnis dieser Entwicklung ist in den Worten Georg Simmels festgehalten: Je weiter, kühner und umfassender sie in ihren Weltbeschreibungen ausgreifen, desto entschiedener sehen sich die Menschen auf das Format »verschwindender Pünktchen« reduziert.

Kopf oder Zahl – Es kann nicht genug betont werden: Nicht die Autonomisierung des Messens, Zählens und Rechnens ist problematisch, sondern ihre Verabsolutierung. Der Preis dieses allmählich hervorgetretenen Ungleichgewichts war die Trennung von Maß und Maßen, war das Unverständlichwerden und die Marginalisierung der Maßethik. Die methodische Reduktion – die gezielte Verengung des Wissenshorizonts auf das, was zahlenförmig darstellbar ist – war der initiale Kunstgriff, dem sich das Ansehen der Wissenschaftlichkeit ganz wesentlich verdankt. Aber gerade dieser Erfolg, über den nicht zu streiten ist, hat die Einsicht in die Notwendigkeit verdunkelt, jene künstliche, methodisch folgerichtige

Blickfeldverengung auch wieder zurückzunehmen und den Horizont des Wissens in einer ausgleichenden Bewegung nicht nur zu *öffnen*, sondern auch für weiterführende Überlegungen *offenzuhalten*.

In den Institutionen des Wissens hat dieses Versäumnis tiefe Spuren hinterlassen. Die erste Reaktion auf die neuzeitliche Quantifizierungsoffensive war gewesen, das wissenschaftliche Wissen mit Blick auf die menschlichen Erfahrungsräume zu differenzieren und die Einzelwissenschaften autonom agierenden ›Kulturen‹ zuzuweisen. Das Ergebnis war die Aufteilung in ›erklärende‹, mathematisch-naturwissenschaftliche, und ›verstehende‹, geisteswissenschaftliche Kulturen des Wissens. Der aus der neuzeitlichen Spaltung des Maßbegriffs hervorgegangene Dualismus von Maßethik und Metrologie blieb in der Wissenschaftslandschaft des späten 19. Jahrhunderts erkennbar, schien jedoch durch die gemeinsame Zugehörigkeit zur Universitas aufgefangen und gemildert.

Das hat sich inzwischen geändert. Die seinerzeit gefundene Kohabitationslösung, die sich noch einmal zu der Idee der wechselseitigen Ergänzung von Maß und Maßen bekannte, erwies sich als Episode. Die zweite Welle der Quantifizierung, deren Zeugen wir heute sind, verfährt ungleich radikaler. Sie lässt die geisteswissenschaftlichen Ausgleichsbewegungen von anderthalb Jahrhunderten kommentarlos beiseite, um wie in vormoderner Zeit einen homogenen Raum des Wissens abzustecken: das methodisch und zunehmend auch sprachlich vereinheitlichte Universalgebilde ›der‹ Wissenschaft, das schon mit dieser Einheitlichkeit das Kriterium dafür vorgibt, was von jetzt an überhaupt noch als Wissenschaft auftreten und Relevanz beanspruchen darf.

Als sei ihnen die seinerzeit in ihrer Konstitutionsphase bewiesene Courage peinlich, schwenken die Geisteswissenschaften inzwischen auf die vorgegebene Linie ein. Statt die eigene Wissenschaftskultur auf die Höhe der Zeit zu führen, wollen auch sie dem Ruf der Allzuständigkeit folgen, der den Daten vorauseilt, und Resultate evidenzbasierter Forschung vorlegen. Die Frage der Angemessenheit, Ausgangsproblem einer jeden Auseinandersetzung mit kulturellen Tatsachen, entfällt - nicht, weil sie ihren Sinn verloren hätte, sondern weil das vordringende Zahlenwissen die Antwort immer schon gegeben hat.

Merkwürdig wie diese Umbauarbeiten in den Ordnungen des Wissens, ist die Zielstrebigkeit, mit der sie umgesetzt werden. Mittlerweile ist die Entwicklung so weit vorangeschritten, dass unmittelbar die Datenförmigkeit selbst über die Normalität entscheidet, die sie selber vorgibt zu sein. Noch vor kurzem absurd klingende, inzwischen aber durchaus gängige Versicherungen wie die, Qualität sei messbar, verdeutlichen die Veränderung der Situation. Was heute als Qualität gilt, bestimmt sich auf der Basis des quantitativen Vorverständnisses von Wirklichkeit. Selbst die ins soziale Abseits gedriftete, von irrlichternden Moralismen zerzauste Ethik soll mit den Mitteln ebenjener Quantifizierung, die ihre Marginalisierung erzwang, wiederhergestellt und neu belebt werden. Allerdings ist diese Ethik eine andere und unbedingt zeitgemäße. Schritt für Schritt weicht die schon nicht mehr erwartete und in der Welt der Zahlen auch entbehrliche Einsicht in die Situation, wie sie die Ethik des Maßes vorsah, einem erzieherischen, aus evidenzbasierten Fakten abstrahierten System von Anreizen, das immer schon weiß, was zu tun und für alle das Beste ist.

Stillschweigende Austauschprozesse wie diese, die mit ungeheurem Aufwand vorangetrieben werden, bilden das Mantra der digitalen Transformation: die vollständige Einbindung menschlicher Erfahrungsbereiche in das Supersystem der globalen Vernetzung. Mit der Digitalisierung wird die

Dynamik des Quantifizierungsgeschehens, einschließlich seines Weltbildes, total: als lebenslanges Verbunden-, Nachverfolgt- und Betreutsein. Die digitale Infrastruktur erneuert das Angebot, mit dem vorzeiten der Monotheismus die Herzen der Menschen gewann: das Angebot, von einer väterlichen Übermacht, die alles sieht und alles weiß, bedingungslos angenommen zu sein.

Mit der Digitalisierung wird möglich und erreichbar, was die großen Erzählungen einst dem göttlichen Überwesen vorbehielten: die restlose Durchdringung, die umfassende Regelung und die vollständige Kontrolle der Normalität. Tatsächlich wirkt auch dieser erneute Akt der Delegation unmittelbar vereinfachend und entlastend, fordert jedoch ebenfalls seinen Preis. Wie die monotheistischen Religionen, die sie ablöst, gibt auch die Digitalisierung ein einheitliches, weltumspannendes und unbedingt verpflichtendes Programm vor: ein Programm, das »unwiderstehlich uns leitet«. Die einst von dem Psychologen Burrhus Frederic Skinner ausgegebene, im ersten Zugriff auf pädagogische Zusammenhänge bezogene Zielvorgabe des *behavior shaping* – der ›Verhaltensformung‹ – gilt mit einem Mal für Kultur und Gesellschaft insgesamt. Die global vernetzte Welt ist nicht um das freimütige und selbständig handelnde Individuum herum gebaut, nicht um den einst von der europäischen Aufklärung ersonnenen ›ganzen Menschen‹. Vielmehr bildet sie Halt suchende, von Zweifel an sich selbst geplagte Einzelne und Vereinzelte heran, die sich von denen, die wie der biblische Gott die Haare der Menschen gezählt haben (vgl. Lk 12,7), froh und dankbar durch die Welt führen lassen – durch eine Welt, in der ausgeklügelte Anreizsysteme die Normalidee des Maßes endgültig abgelöst haben.

Dieser Austausch hat den Rang einer zivilisationsgeschichtlichen Zäsur. An die Stelle der kurzfristig aufgeflammten Idee der Autonomie, die kaum zweihundert Jahre Bestand hatte, tritt erneut das alte Verhaltensrepertoire der Nachahmung, tritt das Verlangen nach Einheitlichkeit, das Lob der Gemeinschaft, die Orientierung am Vorgedachten. Das Weltbild der Ingroup zu teilen, sich ihre Glaubenssätze und Verhaltensweisen zu eigen zu machen, erscheint als die sicherste Methode, nicht anzuecken und moralisch unangreifbar zu sein.

SCHLUSS

Vom Maß der Dinge

Autorisierung und Autorität des Maßes – Das Maß der Vernunft – Denken heißt Überschreiten – Dem Maß gemäß

Wie ein roter Faden zieht sich durch die vorliegende Geschichte die Frage der Anerkennung, die Frage der Glaubwürdigkeit und die Frage der Geltung. Wer oder was steht ein für die *Maßgeblichkeit* des Maßes?

Das Verständnis des Maßes erschließt sich über die Reihe der Lösungen, die das Problem der Autorisierung im Lauf der Jahrhunderte gefunden hat. Und genau diese Lösungen sind es auch, die den Blick dafür schärfen, dass dieses triviale Ding, als das wir das Maß gewöhnlich betrachten, in Wirklichkeit »ein sehr vertracktes Ding« ist, »voll metaphysischer Spitzfindigkeit und theologischer Mucken«.

Autorisierung und Autorität des Maßes – Am Anfang stand das Vertrauen in die Seinsverbundenheit des Maßes. Die damit gefundene Lösung – die *Ontologisierung* des Maßes – stellte das Maß von jedem Zweifel frei. Nach der Geltung des Maßes brauchte nicht gefragt zu werden, weil sie dem Begriff unveräußerlich und durch die Einbettung in die Ordnung der Dinge, deren Ausdruck es zugleich war, für alle Zeit gesichert schien.

Die Welt, so die grundlegende Überzeugung der antiken Autoren, ist eine geordnete Welt, ein Kosmos, und diese Kosmizität wird augenfällig im Maß. Nichts anderes sollte mit der durch die Jahrhunderte getragenen Zusicherung gesagt sein, es sei ein Maß in allen Dingen. Weil dem so ist und der Mensch in dieses Gefüge eingebunden ist, sind ihm die Dinge zugänglich. Das Maß, von dem die Schriften der griechischen und römischen Philosophen sprechen, ist der Schlüssel zur Welt; es ist der *modus*, der den Geist des Menschen und die Ordnung der Dinge, der *mens* und *mensura* aufeinander bezogen sein lässt.

So bildet das Maß die unscheinbare, aber verlässliche Klammer zwischen dem Ganzen dieser Welt und dem Aktionsraum der Menschen. Im Maß finden Zeit (Erinnerung und Erfahrung) und Raum (die unmittelbar vorliegende Situation) zusammen. Entscheidend ist die Gewissheit, dass derlei Zusicherungen nicht lediglich als Theorie überzeugen, als Spekulation über das Gefüge dieser Welt, sondern unmittelbar praktisch: durch die Tag für Tag bestätigte Zweckdienlichkeit des Maßes in den Prozeduren des Maßnehmens und Messens, des Einschätzens, Erwägens und Entscheidens. Im Maß ist begriffssprachlich verdichtet und aufbewahrt, was über den Einsatz je besonderer Maßeinheiten hinaus Bestand hat und bleibt: die *Messbarkeit der Welt.*

Die Fülle der lebendigen, mit anderen geteilten Erfahrung weist über sich hinaus auf die Verfasstheit einer Wirklichkeit, die sich dem Menschen über das Maß erschließt. Das maßethische Motiv der Rücksicht versteht sich vor diesem Hintergrund. Das Maß eröffnet Möglichkeiten, knüpft aber diese Öffnung, diese Aussicht auf das Entgegenkommen der Weltdinge, an die Bedingung der Angemessenheit. Im Horizont des älteren Maßbegriffs sind deshalb Technik und Ethik, Naturgemäßheit und Verhaltensangemessenheit eins. Unmittelbar das Maß selbst gibt die Art der Handhabung vor, die sich empfiehlt und den Anforderungen der Situation, so der ursprüngliche Sinn dieses Wortes, ›gerecht‹ wird. Auf der Basis solcher Offenkundigkeiten deutet das Maß auf die Ordnung der Dinge, der es sich verdankt und die sich in ihm offenbart.

Mit der *Ontologisierung* des Maßes, seinem Einbezogensein in die Ordnung der Dinge, war die Frage der Anerkennung geklärt, bevor sie hätte akut werden können. Als etwas, das all dem, was den Menschen umgibt, inhärent ist, ist die Geltung des Maßes über jeden Zweifel erhaben. Erst der Streit zwischen Sophisten und Sokratikern über die Maßgeblichkeit des Menschen erschüttert diese Gewissheit, und es ist Platon, der, um das im Streit der Schulen erschütterte Konzept des Maßes zu retten, ein Überwesen ins Spiel bringt, das für den fraglich gewordenen Status des Maßes einsteht. Die Gottheit, so lautet die Formel der platonischen *Gesetze* (716c), »dürfte nun für uns am ehesten das Maß aller Dinge sein, und dies weit mehr als etwa, wie manche sagen, irgend so ein Mensch«.

Aufschlussreich ist nicht nur der wegwerfende Ton, mit dem Platon die von der Sophistik ins Spiel gebrachte Anwartschaft des Menschen abfertigt; bemerkenswert ist überdies, dass die Einführung der Gottheit als eine Lösung »für uns« apostrophiert ist, die »wir« mit der Sicherung des Maßes ganz offensichtlich überfordert sind. Die Delegationslösung trägt dieser Sorge Rechnung, indem sie einen unbedingt verlässlichen Hüter des Maßes einführt. Sie ist die List eines Wesens, das aus der Geschichte seines Scheiterns gelernt hat und nun das Maß in die Obhut eines Überwesens gibt, das seine Tauglichkeit und, darüber hinaus, seine Unanfechtbarkeit sicherstellt.

Der jüdisch-christliche Monotheismus hat sich dies gesagt sein lassen und den einen Gott als das Wesen angesprochen, das »alles nach Maß, Zahl und Gewicht geordnet« (Weish. 11,20) hat. Der Weg von der Ontologisierung zur *Sakralisierung* des Maßes war damit gebahnt und wurde von großen Teilen des Christentums konsequent verfolgt. Die biblischen Verse präsentieren die Urheberschaft Gottes als nüchterne

Feststellung. Mit der Sanktion der Maße durch die übermenschliche Autorität zeichnet sich die dann später offenkundig gewordene Situation bereits ab, dass der *messende* und der *vermessene*, dem Regime der Daten und Zahlen unterworfene Mensch ein und derselbe ist.

Das Buch der Weisheit kleidet die menschheitsgeschichtliche Neuausrichtung des Maßes in eine Erzählung, die als Anrede an den schweigenden Gott gehalten ist: Demnach hat einst das höchste Wesen einer geistig und moralisch verkommenen Menschheit das Strafgericht zahlreicher Ungeheuer gesandt, die sie hätten vernichten können. Um die derart Bedrohten vor dem Untergang zu bewahren, heißt es weiter, habe die absolute Macht ihnen die Gnade des Maßes gewährt – einmal, indem sie die Bestien zurückhielt, dann aber auch, indem sie die Welt nach Maß und Zahl ordnete und der Menschheit davon Kenntnis gab. Das Maß – an dieser Stelle löst sich die Erzählung von den ontologischen Prämissen des antiken Weltbildes – ist keineswegs mit den Dingen rein als solchen bereits gegeben; es ist ein Gnadengeschenk, das es den Menschen erlaubt, in der Fremdwelt der unwirtlichen Natur zu bestehen und sich in einer Wirklichkeit, die das sorgenfreie Dasein des Paradieses nicht kennt, auskömmlich einzurichten. Indem der Schöpfer den Menschen mit der Welt auch das Maß gab und ihnen ihre Exzesse nachsah, gab er das für die Maßethik wegweisende Beispiel einer Milde und Mäßigung, die nach Gründen nicht fragt.

Der Nimbus des Maßes verdankt sich solchen, durch die Jahrhunderte gewanderten Geschichten. Die Erfahrungen, die die Menschen mit Maß und Maßen gemacht haben, erscheinen als Offenbarung göttlicher Macht und Allmacht. Die Aura des Maßes, seine religiöse Ladung, wurzelt in diesem Status des Maßes als Gnadenerweis und bestimmt seine Geschichte über die Zeiten hinweg. Die theologischen Flankierungen laufen immer weiter mit – deutlich sichtbar in der zwischen dem 16. und 18. Jahrhundert zum gesamteuropäischen Faszinosum aufgestiegenen Physikotheologie – und erscheinen als derart überzeugend und verlässlich, dass sie die Praxis des Messens auch da noch tragen, wo diese längst schon ihrem Eigensinn folgt. Die Übertragbarkeit des Nimbus erklärt den Erfolg der Quantifizierung: Was sich in Zahlen ausdrücken und mathematisch darstellen lässt, gilt bis heute – und heute vielleicht mehr denn je – als unbedingt vertrauenswürdig: als das letzte verbliebene Zeichen dafür, dass zweifelsbefreites Wissen für den Menschen erreichbar ist.

Das Maß der Vernunft – Mit Beginn der Neuzeit sind die Haltgebungen des Maßes nicht mehr von überweltlichen Autoritäten getragen, von der allumfassenden Kosmosordnung und dem göttlichen Schöpfungswerk. Angesichts dieses Ausfalls versprach die namentlich von Descartes angestoßene Mathematisierung des Wissens Abhilfe. Die Folge war, dass der Nimbus der Unbedingtheit unmittelbar an die Zahlen selbst überging: an das, was sich in der Sprache der Zahlen ausdrücken lässt. Das Band zwischen qualitativen und quantitativen Bezügen riss, und die Maßethik, die einmal dem Weltverhältnis des Menschen Ausdruck verliehen und es getragen hatte, stand allein.

Das ist die Situation, in der Hegel das Thema aufnimmt und, an der Schwelle zur Moderne, noch einmal versucht, die Kongenialität von Maß und Vernunft zu erweisen. Angesichts der zu diesem Zeitpunkt längst schon eingeleiteten Trennung von Maß und Maßen konnte Hegels Vorstoß nur ein kritischer sein. Schon auf den ersten Seiten der *Phänomenologie* von 1807 weist er zwei zeitgenössische Meinungssysteme aus, die, jedes auf seine Weise, das Maß mit charakteristischer Beiläufigkeit »verschmähen«. Das rund zehn Jahre später in

Angriff genommene Vorhaben der Maßlogik findet mit dieser Momentaufnahme sein Motiv. Hegel ergreift die Initiative, um den bedrohten Begriff des Maßes zu aktualisieren, und er beginnt diese Arbeit, indem er seine Zeit über die geistigen Tendenzen aufklärt, von denen sie beherrscht ist.

Hegel unterscheidet zwei Varianten des geistigen »Extrems«. Das eine Extrem *unterbietet,* was philosophisch an der Zeit wäre, indem es Phänomene auf Zahlenwerte reduziert und einer Form der Wahrheit zuarbeitet, die sich mit dem Nachweis der Funktion begnügt. Das andere Extrem stößt sich von dieser Generalausrichtung des Wissens reflexartig ab und sucht sie zu *überbieten,* indem es auf dem Umweg über Empfindsamkeit und Gefühl zu einer Wahrheit vorzustoßen hofft, die nicht von dieser Welt ist. In beiden Fällen, urteilt Hegel, ist die Verfehlung des Maßes eklatant. An dem, so sein trockener Kommentar zur geistigen Situation der Zeit, »woran dem Geiste genügt, ist die Größe seines Verlustes zu ermessen«[1]. Die Extreme, die Hegel herausarbeitet, sind nicht deshalb problematisch, weil sie ein Äußerstes wagen; problematisch sind sie, weil sie Vereinfachungen sind, geistige Bequemlichkeiten, die hinter den Anforderungen wahrer, vernunftgemäßer und auf die Höhe der Zeit gelangter Erkenntnis dramatisch zurückbleiben.

Allein die »fixe Polarität« des Entweder-Oder, über das sich die Extreme definieren, verfehlt den Anspruch der Vernunft, auf dem die Philosophie bestehen muss. Als Sachwalterin des Maßes auf dem Boden der Neuzeit ist die Vernunft für Hegel keine leere Forderung. Sie ist das in den geschichtlichen Zeiten niedergelegte und Schritt für Schritt entbundene Mittel der Wahl, um zwischen dem »Gewühl« der Extreme und dem regelrechten »Fortschritt im Bewusstsein der Freiheit« zu unterscheiden. Infolgedessen ist die Vernunft gerade nicht, wie die Aufklärung und wie vor allem Kant gelehrt hatte, eine Sache der Selbstgesetzgebung. Die von den Idealismen seit den Tagen Platons aufgebaute Spannung zwischen Wirklichkeit und Vernünftigkeit ist aus der Sicht Hegels immer schon überwunden, weil die Vernunft nicht bloß Geist und Bewusstsein ist, sondern stets zugleich Substanz und in diesem Sinn »ihr selbst ihr Stoff«. Ebendarin kommt sie mit der Lehre des Maßes überein. Zuverlässig setzt sich die Vernunft im Rücken der Akteure durch, ohne dass der Sinn dieses Geschehens eigens ausgewiesen, datenmäßig dokumentiert oder gar ›ausgehandelt‹ werden müsste. Er liegt wie eh und je in diesem Geschehen selbst und gewinnt im Maß seiner Vernünftigkeit Evidenz.

Das ist das systematische Angebot, zu dem Hegel mit der *Wissenschaft der Logik* den entscheidenden Beitrag liefert. Noch einmal soll das Maß verlässlich Halt bieten in Gestalt der alle Räume und Zeiten übergreifenden Selbstverwirklichung der Vernunft.

Denken heißt Überschreiten – Die Vernunft, von der Hegel spricht, verwirklicht sich als Bewegung, die, indem sie stets auf der Höhe der Zeit agiert, deren Selbstwahrnehmung aufgreift und über sie hinausführt. In genau diesem Sinn hat man sagen können: ›Denken heißt Überschreiten‹. Die Bewegung dieser Überschreitung ist maßvoll im nachdrücklichen Sinn des Wortes, und das heißt: Sie ist weder Anmaßung noch Willkür. Sie ist lebendiger Mitvollzug der realen Überschreitung, die im Wechsel der historischen Gestalten von Augenblick zu Augenblick geschieht.

Ebendiese, von Hegel mit Bedacht an der Schwelle zur Moderne vorgenommene Selbstpositionierung der Philosophie als Anwältin von Maß und Vernunft ist ihm schon zu Lebzeiten als Rechtfertigung des Bestehenden ausgelegt worden – des Bestehenden, was immer es auch sei. Dass die Weltbejahung des Maßes, die in Hegels Philosophieverständnis fortwirkt, selber kritisch und an die Bedingung der Sittlichkeit gebunden ist, haben die Kritiker nicht gelten lassen. Im Gegenzug gegen die Idee der Versöhnung von Vernunft und Wirklichkeit, die all die Erscheinungsformen des Extrems in den unbeirrbar fortschreitenden Gang der historischen Zeiten zurückholt und einbindet, stellten sie den revolutionären Bruch in der Geschichte heraus, der dem gemächlich sich fortentwickelnden Geschäft des Geistes unwiderruflich ein Ende gemacht habe. Mit der Revolution von 1789, so die Argumentation dieser Kritik, sei der von Francis Bacon und den Seinen im Bereich des Wissens angestoßene Neubeginn allgemein geworden. Nicht nur, wie einst an der *Schwelle zur Neuzeit*, wissenschaftlich-technisch, sondern auch gesellschaftlich und politisch sollte nun, an der *Schwelle zur Moderne*, nichts mehr sein, wie es einmal war.

Der revolutionäre Bruch verlangt eine andere Philosophie – eine Philosophie *nach* Hegel, womöglich sogar eine Philosophie *nach* der Philosophie. Das aber konnte nur eine Philosophie sein, die über den versöhnlichen Gestus der Weltvernunft hinausgeht – eine Philosophie, die den von Hegel systematisierten Anspruch der Überschreitung zur Übertreibung steigert. Mit dieser nochmaligen Steigerung, der ›Steigerung der Steigerung‹, vollzog sich die Bewegungsfigur der Überschreitung, die Hegel entfaltet hatte, an ihm selbst. Von Marx bis Adorno ist dieser charakteristisch moderne Lossagungs- und Überbietungsanspruch mit dem Hinweis auf eine Wirklichkeit erläutert worden, der ihre Vernünftigkeit unter keinen Umständen mehr bescheinigt werden kann. Angesichts der Beispiellosigkeit des Schreckens, auf den das Geschichtszeichen Auschwitz verweist, hat Adorno von einem »Unmaß des Geschehens« gesprochen, vor dem der Anspruch begriffssprachlicher Angemessenheit versagt.[2] Das zwanzigste Jahrhundert, so Adorno, hat Formen der Maßlosigkeit hervorgetrieben, die nicht nur nicht zu begreifen sind, sondern die Sprache des Begreifens überhaupt an ihre Grenze geführt haben. Mit schlichten Worten eine ebenso schlichte Wahrheit auszusprechen, ist angesichts einer Wirklichkeit, die Maß und Vernunft in den Wind geschlagen hat, zu einem Ding der Unmöglichkeit geworden.

So weckt gerade das von Hegel übernommene Gebot der philosophischen Zeitgenossenschaft – der Anspruch, die eigene Zeit »in Gedanken zu erfassen« – Zweifel am Genügen des philosophischen Begriffs. Eine Vernunft, die der Verlauf der Geschichte derart brutal mit ihren Grenzen konfrontiert hat, greift den Anspruch in der Weise auf, dass sie, wie exemplarisch Adorno, auf sprachliche Formen ausweicht, die die Nichtidentität zwischen dem Gesagten und dem Gemeinten offen einbekennen. Zu diesen Äußerungsformen der Theorie gehört die Übertreibung.

Wie alle Formen der Rhetorik will auch die Übertreibung nicht geglaubt, sondern verstanden sein. Rhetorik verlangt Komplizenschaft. Speziell die Übertreibung macht das Maß kenntlich, indem sie dem, wofür es steht, eklatant widerspricht und über die Offensichtlichkeit ebendieses Widerspruchs den Sachverhalt gegenwärtig hält. Mit der Sprachgeste der Übertreibung nimmt die Kritik einen Habitus auf, der für die Philosophie, soweit sie in der sokratischen Tradition steht, überhaupt bezeichnend ist. Das fachübliche Insistieren, das Nachfragen und Weiterdenken, ist, gemessen an der Selbstgenügsamkeit des Common Sense, *an sich* schon eine Übertreibung. Die Philosophie nimmt es sich heraus, das vermeintlich längst schon Geklärte, Gewusste und Abgetane nochmals vorzunehmen; sie will mehr und anderes wissen, als zum Machen und Mehren nötig ist; sie erlaubt sich Zweifel an Routinen, am Selbstverständlichen und sogar am Unbestreitbaren; sie beharrt auf der Bedeutung der Begriffe und widersetzt sich der Verwirrung und dem Missbrauch der Sprache …

Tatsächlich sind die rhetorischen Anteile der Übertreibung besonders aufschlussreich. Geht man der Sache nach, stellt man sehr bald fest, dass selbst die im Ruf der Radikalität stehenden Philosophen sich ihre Loyalität gegenüber jener Gegenwart bewahrt haben, der die Schärfe ihrer Urteile galt. Man müsse, mit diesen Worten justiert bereits Jean-Jacques Rousseau das Maß der philosophischen Kritik, »die bürgerliche Ordnung von ihren Mißbräuchen unterscheiden«[3]. Er selbst, als Philosoph, stehe zu ihr in einem Verhältnis der Abhängigkeit und sogar der Schuld. Über viele Stationen hinweg hat diese Gedankenfigur in die Gegenwart gefunden: in Form der Bereitschaft, die, wie Walter Benjamin schrieb, »gänzliche Illusionslosigkeit über das Zeitalter« mit dem »rückhaltlosen Bekenntnis zu ihm«[4] zu verbinden.

Eröffnungen wie diese sind weit davon entfernt, dem Verlangen des Betriebs nach einer ›Ethik der Forschung‹ nachzukommen. Vielmehr teilen sie die maßethische Sympathie für Formen des Ausdrucks, die am Anspruch des sachlichen Sagens festhalten. In einer medial geprägten Umgebung, in der Wortfetzen, Halbsätze und Vorstellungsbilder wahllos vorüberwehen, ist es an sich schon eine Übertreibung, Wörter festzuhalten und auf ihren Gehalt zu prüfen.

Das Maß bietet einem Wesen Orientierung, das in eine offene Zukunft hineinlebt und mit jeder Erweiterung seines Wissens ungeahntem Nichtwissen gegenübersteht. In dieser Lage stärkt das Maß den Mut, sich auf Unbekanntes einzulassen, und erhöht die Chance, sich in ungewohnter Umgebung zurechtzufinden. Es ist das Maß, das die Akteure vor Einseitigkeiten bewahrt, vor Vereinfachungen und Übereilungen. Möglich ist das deshalb, weil es, der Logik seines Begriffs folgend, Ethik und Technik als Verweisungszusammenhang fassbar macht. Als eine Art Grundausstattung des menschlichen Welterlebens stellt das Maß tragfähige Grundsätze des Handelns auch da bereit, wo wissenschaftlich-technische Lösungen unangebracht oder schlichtweg überfordert sind.

Dem Maß gemäß – Die Wörter und Begriffe, mit denen wir täglich umgehen, sind in einer Weise geschichtlich verfasst, dass gesagt werden darf: Manche dieser Begriffe *haben* nicht nur, sie *sind* ihre Geschichte.

Aussichtslos wäre deshalb der Versuch, diese Redeweisen in das Korsett einer zeitlosen Definition hineinzuzwängen. Begriffe wie das Maß überdauern, indem sie sich verändern und, wenn nötig, sogar den Namen wechseln. An Konkretisierungen wie der ›Vernunft‹, der ›Übertreibung‹ oder der ›Mitte‹, lässt sich ablesen, unter welch erstaunlichen Masken das Maß, nachdem der Begriffsname aus den Selbstbeschreibungen der westlichen Kultur herausgefallen war, provisorisch Unterschlupf gefunden hat. Die jüngere Geschichte des Maßes ist die Geschichte seiner Travestien, die allerdings den Prozess der Marginalisierung umso weniger haben aufhalten können, als sie längst selbst auf der Liste der aussterbenden Ideen gelandet sind.

Für gewöhnlich bleibt das Aussterben von Wörtern unbemerkt. Im Fall des Maßes wurde die Wahrnehmung des Geschehens noch dadurch erschwert, dass das *Messen* für die Ansprüche des *Maßes* aufzukommen schien. Der Eindruck der Kontinuität ließ erwarten, dass die Qualitäten des Maßes nach dem Verblassen des metaphysischen Hintergrundes bei denen, die mit Maß, Zahl und Gewicht hantieren, zuverlässig aufgehoben seien.

Dass die Innovationsschübe, in denen sich das Umsichgreifen der Quantifizierung manifestierte, einen unerhörten Zuwachs an Optionen erbracht haben, wird niemand bestreiten. Ebenso offenkundig ist allerdings, dass diese Entwicklung Automatismen freigesetzt hat, die in der Art ihres Voranschreitens den kulturellen Ausleseprozess vorantrieben. Was dieser Fortschritt, der sich vorzugsweise in technischen Neuerungen beweist, an Machbarkeiten bereitstellt, bezahlt er an anderer Stelle mit Unwiederbringlichkeiten.

Das gilt nicht nur für aussterbende Begriffswörter wie Maß und Mitte, die in der Welt der Zahlen ohne Resonanz bleiben, sondern auch für die Lebensformen und Kulturtechniken, denen sie einmal Ausdruck verliehen. Wer sich beim digitalisierten Schreiben das Dazwischenreden arithmetisch aufbereiteter Textbausteine gefallen lässt, fällt aus jener Manuskriptkultur heraus, die neben dem Schreiben mit der Hand noch vieles andere lehrte. Die Technik der Handschrift ermuntert dazu, mutig in die offene Fläche des leeren Papierbogens hineinzugehen, sie schärft den Blick für Aufteilungen und Proportionen, sie lehrt die Sorgfalt der Materialauswahl, sie sensibilisiert für die Kunstfertigkeit der Zeichen und ihrer sinnreichen Verknüpfung, sie schult die Merkfähigkeit und die Konzentration. Aus den wiederkehrenden Situationen des Schreibens bildet sich die Ausdrucksstärke der Handschrift heraus, deren Gestalt die Geschichte der Person in sich trägt und über die Anlässe der Niederschrift hinaus festhält. Wie Haus und Schnecke gemeinsam wachsen, so wächst auch das Schreiben mit der Hand in sein Maß hinein.

Begriffe, Kulturtechniken und sogar ganze Kulturen können sterben – und sind gestorben. Die philosophische Genealogie arbeitet dem fröhlichen Darwinismus solcher Auslese entgegen, indem sie der kritischen eine bewahrende Funktion zur Seite stellt: die Funktion der Erinnerung und, damit verbunden, der Verfügbarhaltung. Und hat nicht gerade die auf ihre Vielstimmigkeit bedachte Philosophie den populären, durch die geschichtliche Indifferenz des Zahlenglaubens noch verstärkten Gegensatz von Aktualität und Traditionalität von jeher unterlaufen? Ist nicht gerade sie zu allen Zeiten bestrebt gewesen, selbst die ältesten Gedankenbilder, von denen wir Kenntnis haben, als Reservoir menschlicher Geisteskraft und Phantasie in Reichweite zu halten?

An genau dieser Stelle trifft sich die professionelle Umsicht des philosophischen Denkens mit dem Erschließungsanspruch der Genealogie. Das Buch, das ich hier vorlege, will mehr sein als ein papierner Gedenkstein für eine alteuropäische Idee. Gewiss, auch die Genealogie möchte zeigen und festhalten, was es gab. Darüber hinaus aber will sie deutlich machen, was die Menschen an dem, was es gab, einmal besaßen – was es ihnen, über den handgreiflichen Nutzen hinaus, geboten und bedeutet hat. Genealogie ist *Kritik*, ist das gedankliche Herausarbeiten aus Gegebenheiten, aus Vorentschiedenheiten und vermeintlichen Gewissheiten, die sich für gewöhnlich der Befragung entziehen. Sie verwirklicht sich aber auch und zugleich als vorsorgliches Geltenlassen und als Versuch, dem Verschleiß der Ideen entgegenzuwirken: als *Konzialiatorik*.

Die Frage, was es heißen könnte, wie Rilke einmal sagt, »dem Maß gemäß« zu werden, führt über die Ansprüche der Genealogie hinaus. Für uns Heutige ist noch gar nicht absehbar, welcher Text oder Gedanke, welcher Begriff oder Argumentationszusammenhang einmal von künftigen Generationen gesucht werden und ihnen aus welcher Verlegenheit auch immer heraushelfen wird. Daher der auf diesen Seiten getriebene Aufwand der Rekonstruktion. Es wäre schon viel erreicht, wenn es gelungen sein sollte, den Einsatz des Maßes zu verdeutlichen und es vor der Verwechslung mit Ersatzautoritäten zu bewahren, die das Themenfeld besetzt haben und mit frappanter Selbstverständlichkeit aus einer Logik heraus operieren, die schon vor langer Zeit eine andere geworden ist.

ZUSÄTZE UND ANMERKUNGEN

Einleitung – Was ist das Maß?

1 Max Weber, *Die protestantische Ethik und der Geist des Kapitalismus.* Hg. v. Dirk Kaesler. 3. Aufl., München 2010, S. 201. Die von Weber erschlossene Geschichte der moralischen Werthaltungen wirft ein bezeichnendes Licht auf die Tolerierung des Übermaßes in der Neuzeit. Wie Webers Studien zur protestantischen Ethik zeigen, ist der westliche Kapitalismus keineswegs das Ergebnis entfesselter Raffgier und gedankenloser Verschwendung. Sein Aufkommen wurde im Gegenteil entscheidend begünstigt durch die vorzugsweise im nordamerikanischen Puritanismus gepflegte Tugend der Sparsamkeit, und das heißt: durch die strikte Einhaltung des von den religiösen Bewegungen adaptierten Maßes. Zwar verurteilte die protestantische Ethik das *Streben* nach Reichtum, erkannte aber im *Besitz* des Reichtums wie überhaupt in zahlenmäßig greifbarem, vorzugsweise als Geld- und Grundbesitz ausgewiesenem Erfolg das Zeichen der Auserwähltheit. In dem, was man *hatte,* sollte sich zeigen, wer man *ist.*

Die damit gefundene Einstellung hatte den Vorteil, die religiösen, ethischen und wirtschaftlichen Interessen der Gesellschaft zusammenzuführen und machtvoll ineinandergreifen zu lassen. Es waren die religiös-moralischen Vorbehalte, die Vorbehalte gegen die Maßlosigkeit, die dafür sorgten, dass der angesammelte Reichtum, da er ja in diesem asketischen Umfeld nicht einfach genossen werden konnte, umgehend reinvestiert und punktuell ins Sagenhafte gesteigert wurde. Der Begriff des *comfort*, der die von den Puritanern geschätzte Lebensweise der Beschränkung auf das praktisch Notwendige bezeichnete, bezog sich schon bald auf den gehobenen Lebensstil derer, die Erfolg nicht nur hatten, sondern ihn, nachdem er zum Zeichen der Erwähltheit avanciert war, auch zeigen wollten. Weit davon entfernt, den Verdacht der Maßlosigkeit zu erregen, schien der Reichtum der Erfolgreichen gerechtfertigt: Sie besäßen ihn gar nicht, würden sie ihn sich nicht in den Augen dessen, der alles sieht, redlich verdient haben. Die religiöse Wertung, erläutert Weber, »der rastlosen, stetigen, systematischen, weltlichen Berufsarbeit als [des] schlechthin höchsten asketischen Mittels und zugleich sicherster und sichtbarster Bewährung des wiedergeborenen Menschen und seiner Glaubensechtheit mußte ja der denkbar mächtigste Hebel der Expansion jener Lebensauffassung sein, die wir als ›Geist‹ des Kapitalismus bezeichnet haben« (ebd., S. 194).

Nicht die Gierigen, die Prasser und Verschwender haben den modernen Hochleistungskapitalismus auf die Bahn geschoben, sondern akribisch buchführende Asketen und um ihr Seelenheil besorgte Frömmler. Mit Blick auf den kulturreligiösen Hintergrund des »Steigerungskapitalismus«, von dem Weber spricht, hat Rainer Marten das Maßhalten geradezu als die mentale Voraussetzung des wirtschaftlichen Wachstums beschrieben: »Selbstbeherrschte Lebensführung widerspricht dem ökonomischen Prinzip der Maßlosigkeit nicht nur nicht, sondern lässt es allererst zum Zuge kommen« (*Maßlosigkeit. Zur Notwendigkeit des Unnötigen.* Freiburg, München 2009, S. 31; s. a. S. 45 ff.).

2 Ich erinnere an Benjamins hart montierte Arbeitsnotizen zum Thema »Kapitalismus und Religion« (in: Ders.: *Gesammelte Schriften.* Hg. v. Rolf Tiedemann u. Hermann Schweppenhäuser. Frankfurt a. M. 1974 ff., Bd. VI, S. 100–103), die auf das Jahr 1921 zurückgehen. Benjamin skizziert dort sein Vorhaben, den Kapitalismus »als reine Kultreligion« zu entziffern: »vielleicht die extremste, die es je gegeben hat. […] Der Kapitalismus hat sich […] auf dem Christentum parasitär im Abendland entwickelt, dergestalt, daß zuletzt im wesentlichen seine Geschichte die seines Parasiten, des Kapitalismus ist«. Die Heiligsprechung, darin stimmen der Soziologe Weber (1864–1920) und der Philosoph Benjamin (1892–1940) überein, ist weniger eine Sache des Dogmas als des Kultes. So war es möglich, dass die Praxis religiöser Verehrung sich von den angestammten Institutionen löste und vormals profanen Gegenständen zuwandte – sie fetischisierte.

Die philosophische Begriffsgeschichte hat die Befunde vielfach bestätigt. Zahlreiche europäische Großbegriffe durchlaufen zwischen Antike und Neuzeit eine theologische Phase. Der Begriffshistoriker, der es für gewöhnlich mit Einzelgeschichten zu tun hat, muss entscheiden, ob die in dieser Zeit erfolgte Prägung mit Passierung der Neuzeitschwelle sang- und klanglos verschwand oder – sei es offenkundig, sei es unterschwellig – weiterhin wirksam blieb. Wie ergiebig diese zweite Option sein kann, hat Karl Marx (1818–1883) am Beispiel der Ware vorgeführt. Die »Grundfrage« einer entsprechend interessierten Begriffsgeschichte, »ob auch säkularisierte Begriffe noch theologische Gehalte an sich haben« (Henning Ottmann: »Politische Theologie als Begriffsgeschichte«. In: *Der Begriff der Politik. Bedingungen und Gründe des Handelns.* Hg. v. Volker Gerhardt. Stuttgart 1990, S. 169–188, hier S. 172), beantwortete Marx mit einem klaren Ja. Sie lieferte ihm den Schlüssel zu seiner Kritik des kapitalistischen Wirtschaftens. Dieses selbstverständliche, triviale Ding, heißt es im *Kapital* (Karl Marx u. Friedrich Engels: *Werke.* Berlin 1959 ff., Bd. 23, S. 85) über die Ware, erweist sich bei genauem Hinsehen als ein »sehr vertracktes Ding voll metaphysischer Spitzfindigkeit und theologischer Mucken«. Die über diesen Zugang gewonnenen Thesen zum »mystischen Charakter der Ware« sind ohne Abstriche auf die Kulturbedeutung des Maßes übertragbar. Das gilt auch für die Frage, die bei Marx im Hintergrund bleibt, seit Max Weber jedoch offen und unbeantwortet im Raum steht: die Frage, wie modern die vermeintlich säkulare Moderne eigentlich ist.

3 Es ist Friedrich Nietzsche (1844–1900) gewesen, der sich den freien, jenseits von Gut und Böse operierenden Geistern verbunden fühlte, die »als Zuschauer der europäischen Dinge vor einen geheimnißvollen und *ungelesenen* Text hingestellt« und nun in die Lage gekommen sind, »zu sehen, was Keiner sehen will« (*Kritische Studienausgabe.* Hg. v. Giorgio Colli u. Mazzino Montinari. 2. Aufl., Berlin 1988, Bd. 2, S. 80 u. Bd. 12, S. 175; s. a. Maria Sibylla Lotter: »Die kritische Funktion der Genealogie«. In: *Zeitschrift für Kulturphilosophie* 5 [2011], S. 401–421, insbes. S. 402 ff.). Zweifellos rechnete sich auch Michel Foucault (1926–1984) diesem Kreis der Unerschrockenen zu. In seinem Nietzsche-Essay von 1971 findet sich ein Satz (*Dits et Ecrits. Schriften in vier Bänden.* Hg. v. Daniel Defert u. François Ewald. Aus dem Französischen von Michael Bischoff u. a. Frankfurt a. M. 1980 ff., Bd. 2, S. 185), der den frühen, durch die trügerische Klarheit des Messens herausgeforderten Ausgangsbefund der nietzscheanischen Genealogie – den

Befund der *Selbstvergessenheit* – in einer ungeheuren Formel zusammenzieht und konkret adressiert: »Der Europäer weiß nicht, wer er ist.«

Kapitel Eins – Ethik des Maßes

1 Georg Wilhelm Friedrich Hegel: *Wissenschaft der Logik.* Teil 1. In: Ders.: *Theorie Werkausgabe.* Red. Eva Moldenhauer u. Karl Markus Michel. Frankfurt a. M. 1970, Bd. 5, S. 392. – Das Urteil Hegels steht in einer langen Reihe ähnlicher Beobachtungen. Mit Panaitios (180–110 v. Chr.) argumentiert bereits ein herausragender Stichwortgeber der stoischen Pflichtenlehre, dass das, was angesichts einer konkreten Entscheidungssituation das Maß ist, sowohl in ethischen wie auch in ästhetischen Zusammenhängen des *Ermessens* bedarf, also auf der Basis von Takt und Feingefühl überhaupt erst bestimmt sein will. Demnach ist nicht das Finden des Maßes schwierig; die wahre Herausforderung besteht darin, das, was aus der Spontaneität des Findungsprozesses mit hinreichender Bestimmtheit hervorgeht, auch auf theoretischer Ebene zu verdeutlichen und auf den Begriff zu bringen. Quintilian und andere haben sich dieser Problembeschreibung angeschlossen (vgl. Max Pohlenz, »Tò prépon. Ein Beitrag zur Geschichte des griechischen Geistes«. In: Ders.: *Kleine Schriften.* Hg. v. Heinrich Dörrie. Hildesheim 1965, S. 100–139, hier S. 110 f.; s. a. S. 121 ff.).

Das sprechende Beispiel einer historischen Aufarbeitung des Maßbegriffs, die sich – ganz auf der Linie des Panaitios – ihre Überforderung eingestehen muss, bietet der Beitrag von Hans-Ulrich Gumbrecht im dritten Band der *Ästhetischen Grundbegriffe.* »Nach jedem Versuch, die Belege in eine historische Ordnung zu bringen«, so Gumbrecht, »schließen die Materialien sich zu einem um so diffuseren Horizont von ineinander übergehenden Begriffsvarianten zusammen.« (*Historisches Wörterbuch in sieben Bänden.* Hg. v. Karlheinz Barck u. a. Stuttgart 2000, Bd. 3, S. 846–866, hier S. 846.) Das Eingeständnis bestätigt die Sperrigkeit des Maßbegriffs und darüber hinaus die allgemeine Erfahrung, die Ludwig Wittgenstein 1938 in einer Skizze zu den dann 1945 veröffentlichten *Philosophischen Untersuchungen* festgehalten hat. Als sich das ursprüngliche Vorhaben, die Gedanken im Schema der »wohlgeordneten Reihe« zu präsentieren, als undurchführbar erwies, habe er einsehen müssen, »dass es vergebens sei; und ich alle solche Versuche aufzugeben hätte« (»Vorentwurf zu den ›Philosophischen Untersuchungen‹, Cambridge, August 1938«. In: *Deutsche Zeitschrift für Philosophie* 45 [1997], S. 434–437, hier S. 434 f.). Die Beobachtung Wittgensteins rührt an ein grundsätzliches Problem: Mit jedem ihrer Gegenstände steht die Philosophie aufs neue vor der Frage der Darstellung.

2 Die Weigerung, die eigene Situation im Zusammenhang ihrer Voraussetzungen zur Kenntnis zu nehmen, ist Nietzsche zufolge der »Erzfehler der Philosophie«. Sein Beispiel ist die Hypostase ›des‹ Menschen, mit dem die Philosophen – in heilloser Überanstrengung des sophistischen Homo-mensura-Satzes – »ein sicheres Maass der Dinge« in der Hand zu haben glauben. »Sie wollen nicht lernen, dass der Mensch geworden ist, dass auch das Erkenntnisvermögen geworden ist; während Einige von ihnen sogar die ganze Welt aus diesem Erkenntnisvermögen sich herausspinnen lassen.« (*Menschliches, Allzumenschliches* I 2. In: Ders.: *Kritische Studienausgabe.* Hg. v. Giorgio Colli u. Mazzino Montinari. 2. Aufl., Berlin 1988, Bd. 2, S. 24 *[KSA].*) Der Abschnitt endet mit den durch einen Gedankenstrich abgesetzten Worten, die als philosophisches Bekenntnis zur Ethik des Maßes lesbar sind: »Demnach ist das *historische Philosophiren* von jetzt ab nöthig und mit ihm die Tugend der Bescheidung.«

Nietzsche, der Ende der achtziger Jahre eine *Genealogie der Moral* geschrieben hat, erläutert seine Vorgehensweise als analytisches Verfahren, dem zuzutrauen ist, neben den Geisteshaltungen, die sich öffentlich vernehmbar machen, auch diejenigen Überzeugungen und Vorverständnisse ins Blickfeld zu rücken, die für gewöhnlich unthematisch bleiben. Den Anstoß des genealogischen Verfahrens bildet die Blindheit, mit der wir unseren Selbstverständlichkeiten gegenüberstehen – jenem Kreislauf sich gegenseitig bestätigender Normalitäten, in dem, wie Pierre Bourdieu schreibt, »die Illusion, verstanden zu werden, die Illusion, zu verstehen, und die Illusion, immer schon verstanden zu haben, einander wechselseitig bekräftigen« (*Bildung. Schriften zur Bildungssoziologie 2.* Hg. v. Franz Schultheis u. Stephan Egger. Aus dem Französischen von Barbara u. Robert Picht u. a. Berlin 2018, S. 117 f.). Die gewohnte Zusammenziehung der Begriffe ›Maß‹ und ›Messen‹, wonach das eine Wort nur eine Substantivierung dessen ist, was das andere Wort verbal erfasst, ist, wie mir scheint, eine Illusion in genau diesem Sinn.

3 Keineswegs zufällig verdeutlicht Nietzsche die Unsicherheit des Sprachgebrauchs am Beispiel von »Maass und Mitte«. Während demnach die einen die beiden Begriffe überhaupt meiden, weil mit ihnen etwas eigentlich Unnennbares ausgesprochen sei, springen die anderen – offenbar aus einem ganz ähnlichen Grund – auf die bloße Nennung der Wörter an und reagieren »böse und aufgebracht« (*Menschliches, Allzumenschliches,* a. a. O., S. 484). Nietzsche hat keine Mühe, diese zweite Reaktion auf die zentrale Argumentationsfigur seiner Gegenwartskritik zu beziehen: Das Aussprechen der Wörter, ihr bloßer Klang, reicht aus, um das Ressentiment auf den Plan zu rufen.

4 Mir ist klar, dass der Anspruch des *sachlichen Sagens* ein Sprachverständnis nahelegt, das im Einflussbereich des Königsparadigmas ›Arbitrarität‹ antiquiert wirken muss. Wie dieses, so legt auch der erfolgreich propagierte Anschlussbegriff des sozialen ›Konstrukts‹ die Erwartung nahe, dass die Verbindung von Wörtern, Vorstellungen und Sachen, weil bloß Konvention, vollkommen beliebig und, darauf kommt es an, nach Wunsch und Willen veränderbar ist. Ich halte dagegen, dass philosophische, poetische oder religiöse Ausdrucksformen – Formen also, deren Referenzwelten überhaupt nur sprachlich zu erschließen sind – es sich so einfach nicht machen können. Diese Weisen des Sprechens wollen nicht lediglich etwas kennzeichnen, das auch ganz anders heißen oder einfach durch einen Strichcode markiert werden könnte, sondern wollen etwas *sagen.* Dazu müssen sie allerdings voraussetzen, dass, wie bereits Nikolaus von Kues angesichts der mittelalterlichen Streitigkeiten zwischen Realisten und Nominalisten festgehalten hat, »die Kraft des Wortes« – *vis vocabuli* – »zum Gesuchten führen kann« (»Der Laie über die Weisheit II«. In: Ders.: *Philosophisch-theologische Werke.* Lateinisch-deutsch. Mit einer Einleitung von Karl Bormann. Hamburg 2002, Bd. 2, Teilbd. 2, S. 56/57). Eine Sprache, die den Sachbezug aufgibt und bloß noch Kommunikation sein will, kreist endlos im Raum einander ablösender Referenzen und verliert ihr welterschließendes Potential. Die Wahl der Worte – der Worte, zu denen die Begriffe fehlen – wird zur Machtfrage.

Ganz ähnliche Überlegungen haben den Dichter Rainer Maria Rilke dazu bewogen, die Ausdrucksfunktion welterschließenden Sprechens als »sachliches Sagen« zu bestimmen. Der damit formulierte Anspruch betreibt weder Reflexionsverweigerung noch pflegt er die Attitüde heroischer Unzeitgemäßheit. Er ist durch den jahrhundertealten Zweifel an der »Fassungskraft des Wortes« hindurchgegangen und erprobt nun Formen der Rede, die zu den Sprachbausteinen des Jargons ebenso Abstand halten wie zu den trüben Vorstellungen, die sich für gewöhnlich damit verbinden.

5 Die Denkfigur hat einen historischen Index. Unter Berufung auf das 1848 erschienene *Kommunistische Manifest* beschreibt sie das Wahrwerden der dort bereits ausgesprochenen »Prophetie der Zerstörung«.

Die von Eric Hobsbawm angeregte Klammer zwischen dem »langen« neunzehnten (1780–1914) und dem »kurzen« zwanzigsten Jahrhundert (1914–1989) lässt die Schwellen der Epoche hervortreten, deren angekündigtes Zerstörungswerk seither, ganz im Sinn der von Marx und Engels gestellten Prognose, unbeirrbar voranschreitet. Ausgangs des zwanzigsten Jahrhunderts sei es nun »zum erstenmal möglich«, so die düstere Bilanz des Historikers, »sich eine Welt vorzustellen, in der die Vergangenheit (auch die Vergangenheit der Gegenwart) keine Rolle mehr spielt, weil die alten Karten und Pläne, die Menschen und Gesellschaften durch das Leben geleitet haben, nicht mehr der Landschaft entsprachen, durch die wir uns bewegten, und nicht mehr dem Meer, über das wir segelten. Eine Welt, in der wir nicht mehr wissen können, wohin uns unsere Reise führt, ja nicht einmal, wohin sie uns führen sollte« (*Das Zeitalter der Extreme. Weltgeschichte des 20. Jahrhunderts.* Aus dem Englischen v. Yvonne Badal. München, Wien 1995, S. 32).

Wie die Rahmendaten von Hobsbawms Epochenporträt erkennen lassen, gehört das Wort vom ›Zeitalter der Extreme‹ in die lange Reihe der Stellungnahmen zur Französischen Revolution. Speziell in den Pariser Ereignissen sahen bereits die Zeitgenossen der Revolution verdichtet, was als ein diffuses Umwälzungsgeschehen selbst in der tiefsten Provinz sein Echo fand. Im Guten wie im Bösen boten sich die Ereignisse von 1789 als das Geschichtszeichen an, auf das sich das lebhaft empfundene und doch zutiefst rätselhafte Gleiten der Kulturbedeutungen zurückführen ließ. Noch Jahre später haben sich die Beobachter als Betroffene gesehen und, um den zunächst mehr gespürten als begriffenen Unterschied zwischen Vorher und Nachher zu erfassen, zu genau dieser dann von Hobsbawm popularisierten Formel gegriffen. Wir leben, kommentiert bereits 1796 der liberalkonservative Staatsrechtler Friedrich Karl von Moser, »in einer Zeit der Extreme«, und kurz darauf spricht Wilhelm Traugott Krug, der Nachfolger auf dem Königsberger Lehrstuhl

Kants, die damit gefundene Epochendiagnose nach (vgl. Uwe Backes: *Politische Extreme. Eine Wort- und Begriffsgeschichte von der Antike bis in die Gegenwart.* Göttingen 2006, S. 121 ff. u. Falko Schmieder: »Von Extrem zu Extrem. Stationen der Geschichte eines brisanten Begriffs«. In: *Archiv für Begriffsgeschichte* 58 [2016], S. 87–110, hier S. 90 f.).

6 Vgl. Gilbert Ryle: *Der Begriff des Geistes.* Aus dem Englischen übers. v. Kurt Baier. Stuttgart 1969, S. 37. Dass gerade das, worauf es beim Weltbegreifen ankommt, dem menschlichen Auge entzogen sei, ist ein klassischer Topos philosophischen Denkens von Heraklit bis Descartes und darüber hinaus. Ryle nimmt die Denkfigur auf, um die – sinnlich nicht erfahrbare – Intelligibilität von Handlungen zu verdeutlichen, kommt aber auf den Weltbezug dieses Handelns, für den das Maß einsteht, nicht weiter zu sprechen. Der philosophische Pragmatismus lässt an dieser Stelle eine Lücke, die auch die Berufung auf den Common Sense nicht zu schließen vermag. Es greift zu kurz, das Maß lediglich als eine Frage alltäglicher Praxis zu behandeln, als eine Frage der gewohnheitsmäßigen Anwendungen, erwiesenen Machbarkeiten und technischen Durchführungen; seiner Idee nach ist das Maß das Attribut einer Wirklichkeit, die gelingendes Handeln nicht nur zulässt, sondern auch – und diese Erwartung bildet den metaphysischen Kern des Begriffs – den Zwecken menschlichen Handelns entgegenkommt. Der Begriff des Maßes verweist auf die ontologische Grundierung der *Messbarkeit der Welt.*

7 Zahlreiche Hinweise auf die ursprüngliche Kompatibilität von ethischer und ästhetischer Argumentation bietet wiederum Pohlenz. Der Autor resümiert (»Tó prépon«, a. a. O., S. 139): »Das für den Verstand unfaßbare Etwas […] wird […] sogar zum wesentlichsten Mittel der Stilkritik, das auch in Echtheitsfragen das letzte Wort zu sprechen hat. […] Das Sittlichgute ist nichts andres als die harmonische Vollendung der menschlichen Natur, es ist damit aber zugleich das Schöne, das nach außen hin im einzelnen als *prépon* in Erscheinung tritt.« Maß ist das, heißt es an gleicher Stelle, was als »wesenhaft und naturgemäß« ins Auge fällt und die Menschen davon überzeugt sein lässt, »eine innere Berechtigung« zu haben (ebd., S. 137).

8 Descartes entwickelt den Begriff der *morale par provision* im dritten Teil des *Discours de la methode* (1637). Demnach stellt sich die so bezeichnete Moral als eine Art Ausweichquartier dar, das

so lange benötigt wird, wie das Hauptgebäude – die *morale définitive* – noch im Entstehen ist. Bereits der erste jener Grundsätze, die für die interimistische *morale par provision* bezeichnend sind, knüpft die Verbindung zum Maß. Unter mehreren gleichwertigen Überlegungen seien die gemäßigten *(opinions modérées)* vorzuziehen, empfiehlt Descartes (III 2), während vom Übermaß *(excès)* abzuraten sei, ganz besonders aber von denjenigen Versprechungen – und dieser Zusatz ist genuin stoisch –, »mit denen man etwas von seiner Freiheit aufgibt«. Von einem Bekenntnis zur Maßethik sind diese Sätze allerdings weit entfernt. Für Descartes steht außer Frage, dass die Maßethik unzulänglich ist und sich erübrigt, sobald die durchrationalisierte *morale définitive* verfügbar ist. Spezifisch rationalistisch ist der Vorsatz, das *Provisorium* der Maßethik durch das *Definitivum* einer Methode zu ersetzen, die, wie in der Physik, so auch in der Moral, endlich Eindeutigkeit herstellt. Das Wissen, das im cartesianischen Weltentwurf das Handeln anleitet, wird nach dem heuristischen Durchgang durch den Zweifel über jeden Zweifel erhaben sein (vgl. III 6). Das Ansinnen der Definität bestätigt: Descartes sah sich gerade nicht als der radikale Neuerer, als den die Theoretiker der Neuzeit ihn vereinnahmt haben. Sein Rationalismus will die charakteristisch neuzeitliche Erfahrung der Kontingenz überspringen, um nach dem Vorbild der christlichen Dogmatik ein zeitlos gültiges System zweifelsbefreiter Orientierungen zu etablieren. Die im 19. Jahrhundert und allen voran von Auguste Comte (1798–1857), dem Gründer der Soziologie, gestellte Prognose, die positive Wissenschaft werde leisten, was die Religionen schuldig geblieben seien (vgl. Wolf Lepenies: *Auguste Comte. Die Macht der Zeichen.* München 2010, S. 93 ff.), verdankt sich der seinerzeit geweckten Erwartung, dass die Wissenschaft das Leistungsangebot des Glaubens einholen und ihm endlich genau die Gestalt geben werde, die er von jeher angestrebt habe.

9 *Die Vorsokratiker. Die Fragmente und Quellenberichte.* Übers. u. eingel. v. Wilhelm Capelle. Stuttgart 1968, S. 61 ff. u. 65 f.; über das Hervorgehen der Ethik des Maßes berichtet László Tengelyi (»Maß, Ordnung und Mitte bei Platon und Aristoteles«. In: *Phänomenologische Forschungen* 2003, S. 39–53, hier S. 39 f.).

10 Die moderne Ethik, notiert Kurt Bayertz, neigt zur »Ableitung« ihrer Schlussfolgerungen »aus abstrakten Obersätzen« (»Antike und moderne Ethik«. In: *Zeitschrift für philosophische Forschung* 59 [2005], S. 114–132, hier S. 117). Immer dann, wenn die Aporien

solcher Verfahrensroutinen offensichtlich werden, besinnt sich die Fachwelt auf eine Prämisse, die für die antiken Autoren außer Frage stand: auf die Einsicht, dass wir es, wie Bayertz schreibt (S. 132), »bei der Moral mit einem komplexen Phänomen zu tun haben, das nicht auf einen Kanon von Regeln reduziert werden kann«.

11 »In lieblicher Bläue …« (Friedrich Hölderlin: *Sämtliche Werke.* Hg. v. Michael Knaupp. Frankfurt a. M. 1984, Bd. 1, S. 908). Dazu passt die Verszeile aus dem Homburger Folioheft (ebd., S. 389 f.): »Nie treff ich, wie ich wünsche, / Das Maas. Gott weiß aber / Wenn kommet, was ich wünsche das Beste.«

12 Hans-Georg Gadamer: »Gibt es auf Erden ein Maß?« In: *Philosophische Rundschau* 31 (1984), S. 161–177, u. 32 (1985), S. 1–26, hier S. 177. Gadamer fügt hinzu: Die Nichtbegründbarkeit »spricht weder gegen Heideggers Denkwagnis noch gegen die Dringlichkeit, die die Erfahrung von dem Maß, das es auf Erden gibt, für uns hat«.

13 Noch zu Beginn des 20. Jahrhunderts hat Émile Durkheim als die zentrale Herausforderung schulischer Erziehung die Sorge bezeichnet, die »Lust am Maß« – *le goût de la mesure* – zu wecken, und das heißt: »die Gewohnheit, seine Wünsche einzuschränken, und den Sinn für die normale Begrenzung« (*Erziehung, Moral, Gesellschaft. Vorlesung an der Sorbonne 1902/1903.* Aus dem Französischen v. Ludwig Schmidts. Neuwied u. Darmstadt 1973, S. 182; s. a. S. 194). In dieser Frage Anhänger sowohl Kants als auch der antiken Protagonisten der Maßethik, beharrt Durkheim auf der Zumutbarkeit einer Pflicht, die auf der grundsätzlichen Anerkennung des Soseins der Dinge beruht – darauf, wie er an gleicher Stelle (S. 161) schreibt, »daß die Welt im Prinzip gut ist […]. Eine derartige Unterwerfung ist nicht passiv, sie ist eine aufgeklärte Zustimmung. Sich einer Ordnung der Dinge unterwerfen, weil man sicher ist, daß alles so ist, wie es sein muß, heißt in Kenntnis der Sachlage zustimmen. Denn freiwillig wollen heißt nicht das wollen, was absurd ist; im Gegenteil: es heißt wollen, was vernünftig ist, d. h. nach der Natur der Dinge handeln wollen.«

14 Ich verweise auf die wissenschaftsgeschichtlichen Arbeiten von Harald Witthöft (insbes. *Die historische Metrologie in den Wissenschaften.* Hg. v. Harald Witthöft. St. Katharinen 1986) und Heinz-Dieter Haustein (*Weltchronik des Messens. Universalgeschichte von Maß und Zahl, Geld und Gewicht.* Berlin, New York 2001; s. a. ders.: *Quellen der Meßkunst. Zu Maß und Zahl, Geld und Gewicht.* Berlin, New York 2004) sowie auf die Übersichtswerke von Alex He-

bra (*Measure for Measure. The Story of Imperial, Metric, and Other Units.* Baltimore, London 2003) und Jan Gyllenbok (*Encyclopedia of Historical Metrology, Weights, and Measures.* 3 Bde. Basel 2018).

15 Der § 21 der Abhandlung »Der Wanderer und sein Schatten« trägt die Überschrift: »Der Mensch als der Messende« (vgl. *KSA* Bd. 2, S. 554). Nietzsche schreibt: »Vielleicht hat alle Moralität der Menschheit in der ungeheuren inneren Aufregung ihren Ursprung, welche die Urmenschen ergriff, als sie das Maass und das Messen, die Wage und das Wägen entdeckten (das Wort ›Mensch‹ bedeutet ja den Messenden, er hat sich nach seiner grössten Entdeckung *benennen* wollen!).«

16 Aufschlussreich ist an dieser Stelle die Unterscheidung zwischen ›Exaktheit‹ und ›Präzision‹. Exaktheit, erläutert die Wissenschaftshistorikerin Lorraine Daston mit Blick auf die Sprachregelung der beginnenden Neuzeit, »betrifft die Passung von Zahlen und geometrischen Größen auf einen Teil der Welt und setzt voraus, daß ein mathematisches Modell durch Messungen verankert werden kann; Präzision betrifft die Klarheit, Deutlichkeit und Einsichtigkeit von Begriffen und sagt für sich genommen nichts darüber aus, ob und wie diese Begriffe mit der Welt zusammenpassen« (*Wunder, Beweise und Tatsachen. Zur Geschichte der Rationalität.* Frankfurt a. M. 2001, S. 162). Die Unterscheidung orientiert sich an Tendenzen vor allem des englischen Sprachraums und hat im übrigen selbst eine Geschichte (vgl. Markus Krajewski: »Genauigkeit. Zur Ausbildung einer epistemischen Tugend im ›langen 19. Jahrhundert‹«. In: *Berichte zur Wissenschaftsgeschichte* 39 [2016], S. 211–229), zu der auch die Bemühungen der Philologie gehören, die alte Gelehrsamkeit durch die Einführung entsprechender »Genauigkeitsverfahren« zu verwissenschaftlichen. Den Vormarsch der Quantifizierung haben diese Bemühungen um authentische Präzisionsleistungen der Philologie nicht aufhalten können. Daston erklärt die Unbeirrbarkeit der Quantifizierung mit den Erwartungen der beteiligten Wissenschaftler: mit der Erwartung, dass die Zahlenförmigkeit des Wissens die Kommunikation erleichtern werde, dass sie Unparteilichkeit garantiere und die Unwiderlegbarkeit korrekter Berechnung den Konsens erleichtern werde. Die Sorge, dass die Dynamik der Quantifizierung die übrigen Kulturen des Wissens bedrängen und schließlich marginalisieren könnte, haben in den Zeiten der Frühaufklärung offenbar nur wenige Akteure geteilt, mit beispielloser Bestimmtheit aber Pascal.

Wie kurios die Formen sind, die der Suprematismus der Quantifizierung annehmen kann, zeigt sich da, wo die Auskünfte der Wissenschaft auf alltagsübliche Orientierungen treffen und sie prompt als falsch zurückweisen. Übersehen wird dabei, dass das datenbasierte, jederzeit abrufbare Besserwissen Diskursordnungen vermengt, die unterschiedliche Mitteilungsabsichten verfolgen. Aus der Perspektive des Alltagsgesprächs lässt sich, wie Wolf-Dieter Stempel argumentiert, der Einwand der Unangemessenheit problemlos zurückgeben. »Die in bezug auf eine Theater- oder Konzertveranstaltung gemachte Angabe: ›Der Saal war halb voll‹ ist im Gespräch im allgemeinen die eigentlich angemessene, die präzise Information: ›531 von 1000 Sitzplätzen waren besetzt‹ dagegen unsinnig.« (»Kommunikation im Alltagsgespräch«. In: *Das Gespräch. Poetik und Hermeneutik XI.* Hg. v. Karlheinz Stierle u. Rainer Warning. 2. Aufl., München 1996, S. 151–169, hier S. 167.)

Es geht bei solchen Beobachtungen nicht darum, das Urteilsvermögen des Augenmaßes gegen die Geistlosigkeit des Abzählens auszuspielen. Das eigentliche Thema ist der *Umbau des Weltbildes.* Das Augenmaß ist eine Orientierungsleistung, die an die gemeinsame, hier und jetzt geteilte Erfahrung der Anwesenden appelliert. Die Situation, die es erfasst, und die Situation der Beschreibung bilden eine Erfahrungseinheit, und im Rahmen einer Ethik des Maßes bedarf dieser Zusammenhang weder der Erläuterung noch der Rechtfertigung. Man versteht, was gemeint ist.

Das rechnende, auf Exaktheit pochende Denken interveniert an genau dieser Stelle und bricht den Verweisungszusammenhang auf, in dem das Orientierungsangebot des Maßes seinen Zweck erfüllt. In seinem Verlangen nach Eindeutigkeit stellt es den informationellen Reichtum, den das Augenmaß in einem ebenso eleganten wie genügenden Ungefähr bestehen lässt, als Hindernis dar, das blockiert, was unter dem einmal eingeführten Regime der Quantifizierung das einzig verbliebene Mittel der Beglaubigung ist: die überhaupt nur als Zahlenwert artikulierbare *Exaktheit.* In der medialen Inszenierung des Sports ist diese Art der Darstellung standardisiert, so dass Wahrnehmung und Urteilskraft der Zuschauer nur noch kapitulieren können. Die Messgeräte und die mit ihnen verschworene Kamera haben das letzte Wort. Ist diese Art der Wahrnehmung erst einmal durchgesetzt, werden Angaben, wie sie das Augenmaß oder die gesprochene Sprache bieten, als fragwürdig in die Marginalität verwiesen. Von jetzt auf gleich steht die gesprochene Sprache unter Vorbehalt, wird unsicher und verwandelt sich in ein stockendes Reden in Anführungszeichen. Als seriös gelten unter diesen Umständen diejenigen, die gelernt haben, alle überhaupt denkbaren Situationen des Lebens – exemplarisch: die Situationen des Sports – als Hyperrealität numerischer Abstraktionen darzustellen. Von nun an müssen Zahlen und Zahlenvergleiche (Anstoßzeiten, Tabellen, Rekorde, Prämien, Preise, Transfersummen, Punktestände, Listenplatzierungen, Gewichtsklassen, Höhen, Weiten, Geschwindigkeiten ...) für die anders gar nicht mehr begreiflich zu machende Brisanz des Geschehens einstehen.

Der Zauber der Zahl im Sport beruht darauf, dass nichts anderes als die Zahl – die gemessene Zeit, die Weite des Wurfs, die Höhe des Sprungs, die Länge der Strecke – die Leistung der Sportler verdeutlicht und das heißt: sie würdigt, indem sie sie auf die Leistung anderer Sportler bezieht und vergleichbar macht. Im Fall des ›Weltrekords‹ und, auf anderer Ebene, der ›persönlichen Bestleistung‹ hebt dieses Verfahren die gemessene Aktion über alles bisher Dagewesene hinaus. Mit einem Schlag ist alles vergessen und ausgelöscht, was eben noch galt. Die Leistung erhält das Prädikat ›historisch‹, und das heißt, ›die Zeitrechnung beginnt neu‹. In der Gesamtschau dieses unermüdlichen Angestrengtseins und manischen Übertreffenwollens enthüllt der mediale Sport den Bruch zwischen Maß und Bedeutung. Jeder einzelne Rekord in jeder einzelnen Disziplin verschiebt, was von jetzt an, vielleicht aber auch bloß bis zum nächsten Wochenende das Maß der Dinge ist.

Kapitel Zwei – Logik des Maßes

1 Das Prinzip der Billigkeit *(epieíkeia, aequitas)* ist aristotelisch (vgl. Günther Bien: Art. »Billigkeit«. In: *Historisches Wörterbuch der Philosophie.* Hg. v. Joachim Ritter. Basel, Stuttgart 1971, Bd. 1, Sp. 939 f.; s. a. Wolfram Mauser: *Billigkeit. Literatur und Sozialethik in der deutschen Aufklärung.* Würzburg 2007, S. 24 f. u. 71 ff.). Verstanden als das Prinzip des rücksichtsvollen Umgangs der Menschen miteinander, ist die Billigkeit dem geschriebenen Gesetz als die grundlegende, weil mit der Natur der Sache abgestimmte Form der Gerechtigkeit vorgeordnet: Sie setzt ihr das Maß.

2 Georg Wilhelm Friedrich Hegel: *Wissenschaft der Logik. Teil 1.* In: *Theorie Werkausgabe.* Red. Eva Moldenhauer u. Karl Markus Mi-

chel. Frankfurt a. M. 1970, Bd. 5, S. 387 *[TWA]*. »Im Maße ist das Qualitative quantitativ«, heißt es an anderer Stelle (S. 390), und die *Enzyklopädie* (*TWA* Bd. 8) erläutert: »Das Maß ist das qualitative Quantum [...], ein Quantum, an welches ein Dasein oder eine Qualität gebunden ist« (§ 107). Hegel folgt der Selbstentfaltung des Maßes in der *Wissenschaft der Logik* (1812/13; *TWA* Bd. 5, S. 387–457) und dann, in geraffter Form, in der *Enzyklopädie der philosophischen Wissenschaften* (1817; 1827–1830; *TWA* Bd. 8, S. 181–230). Die folgenden Band- und Seitenangaben beziehen sich allesamt auf die *Theorie Werkausgabe.*

3 So der Konkretisierungsvorschlag Ernst Cassirers (vgl. *Das Erkenntnisproblem in der Philosophie und Wissenschaft der neueren Zeit.* Bd. 3. In: Ders.: *Gesammelte Werke. Hamburger Ausgabe.* Hg. v. Birgit Recki. Bd. 4. Hamburg 2000, S. 328). Cassirer verfolgt den Weg, den Hegel mit der Maßlogik einschlägt, unverhohlen skeptisch; andererseits ist er sich darüber im klaren, dass Hegel mit seinen Vorarbeiten zu einer »Logik der mathematischen Naturwissenschaft« und speziell mit dem Versuch, »deren Grundkategorie als integrierenden Bestandteil in sich selber aufzunehmen«, weithin unbetretenes Theoriegelände erschlossen und wegweisende Sondierungen vorgenommen hat.

4 Auf der Strecke bleiben Phänomene wie der geschulte Blick. Ernst Jünger zitiert – bei allem Vorbehalt, der gegenüber derlei Quellen geboten ist – aus einem Missionarsbericht über nomadische Indianerstämme, die Hunde mit sich führen und, wie der charakteristische Ausdruck lautet, diese Meute ständig ›mustern‹. »›Fehlt aus der Riesenschar auch nur ein Hund, dann rufen sie so lange, bis alle zusammen sind. Oft habe ich mich darüber gewundert, wie sie, ohne zählen zu können, trotz der großen Meute sofort merken, daß einer fehlt.‹« (*Zahlen und Götter.* Stuttgart 1974, S. 41 f.; s. a. S. 44.) Offensichtlich beruht die geschilderte Art vergewissernder Wahrnehmung auf dem Gestaltsehen, dessen qualitative Mengenangaben sich hier und da auch in metrologisch geprägten Sprachräumen erhalten haben: Herde, Rotte, Rudel, Wurf, Schwarm, Schar, Staat, Volk, Kolonie.

5 So Hermann von Helmholtz (1821–1894; vgl. *Zählen und Messen. Erkenntnistheoretisch betrachtet.* Darmstadt 1959, S. 112). »Physische Gleichheit«, erläutert der auch als Wissenschaftstheoretiker hervorgetretene Physiker, ist nicht einfach natürlich gegeben, sondern das Resultat einer Operation, die er »Vergleichung« (vgl. ebd.,

S. 96 ff.) nennt. Erst die *Herstellung* der Vergleichbarkeit, die eine wirkungsvolle »Vereinfachung« und somit ein Eingriff ist, stellt sicher, dass die Erfassung realer Gegenstände in einer Gesamtzahl sich auf »Gleichartiges« bezieht. Der Eingriff verdeutlicht die Routinen der methodischen Reduktion: das konsequente Absehen von all dem, was dem Ziel der Angleichung im Weg steht. Ist die Prozedur erfolgreich abgeschlossen, haben die Zahlen die Welt exklusiv.

6 Ich spiele an auf die in den achtziger Jahren von Stephen Jay Gould entrollte Geschichte der Intelligenztests. Gould nutzt die Gelegenheit, um die Mythen und Neomythen freizulegen, die im Fahrwasser der totalen Quantifizierung aufgekommen sind, allen voran den Glauben an deterministische Erklärungen und die Aufschlusskraft der vergleichenden Methode (vgl. Stephen Jay Gould: *Der falsch vermessene Mensch.* Frankfurt a. M. 1988, S. 14 ff.; s. a. Ralf Becker: »Zahl und Bedeutung. Die Mathematisierung der Kultur«. In: *Archive of the History of Philosophy and Social Thought* 59, 2014, S. 305–318, insbes. S. 317 f.). Der Originaltitel dieser Untersuchung – *The Mismeasure of Man* – stellt klar, worum es dabei geht: weder um falsches Messen noch gar um die Falschheit des Messens, sondern um den *falschen Gebrauch* des Messens da, wo es sich, um überhaupt zum Zug zu kommen, die Wörter und Sachen bedarfsgerecht beibiegen muss.

7 Fachleute wie Nick Bastrom und Stuart Russell (vgl. ders.: *»Human Compatible«. Künstliche Intelligenz und wie der Mensch die Kontrolle über superintelligente Maschinen behält.* Aus dem Englischen v. G. Lenz. Frechen 2020) sagen, dieser Punkt sei längst erreicht. Ich teile diesen Eindruck, für den sich in der neueren Bildungspolitik zahllose Bestätigungen finden lassen, möchte aber doch eine Ergänzung vornehmen. Zeitgenössische Technovisionäre wie Craig Venter, Ray Kurzweil, Noah Harari oder James Lovelock, die davon träumen, technische und soziale Evolution im Gleichschritt marschieren zu lassen, erfüllen eine Disposition der Moderne, die ihr von Anfang an eingeschrieben und, wie die begriffsgeschichtliche Recherchearbeit gezeigt hat, auch deutlich bewusst gewesen ist: das Zeitalter der Überschreitung und der Extreme zu sein.

8 *TWA* Bd. 5, S. 406. Hegel schreibt: »In Rücksicht auf die absoluten Maßverhältnisse darf wohl erinnert werden, daß die Mathematik der Natur, wenn sie des Namens von Wissenschaft würdig sein will, wesentlich die Wissenschaft der Maße sein müsse – eine Wissenschaft, für welche empirisch wohl viel, aber eigentlich wissenschaft-

lich, d. i. philosophisch noch wenig getan ist.« Es müsse, so Hegel weiter, »ein höheres Beweisen dieser Gesetze gefordert werden, nämlich nichts anderes, als daß ihre Quantitätsbestimmungen aus den Qualitäten oder bestimmten Begriffen, die bezogen sind (wie Zeit und Raum), erkannt werden. Von dieser Art des Beweisens findet sich in jenen mathematischen Prinzipien der Naturphilosophie sowie in den ferneren Arbeiten dieser Art noch keine Spur.«

9 Jürgen Osterhammel (*Die Verwandlung der Welt. Eine Geschichte des 19. Jahrhunderts.* München 2009, S. 62) erinnert an die zeitgenössische, prominent von den Anhängern Saint-Simons (1760–1825) vertretene Idee der »sozialen Mathematik«, die den wissenschaftlich fundierten Aufbau einer neuen, dem Modell einer gut geölten Maschine nachempfundenen Gesellschaft anleiten sollte. »Erst jetzt steigerte sich die Idee der Aufklärung, die Welt vollständig beschreiben und taxonomisch ordnen zu können, zum Glauben an die wahrheitserschließende Kraft der Zahl [und] des statistisch bearbeiteten Datums. [...] Erstmals im 19. Jahrhundert vermaßen Gesellschaften sich selbst und legten darüber Archive an.« Eindringlich beschreibt Osterhammel die synchron verlaufenden Umstellungen im Zeitregime (S. 84 ff.), in der Taktung der industriellen Produktion (S. 122 ff.), in den neuen Geowissenschaften (S. 131 ff.) und, nicht zuletzt, in der konsequent durchrationalisierten Bürokratie (S. 867 ff.), die dem Staat die Handhabe bot, in einem bis dahin undenkbaren Umfang in das gesellschaftliche Leben und in das Leben jedes Einzelnen regulierend einzugreifen.

10 Heinrich Heine: *Lutezia*, LVII (vgl. ders.: *Werke.* Bd. 3: *Werke über Frankreich.* Hg. v. Eberhard Galley. Frankfurt a. M. 1968, S. 509 f.). Heines Schilderungen offenbaren die Eigenart des Epochenbegriffs ›Moderne‹. Zu Recht hält Osterhammel fest, dass die Zeitgenossen eine Bezeichnung für die neue Zeit, die da vor ihren Augen heraufzog und sie mit sich riss, zunächst nicht verfügbar hatten. Lange Zeit blieb das 19. Jahrhundert namenlos. Erst Charles Baudelaire findet Mitte der sechziger Jahre die erlösende Formel, als er den älteren Begriff der Moderne auf das neue, aus dem Zeitalter der Revolution hervorgegangene Jahrhundert überträgt und daraus einen Epochenbegriff formt, der die eben noch beklagte Diffusität der zeitgenössischen Entwicklungen aufgreift und programmatisch nach vorn stellt: Die Modernität, schreibt Baudelaire am 3. Dezember 1863 im *Figaro,* »ist das Vergängliche, das Flüchtige, das Zufällige« (»Der Maler des modernen Lebens«. In: Ders.: *Sämtliche*

Werke und Briefe. Hg. v. Friedhelm Kemp u. Claude Pichois. Wien 1989, Bd. 5, S. 213–258, hier S. 226).

Rein als Aufzählung bestätigt die vielzitierte Formel auf ihre Weise die Verlegenheit der Zeitgenossen, das aktuelle Geschehen auf den Begriff zu bringen. Wichtiger als die genannten Einzelprädikate ist denn auch die durchgehaltene Sprache der Negation. Charakteristisch modern ist demnach die Bereitschaft, die eigene Zeit aus dem Gegensatz zu dem heraus zu verstehen, was sie hinter sich gelassen hat: der Akt der Subtraktion. Mit dieser Selbstbeschreibung hält sich die Moderne an die letzte Unbestreitbarkeit, die ihr geblieben ist: an den prekären Status einer Position zwischen einem Nicht-Mehr, von dem sie sich polemisch abstößt, und einem Noch-Nicht, über das sie angesichts der Geschwindigkeit, mit der sie voranstürmt, schlechterdings nichts wissen kann. Die schillernde Semantik des lateinischen Temporaladverbs *modo* (›eben‹, ›soeben‹, ›eben erst‹, ›eben noch‹; aber auch: ›gleich‹, ›sogleich‹, ›bald‹, ›nachher‹), von dem sich der neue Epochenbegriff herleitet, bringt dieses Selbstverständnis zum Ausdruck. Baudelaire ist sichtlich bemüht, die notorische Unterbestimmtheit der neuen Gegenwart denn auch als Chance zu begreifen. Die Zeitgenossen, schreibt er, schuldeten der Moderne, die *ihre* Zeit ist, jede Achtung, weil auch diese, die eigene Gegenwart, einmal von einer einstweilen unbekannten Nachwelt als deren Antike anerkannt würde. Nietzsche hat diese Lagebeschreibung aufgegriffen und umgewertet: Aus der Unterbestimmtheit der Epoche hat er auf deren Unfähigkeit geschlossen, sich als eine Zeit zu begreifen, die, anstatt selbst etwas darzustellen und zu *sein,* der Obsession des Selbstvergleichs erliegt. Die Moderne, bestätigt er, ist »das Zeitalter der Vergleichung« (*Menschliches, Allzumenschliches* I, Nr. 23; *KSA* Bd. 2, S. 44 f.), dem das »streng Bindende« wie in der Kunst so auch im Leben abhandengekommen sei. Die bereits zu Lebzeiten Baudelaires aufgekommene Gegenwartsdiagnose des ›Posthistoire‹ beruht auf Beobachtungen wie diesen. Demnach verdichten sich die Veränderungen, die jetzt kommen, nicht mehr zu einer kohärenten ›Geschichte‹, sondern verbleiben auf der Stufe eines ziellosen Wandels, auf der Stufe der niemals enden wollenden *Unruhe der Welt.*

11 So Hegels »Einleitung« zur *Wissenschaft der Logik* (*TWA* Bd. 5, S. 44 u. 41). Der Anspruch des Werkes ist, mit Hegels Worten, eine »Umgestaltung der Logik«, ist ihre Belebung zu »Gehalt und Inhalt« (S. 46). Mit seiner *Phänomenologie des Geistes* von 1807, so

Hegel nun rückblickend, habe er bereits das Beispiel gegeben. »Bisher hatte die Philosophie ihre Methode noch nicht gefunden; sie betrachtete mit Neid das systematische Gebäude der Mathematik und borgte sie, wie gesagt, von ihr oder behalf sich mit der Methode von Wissenschaften, die nur Vermischungen von gegebenem Stoffe, Erfahrungssätzen und Gedanken sind, – oder half sich auch mit dem rohen Wegwerfen aller Methode. Die Exposition dessen aber, was allein die wahrhafte Methode der philosophischen Wissenschaft sein kann, fällt in die Abhandlung der Logik selbst; denn die Methode ist das Bewusstsein über die Form der inneren Selbstbewegung ihres Inhalts.« (Ebd., S. 48 f.)

12 Christoph Martin Wieland: *Agathodämon.* In: Ders.: *Sämmtliche Werke.* Hg. v. d. Hamburger Stiftung zur Förderung von Wissenschaft und Kultur. Hamburg 1984, Bd. 32, S. 24 f. Wieland sieht diejenigen in der Pflicht, deren literarische Phantasien die Inflation der Komparative einst leichtfertig angeheizt hätten und nun von der entfachten Übertreibungslust profitierten. »Daher diese lieblichen Träume der Dichter und Filosofen von einem goldnen Weltalter, von Götter- und Heldenzeiten, von Unschuldswelten, Atlantiden und Platonischen Republiken.« Eberhard Reichmann (*Die Herrschaft der Zahl. Quantitatives Denken in der deutschen Aufklärung.* Stuttgart 1968, S. 40 f.) zitiert Wielands spätes Bekenntnis zu den Grundsätzen der Maßethik: »Mich dünkt, alle praktische Weisheit in der ganzen Welt sei in diesen drei Wörtchen: nichts zu viel, oder in dem einzigen Wörtchen: *mäßig*, enthalten.«

13 *Crescere posse imperfectae rei signum est* (*Briefe an Lucilius.* Aus dem Lateinischen übers. v. Heinz Gunermann u. a. Hg. v. Marion Giebel. Stuttgart 2014; Nr. 66, 9). Das Maß, erläutert Seneca, kennt den Komparativ nicht, und gerade diesem Umstand haben wir es zu verdanken, wenn uns die Unruhe des Besserwerdenmüssens erspart bleibt. »Du wirst nichts Richtigeres als das Richtige finden, ebenso wie nichts Wahreres als das Wahre, nichts Besonneneres als das Besonnene. Jede Tugend beruht auf dem Maß; das Maß hat eine bestimmte Begrenzung *[modo certa mensura est];* Standhaftigkeit hat nichts, wozu sie sich weiterentwickeln könnte, ebenso wie Zuverlässigkeit oder Wahrheit oder Treue. Was kann zum Vollendeten hinzukommen? Nichts, oder das war nicht vollkommen, wozu es hinzugekommen ist; also auch zur sittlichen Vollkommenheit nicht, der etwas gefehlt hat, wenn etwas hinzugefügt werden kann. Auch das sittlich Gute nimmt keine Steigerung an; es ist nämlich

sittlich gut aus den Gründen, die ich angeführt habe.« (Ebd., 66, 8–9; s.a. 96, 15 u. 16; vgl. Claude Lévy: »La notion de mesure dans les textes stoïciens latins (Cicéron, Sénéque)«. In: *Aere perennis. En hommage à Hubert Zehnacker.* Hg. v. Jacqueline Champeaux u. Martine Chassignet. Paris 2006, S. 563–579, insbes. S. 573 ff.)

14 Johann Wolfgang Goethe: »Über Laokoon«. In: Ders.: *Werke. Hamburger Ausgabe.* Hg. v. Erich Trunz. 9. Aufl., München 1981, Bd. 12, S. 56–66. In seinem Versuch, die Bedingungen zu benennen, »welche wir von einem hohen Kunstwerke fordern«, unterläuft Goethes Aufsatz so ziemlich alle Verabschiedungen, welche die nicht mehr schönen, die maßlos gewordenen Künste seither postuliert und sich selbst verordnet haben. Es sei ein großer Vorteil für ein »Meisterwerk«, versichert Goethe, »wenn es selbständig, wenn es geschlossen ist«. Das ist 1798 geschrieben. In den *Meister*-Romanen, an denen er zu diesem Zeitpunkt bereits arbeitete, hat Goethe gezeigt, für wie dehnbar er dieses Kriterium der Geschlossenheit hielt. Das Maß in der Kunst ist eben nicht ein regelpoetisches Schema, sondern erweist sich als ein ›lebendiges‹, den Charakter des Werks durchwaltendes Gestaltungsprinzip.

15 Hegel, *Enzyklopädie der philosophischen Wissenschaften* § 104 (*TWA* Bd. 8, S. 218; s.a. ebd., S. 220). Es liegt, so Hegel weiter, »im *Begriff* der Quantität [...], schlechthin über sich hinauszuschicken«, so dass wir es »hier nicht bloß mit einem Möglichen, sondern mit einem Notwendigen zu tun haben«.

Hegels Wortwahl ist aufschlussreich. Das Hinausschicken, von dem er spricht, rührt an eine verschüttete Bedeutungsschicht, wonach das, was sich seiner Umgebung zwanglos einfügt, ›geschickt‹ ist und ›sich schickt‹. Das rechte Maß *(métron, modus)*, hatte einst der römische Philosoph Cicero im Zuge der von ihm selbst vorangetriebenen Latinisierung des griechischen Denkens vorgegeben (*De officiis. Vom pflichtgemäßen Handeln.* Übers. u. hg. v. Heinz Gunermann. Stuttgart 2010, S. 83 f.; 27, 93; s.a. 39, 141), tritt im Alltagsleben als »das Schickliche« hervor: als das *decorum*. Nicht, was die Etikette vorschreibt, ist dabei entscheidend, sondern die Bewährung erprobter Verhaltensweisen, in der Regel also: Mäßigung *(temperantia)*, Ehrenhaftigkeit *(honestas)*, Schönheitssinn *(ornatus)*, Beherrschung der Leidenschaften *(sedatio perturbationum)*. Die von Hegel pointierten Routinen des ›Hinausschickens‹ setzen sich über diesen Kodex hinweg. Sie erzwingen das Unverständlichwerden und, in der Folge, die Preisgabe des Zusammenhangs von guter (geschickter) Ordnung und gutem (schicklichem) Auftreten (vgl. Hermann Paul: *Deutsches Wörterbuch.* 9. Aufl., Tübingen 1992, S. 730), um es durch die Fraglosigkeit der Steigerung und des Überbietenwollens zu ersetzen: durch den *Zwang zum Mehr*. Das Hinausschicken über sich meint nicht ›Fortschritt‹ – ein Wort, das Hegel stets in Ehren hielt; es meint die gedankenlose Umsetzung einer systemischen Disposition, die zur Überbietung drängt.

Hegels intransitiver Wortgebrauch betont die Unbeirrbarkeit eines Geschehens, das nicht bloß dieses oder jenes erfasst und über die Grenze des Schicklichen hinaustreibt, sondern wahllos alles und jedes. Auf charakteristische Weise verändert das im Zug der Quantifizierung entfesselte Überbietungsdispositiv den Umgang mit den Dingen. Das Transformationsgeschehen rollt mit einer Gewalt dahin, deren Unwiderstehlichkeit erst heute, mit der Verzögerung von Generationen, vollends sichtbar geworden ist. In einer Zeit, in der Freunde gezählt werden und Klicks, Punktestände, Zustimmungswerte, Listenplätze und ähnliche Zahlenwerte über Statusfragen und die Selbstwahrnehmung entscheiden (vgl. Steffen Mau: *Das metrische Wir. Über die Quantifizierung des Sozialen.* 2. Aufl., Berlin 2017), rückt der reine, sich selbst genügende Zuwachs zum Daseinszweck auf – das Verlangen nach dem, was besser ist als das Gute und größer als das Große. Es ist, als bedürfte es der Komparative, um den Dingen durch Steigerung Sinn und Bedeutung abzuringen. Andy Warhol hat den Trend zu einem spektakulären Höhepunkt geführt, als er seiner seriellen Reproduktion der Mona Lisa einen Titel mitgab, der die popkulturelle Koketterie mit der Banalität enthüllte und zugleich auf die Spitze trieb: »Thirty Are Better Than One«.

Kapitel Drei – Welt ohne Maß

1 Cicero, der die Spätschrift *De Officiis* seinem Sohn gewidmet hat, macht großzügig Gebrauch von den Freiheiten der didaktischen Reduktion. Es muss deshalb gesagt werden, dass die verfügbaren Quellentexte des Hedonismus einen anderen Eindruck nahelegen. Ausdrücklich spricht Epikur von einer Lust, die gemäßigt ist und gelernt hat, sich vor dem ihr eigenen Drang zum Übermaß in acht zu nehmen. Die von Diogenes Laertius (*Leben und Meinungen berühmter Philosophen.* Übers. v. Otto Apelt u. Hans Günter

Zekl. Hamburg 1990, S. 284; X130–132) überlieferte Klarstellung ist schwerlich misszuverstehen: »Denn nicht Trinkgelage mit daran sich anschließenden tollen Umzügen machen das lustvolle Leben aus, auch nicht der Umgang mit schönen Knaben und Weibern, auch nicht der Genuß von Fischen und sonstigen Herrlichkeiten, die eine prunkvolle Tafel bietet, sondern eine nüchterne Verständigkeit, die sorgfältig den Gründen für Wählen und Meiden in jedem Falle nachgeht und mit allen Wahnvorstellungen bricht, die den Hauptgrund zur Störung der Seelenruhe abgeben. / Für alles dies ist Anfang und wichtigstes Gut die vernünftige Einsicht, daher steht die Einsicht an Wert auch noch über der Philosophie. Aus ihr entspringen alle Tugenden.«

2 Die spätantike und noch von Pascal geteilte Sorge, dass die *curiositas* die mit den Bedürfnissen des Menschen abgestimmte Ordnung des Wissens mit *res obscurae* und *non necessariae* (vgl. *De officiis. Vom pflichtgemäßen Handeln.* Übers. u. hg. v. Heinz Gunermann. Stuttgart 2010, S. 9 f.; I6) überfrachten und ihre Orientierungsleistung beschädigen werde, klingt bereits in der Bibel an (vgl. Josef Pieper: »Zucht und Maß«. In: Ders.: *Schriften zur Philosophischen Anthropologie und Ethik.* In: *Werke in acht Bänden.* Bd. 4. Hamburg 1996, S. 137–197, hier S. 189 ff.). Der Johannesbrief stellt die *curiositas* als »Begierde der Augen« neben die »Begierde des Fleisches« und das »Prahlen mit Besitz« auf dieselbe Stufe der Verwerflichkeit (1 Joh 2,16). Gaffen, so der bleibende Gedanke, ist ein gieriges Sehen, ein Sehen ohne Abstand, Selbstwahrnehmung und Maß – kurz: ein Sehen ohne zu sehen.

3 Die von den Begründern der neuzeitlichen Wissenschaft geweckte Erwartung, die Mehrung des Wissens werde den Raum des Nichtwissens ständig verkleinern und ihn, wie Francis Bacon im *Novum Organum* ankündigt, »innerhalb von wenigen Jahren« (I 112) endgültig zum Verschwinden bringen, hat sich nicht erfüllt. Die neuere Wissenschaftsgeschichte – so Kathrin Passig und Aleks Scholz in der Einleitung zu ihrem *Lexikon des Unwissens* (Berlin 2007) – zeichnet ein anderes Bild: dass, wie sie formulieren (S. 8), selbst auf den längst schon trockengelegten Landmassen des Wissens immer wieder Wasseransammlungen und ganze Seen des Unwissens emporsteigen.

4 Es geht nicht an, das antike Kosmosvertrauen und den christlichen Schöpfungsgedanken gleichzusetzen. Sie entstammen unterschiedlichen geistigen Universen. Sie treffen sich aber in dem durch die

Jahrhunderte gereichten Pauluswort (1 Tim 4,4), wonach alles von Gott Geschaffene gut sei und der Unzufriedenheit, dem Klageführen und Veränderungsverlangen des Menschen klare, letztlich zu seinem Vorteil gezogene Grenzen gesetzt sind. *Hybris* (Vermessenheit, Anmaßung) ist die Fahrlässigkeit derer, die es versäumen – so Hannah Arendt in ihrer *Vita activa* (6. Aufl., München, Zürich 1989, S. 183) –, »die dem Handeln eigene Maßlosigkeit« einzuhegen und sich der genuin politischen Herausforderung des »Maßhaltens« zu stellen. Die Ratsamkeit des Maßhaltens ergibt sich bei Arendt nicht erst aus ökologischen Rücksichten. Sie entspricht der tieferliegenden, aus der Erfahrung der »Unabsehbarkeit« der Handlungsfolgen erwachsenden Sorge, das technisch ausgerichtete, ins Stadium der »Schrankenlosigkeit« eingetretene Handlungsgeschehen nicht mehr einfangen zu können. In den spätantiken Begriffsfeldern des *modus (moderatio, modestus)* und des *tempus (temperatio, temperamentum)* ist bis heute die handlungslogische Absicht hörbar, den blinden Voluntarismus des Machens zu zügeln (vgl. Kurt Scheidle: *Modus optumum. Die Bedeutung des »rechten Maßes« in der römischen Literatur (Republik – frühe Kaiserzeit).* Frankfurt a. M. u. a. 1993, S. 23 ff. u. 188 ff.).

5 Es sei, notiert Hegel angesichts der Verhandlungen der Württembergischen Landstände von 1817, die Lehre der Französischen Revolution, »daß das Extrem des steifen Beharrens auf dem positiven Staatsrechte eines verschwundenen Zustandes und das entgegengesetzte Extrem einer abstrakten Theorie und eines seichten Geschwätzes gleichmäßig [...] die Quellen des Unglücks in jenem Lande und außer demselben gewesen sind« (Georg Wilhelm Friedrich Hegel: *Nürnberger und Heidelberger Schriften (1808–1817).* In: Ders.: *Theorie Werkausgabe.* Red. Eva Moldenhauer u. Karl Markus Michel. Frankfurt a. M. 1970, Bd. 4, S. 506 *[TWA];* vgl. Antonio Moretto: »Das Maß. Die Problematik des Übergangs vom Sein zum Wesen«. In: *Mit und gegen Hegel. Von der Gegenstandslosigkeit der absoluten Reflexion zur Begriffslosigkeit der Gegenwart.* Hg. v. Andreas Knahl, Jan Müller, Michael Städtler u. a. Lüneburg 2000, S. 32–58).

Die Maßlogik verdeutlicht die Notwendigkeit der Veränderung, an die hier gedacht ist, als »Sprung« und »qualitativen Übergang« (*TWA* Bd. 5, S. 440 f.). Der Verstand neigt dazu, sagt Hegel, »das Entstehende oder Vergehende schon vorher ganz fertig« haben zu wollen und »sich die *Identität* und die *Veränderung* als die gleichgültige, äußerliche des Quantitativen« vorzuspiegeln. Der Selbstwiderspruch des Verstandes liegt darin, die Veränderung einerseits zuzulassen und sogar zu fordern, sie dann aber doch in vorbestimmten Bahnen halten zu wollen, und das heißt: in ihrer Tragweite zu unterschätzen. Von derlei Halbheiten setzt Hegel sein Vorhaben einer Maßlogik entschieden ab. Ausdrücklich sieht er die Logik des Maßes vor die Herausforderung gestellt, den »qualitativen Übergang von Etwas in sein Anderes überhaupt und in sein Entgegengesetztes« theoretisch zu durchdringen und begriffssprachlich auszuformulieren.

6 § 111, Zus. In diesem Sinn kann Hegel den für seine Logik bezeichnenden Satz aussprechen, dass das Maßlose »gleichfalls ein Maß« sei (§ 109). Er fasst damit formelhaft zusammen, was im Schlussteil der *Wissenschaft der Logik* über das »reale Maß« bereits gesagt ist (vgl. *TWA* Bd. 5, S. 402 ff.).

7 Johann Wolfgang Goethe, »Bedeutende Fördernis durch ein einziges geistreiches Wort«. In: Ders.: *Werke. Hamburger Ausgabe.* Hg. v. Erich Trunz. 9. Aufl., München 1981, Bd. 13, S. 37–41, hier S. 39 *[HA]*. Bereits 1790, unter dem unmittelbaren Eindruck der Ereignisse, hatte der britische Politiker und Schriftsteller Edmund Burke (1729–1797) das Narrativ vorgegeben, dem dann auch Goethe bis ins hohe Alter weitgehend folgt. Demnach hatte der Sturm auf die Bastille den bis dahin fraglos gültigen Grundsatz aus den Angeln gehoben, wonach das politische System »im richtigen Verhältnis und vollkommenen Ebenmaß mit der Ordnung der Welt« – *in just a correspondence and symmetry with the order of the world* – zu stehen habe (*Betrachtungen über die französische Revolution.* Ins Deutsche übertr. v. Friedrich Gentz. Frankfurt a. M. 1967, S. 69). Solcher Kritik zufolge verfehlte die Politik der Revolution das Maß (und nahm diese Verfehlung billigend in Kauf), als sie sich nicht mehr, wie in vormoderner Zeit, auf die wahre, nur vorübergehend aus dem Blick geratene Ordnung der Dinge berief, sondern sich ihr – und nicht lediglich dem Feudalismus und seinem aktuellen Erscheinungsbild – bewusst und mit aller Macht entgegenstellte. Ebendiese Verschärfung motiviert die nun prompt aufgekommene Pathosformel des ›Zeitalters der Extreme‹.

8 Johann Karl Wezel: *Versuch über die Kenntniß des Menschen* [1784]. In: Ders.: *Gesamtausgabe in acht Bänden.* Hg. v. Klaus Manger. Heidelberg 2002, Bd. 7, S. 7–282, hier S. 28. Um die Gleichzeitigkeit der bereits von den Zeitgenossen der Revolution bemerkten Bruch-

linien in der Entwicklungsgeschichte auffällig vieler sozialer und politischer Begriffe anzuzeigen, hat Reinhart Koselleck 1967 die Metapher der »Sattelzeit« eingeführt. Zur Erläuterung stellt Koselleck die Gedankenverbindung zum Doppelgesicht des Gottes Janus her, das, auf die Zeitachse gestellt, zum einen der Vergangenheit, zum anderen der Zukunft zugewandt ist. Das vieldiskutierte Sprachbild (vgl. Margrit Pernau: »Neue Wege der Begriffsgeschichte«. In: *Geschichte und Gesellschaft* 44 [2018], S. 5–28, hier S. 17 ff.) hat sich in der begriffsgeschichtlichen Arbeit vielfach bewährt. Es richtet das Augenmerk auf die Art und Weise, mit der die Scheidelinie zwischen Vormoderne und Moderne auffällig geworden ist: als plötzliches Unverständlichwerden von einer Generation zur nächsten, das durch die charakteristisch moderne Entsorgungsrhetorik der Obsoleszenz (»überlebt«, »überholt«, »veraltet«) offiziell wird. Die Metapher der Sattelzeit sensibilisiert für die sprachlichen Verlegenheiten der heraufziehenden Moderne, im besonderen aber für die Verständnisschwierigkeiten derer, die, als Nachgeborene, nun darum bemüht sind, mit den Mitteln einer unwiderruflich veränderten Sprache die ideellen Einsätze entschwundener Lebenswirklichkeiten zu erschließen, um auf diesem Umweg den stillschweigenden Voraussetzungen der eigenen Gegenwart auf die Spur zu kommen.

9 Ich übernehme die Übersetzung von Niklas Holzberg (Äsop: *Fabeln.* Griechisch / Deutsch. Stuttgart 2005, S. 178 ff.). Lessings Adaption zitiere ich nach der Ausgabe der *Werke.* Hg. v. Herbert G. Göpfert. München 1970, Bd. 1, S. 248 f.

10 In der Erstveröffentlichung von 1753 war der Fabel ein Apophthegma beigegeben, das Lessing in den späteren Ausgaben gestrichen hat. Es lautet: »Gott, mein Gebet soll künftig weiser sein. Ist mein Unglück unvermeidlich; wohl, es geschehe. Nur mache mich stark genug, das, was andre tödlich niederschlägt, nicht zu achten; und wann es sein kann, nicht zu fühlen. Doch tue was du willst! Du bist immer gnädig und weise.« (Zit. nach Wolfram Mauser: *Konzepte aufgeklärter Lebensführung. Literarische Kultur im frühmodernen Deutschland.* Würzburg 2000, S. 162.)

Über die Gründe dieser Streichung lässt sich trefflich spekulieren. Naheliegend ist aus meiner Sicht die Erklärung, dass das Apophthegma den herkömmlichen Zweck einer gültigen Lebensregel bereits in den Augen Lessings nicht mehr erfüllt. Während die förmliche, in der antiken Vorlage durch einen Absatz hervorgehobene ›Moral‹ dem Textverständnis die Richtung wies, verstärkt Lessings

Selbstkommentar den ohnehin geweckten Eindruck der Vieldeutigkeit. Sympathie für die Maßethik und Zweifel an ihrer Aktualität halten einander die Waage. Dass die verweigerte Eindeutigkeit allein schon ausreichen würde, um über die Gegenwartstauglichkeit der Maßethik zu entscheiden, dürfte diesem Autor klar gewesen sein.

11 Johann Wolfgang Goethe: »Von deutscher Baukunst«. In: *Werke. Hamburger Ausgabe.* Hg. v. Erich Trunz. Bd. 12, S. 7–15, hier S. 8. – Plausibel erscheint mir der Vorschlag, die von Goethe so nachdrücklich betonte Qualität des ›Naturgemäßen‹ mitsamt ihren bedeutungsgeschichtlichen Implikationen aufzugreifen und für die Werkinterpretation fruchtbar zu machen (vgl. Michael Bies: *Im Grunde ein Bild. Die Darstellung der Naturforschung bei Kant, Goethe und Alexander von Humboldt.* Göttingen 2012, S. 122 ff.; s. a. Bernhard Böschenstein: »Ekstase, Maß und Askese in der deutschen Dichtung«. In: Ders.: *Studien zur Dichtung des Absoluten.* Zürich, Freiburg 1968, S. 83–111, hier S. 90 f.). Als die personifizierte Außerordentlichkeit, die es ist, bleibt das Genie – etymologisch: der Zeugende – über das Maß mit den Kräften der Natur verbunden, die es – ebendies heißt ›Klassizität‹ – aufnimmt und in seiner Werkproduktion festhält und sichert. Das Schaffen des Genies, seine Produktivität, bezeugt die natürliche Ordnung der Dinge, ihr Fortwirken und ihre Dauer.

Die tiefe Verwurzelung des Begriffs in den Denktraditionen Alteuropas deutet an, wie weit die herkömmliche, im Pathos der Genialität gipfelnde Idee künstlerischen Schaffens entfernt ist von den Stilisierungen des Künstlertypus, den die Kunstavantgarden mit Beginn des 20. Jahrhunderts propagieren werden: den Typus des Unruhestifters und notorischen Grenzüberwinders, der sich mit seinen Aktionen und Allüren über die Vorgaben des Maßes locker hinwegsetzt und das Bürgerpublikum – nicht ohne dessen stillschweigende Duldung – spektakulär vor den Kopf stößt. Mit dem Wechsel von der Imago des Genius zur Imago des Rebellen wird die Kunst persönlich und präsentiert sich als Starsystem: als Kult der ersten Person. Wo einmal die Aura der Werke stand, steht nun die Kulturprominenz von Leuten und Namen, die sich den Ruf erworben haben, jederzeit für eine Schlagzeile gut zu sein.

Ungeachtet der weiteren Entwicklung ist festzuhalten, dass die Naturemphase Goethes schon zu ihrer Zeit den Charakter einer stillschweigenden Erwiderung besaß. Das kunstästhetische Beharren auf dem Naturgemäßen ist den zeitgenössischen Befunden, die bereits offen und unverblümt vom Geltungsverlust des Maßes sprechen, direkt entgegengesetzt. »Je älter man wird«, vertraut Georg Christoph Lichtenberg (1742–1799) bereits Ende der sechziger Jahre seinen *Sudelbüchern* an (*Schriften und Briefe*. Hg. v. Wolfgang Promies. München 1968, Bd. 1, S. 140; B365), »desto mehr verliert man die Hoffnung besser zu schreiben als die Alten, am Ende sieht man, daß das Eichmaß alles Schönen und Richtigen die Natur ist, daß wir dieses Maß alle in uns tragen, aber so überrostet von Vorurteilen, von Wörtern, wozu die Begriffe fehlen, von falschen Begriffen, daß sich nichts mehr damit messen läßt.« Mit der Figur des Faust hat Goethe sich dieser Skepsis gestellt.

Kapitel Vier – Ethik des Übermaßes

1 Edgar Allan Poes literarische Fallstudie (vgl. *Phantastische Fahrten II*. In: Ders.: *Das gesamte Werk in zehn Bänden*. Hg. v. Kuno Schumann u. Hans Dieter Müller. Deutsch v. Arno Schmidt u. Hans Wollschläger. Olten 1966, Bd. 4, S. 828–839) legt all dies einem Ich-Erzähler in den Mund, der als Betroffener auftritt. Unmittelbar mit dem Erzähltext selbst, der mehr und mehr die Züge eines Geständnisses annimmt, bestätigt er das exponierte Syndrom, indem er einem ›perversen‹ Bekenntnisdrang nachgibt und ohne Rücksicht auf die Folgen gesteht, einen Mord begangen zu haben. »Wir handeln« – so erläutert er selbst den *spirit of the Perverse* – »nur darum so, weil unser Gefühl uns sagt, wir sollten's *nicht*« (S. 834; s. a. S. 830).

Bereits 1843, in seiner Erzählung *The Black Cat*, hatte Poe mit dem, wie sein Übersetzer Baudelaire formulieren wird, *démon de la perversité* experimentiert. Die Mühelosigkeit, mit der die *perversité* über das Gebot der Vernunft triumphiert, unterscheidet sie von der klassischen Unmäßigkeit, die ohnehin im Verdacht stand, ein Irrweg zu sein. Die *akrasía* (auch: ›Unbeherrschtheit‹, ›Leichtfertigkeit‹), von der die antiken Autoren gesprochen haben, operiert gleichfalls im Übergangsbereich zwischen bloßer Willensschwäche und dem Handeln wider besseres Wissen (vgl. Barbara Guckes: »Akrasia in der älteren Stoa«. In: *Zur Ethik der älteren Stoa*. Hg. v. Barbara Guckes. Göttingen 2004, S. 94–122), ist aber mehr ein Weckruf als eine Widersacherin der Vernunft. Im Inneren der Seele stachelt die *akrasía* den vernunftbetonten gegen den gefühlsbewegten und entsprechend leicht zu verführenden Seelenteil auf. Daran, wer in diesem Konflikt am Ende den Sieg davonträgt, kann in der klassischen Konstellation kein Zweifel bestehen. Ebendies ändert sich mit dem Auftritt der *perversité:* Die Triumphgeschichte der Vernunft kommt an ihr Ende. Stellte die *akrasía* die Vernunft auf eine harte, aber eben auch zumutbare Probe, die eine willkommene Gelegenheit der Bewährung war, so tritt die von Poe geschilderte Perversion nun an, um die Vernunft durch ihren Sieg und, vielleicht mehr noch, durch die Mühelosigkeit dieses Sieges zu beschämen.

2 Darin, dass ihr das Maß abhandengekommen ist, erkennt Hegel die Schwäche der bürgerlichen Gesellschaft. Große Teile der Bevölkerung, heißt es in den *Grundlinien zur Philosophie des Rechts* (*Theorie Werkausgabe.* Red. Eva Moldenhauer u. Karl Markus Michel. Frankfurt a. M. 1970, Bd. 7, § 244 *[TWA]*), lässt sie »unter das Maß einer gewissen Subsistenzweise« herabsinken, während sie gleichzeitig das Anhäufen »unverhältnismäßiger Reichtümer« in wenigen Händen nicht nur hinnimmt, sondern sogar begünstigt. Es ist dieser Gegensatz von »Überfluß« und »Mangel«, den Hegel als »Unrecht« (ebd., Zus. u. § 245) tadelt. Was indes moralisch zu verurteilen ist (das Maßlose, verstanden als Manifestation des Unrechts), eröffnet unter entwicklungslogischen Aspekten (das Maßlose, verstanden als Ausdruck des Übergangs) die Chance, die einmal eingetretenen Missstände auch wieder zu beheben. Denn, so Hegels Pointe, »bei dem *Übermaße des Reichtums*« ist »die bürgerliche Gesellschaft *nicht reich genug* [...], dem Übermaße der Armut und der Erzeugung des Pöbels zu steuern. [...] Durch diese ihre Dialektik wird die bürgerliche Gesellschaft über sich hinausgetrieben« (ebd., §§ 245 u. 246).

Zur Erläuterung nennt Hegel zunächst die Expansionsbewegungen der europäischen Kolonialpolitik, die er als Reaktion auf heimische Krisen erklärt. Dann aber greift er den Gedanken nochmals auf, um für die mäßigende Funktion des Vernunftstaates zu werben, der die von der Unruhe der bürgerlichen Gesellschaft niedergerissenen Schranken dessen, was einmal die Ethik des Maßes gewesen war, wiederaufrichtet. Der Staat, versichert Hegel, »ist absoluter unbewegter Selbstzweck, in welchem die Freiheit zu ihrem höchsten Recht kommt« (§ 258). Nach dem Verblassen der Religion fällt in den postrevolutionären Zeiten dem Staat das Amt zu, welches das platonisch inspirierte Christentum der überweltlichen Macht vorbehalten hatte. Der Vernunftstaat ist der diesseitige, der zeitgemäße und damit aus der Sicht Hegels auch rechtmäßige *Hüter des Maßes.*

3 Woraufhin der gutmütige Mond, der selbstverständlich sprechen kann und als Himmelskörper ohnehin die Weltvernunft auf seiner Seite hat, die Moral des Märchens preisgibt: »Alles mit Maßen!« (vgl. Theodor Storm: *Märchen. Texte, Entstehungsgeschichte, Quellen.* Nach den Erstdrucken hg. v. Gerd Eversberg. Heide 1992, S. 20 f.).

Der kleine Häwelmann (niederdeutsch für Hätschelkind) ist eine Karikatur des Fortschritts, die Personifizierung des ziellosen Strebens und der Unruhe. Das aber ist nur das eine. Zum anderen nämlich – und damit spielt das Märchen seine poetischen Möglichkeiten erst richtig aus – ist dieser Häwelmann ein Pionier und Avantgardist, sogar ein Avantgardist *avant l'avantgarde.* Mit seiner Lust an der Mobilität kommt er den Propagandisten der neuen Zeit zuvor, die den modernen Mythos des Automobilismus und überhaupt des dann vom Futurismus gefeierten *velocizzare* in grellen Farben ausmalen werden (vgl. Giuseppina Baldissone: »Körper in Prosa. Bewegung und Theatralik in der Erzählkunst F. T. Marinettis«. In: *Körper in Bewegung. Modelle und Impulse der italienischen Avantgarde.* Hg. v. Marijana Erstić, Walburga Hülk, Gregor Schuhen. Bielefeld 2009, S. 33–51, hier S. 40 ff; vgl. Abb. 11). Lange vor der Zeit entwickelt das Märchen die Idee, dass das Automobil keineswegs bloß ein Transportmittel ist, sondern auch und mehr noch ein Freudengefährt. Im Gewand der Harmlosigkeit erzählt es die Geschichte des Menschen, der Geborgenheit nicht mehr in der häuslichen Stube sucht oder in freier Natur, sondern im Inneren eines künstlichen Gehäuses, das die Lust an der anstrengungslosen Bewegung mit der Lust am Sehen und Gesehenwerden zusammenführen und ins Unermessliche steigern wird.

Genau so ist die Szenenfolge des Märchens verstanden und aufgegriffen worden. In einem der ersten Spielfilme, die je gedreht wurden, hat Walter A. Booth (The ›?‹ Motorist, GB 1906) die Schlüsselszenen des Märchens in großstädtischer Umgebung nachgestellt. Zur Verblüffung der Passanten – und zum Ärger der heillos überforderten Ordnungsmacht – fährt dort ein von zwei Automobilisten ganz cool gelenktes Fahrzeug die Wände der Häuser hinauf und überwindet mühelos die Gesetze der Natur. Anfang der fünfziger Jahre und damit in einer Zeit, als der Ausdruck ›futuristisch‹ ein bemerkenswertes Nachleben erfuhr, greift der Industriedesigner und Manager Raymond Loewy den Plot ebenfalls auf und gestaltet einen Werbespot, in dem die Fahrgäste mit ihrem Studebaker abheben und selig lächelnd den Sternenhimmel durcheilen, der als

Abb. 11: Filippo Tommaso Marinetti in seinem Auto, 1908, Photographie. In: *Telepolis* Nr. 10, 20. Februar 2009

endloses Wandbild an den modernen Helden des Automobilismus vorüberzieht. Das Ungestüm des kleinen Häwelmann ist heiterer Gelassenheit gewichen, dem Zeitvertreib des Cruising.

In der Automobilität selbst, so bereits die Erkenntnis des Märchens, steckt das unwiderstehliche Verlangen zu fahren und immer nur zu fahren. In dieser Ausschließlichkeit allein steckt, gemessen am alten, integrativen Sittengesetz des Maßes, an sich schon die Übertreibung. Anders jedoch als die Kulturkritik seiner Zeit, die mit dem Befund der Maßlosigkeit die Vorstellung des kulturellen Niedergangs verband, setzt Storm auf den analytischen Blick, der den neuen, charakteristisch modernen Sehnsüchten der vielen auf die Spur kommen und sie zur Sprache bringen will.

Die germanistische Fachliteratur – und so auch das 2017 erschienene *Storm-Handbuch* – stellt andere Bezüge her. Sie lässt sich von der Auskunft des Autors leiten, der von einem Kindermärchen gesprochen hat, und behandelt den Text als Gutenachtgeschichte. Gewiss kann man das Märchen so lesen, und die oftmals »possierliche« Gestaltung der knallbunten Neuauflagen, die es im deutschen Sprachraum zum Longseller gemacht haben, unterstreicht den Eindruck der Gemüthaftigkeit. Was diese Lesarten jedoch verschweigen, ist die Vernunft der Märchen. Storms Hinweis auf das ›Kindermärchen‹ sagt nicht, wie das Erzählstück gelesen sein will und für wen es geschrieben ist, sondern ist Ausdruck der Zurückhaltung, die ja doch sein Thema ist: die Frage, was genug ist. Ich sehe eine Parallele zu der Entscheidung der Brüder Grimm, die mit ihren *Kinder- und Hausmärchen* nicht »einer falschen Lieblichkeit« das Wort reden, sondern, wie Wilhelm Lehmann ganz richtig geurteilt hat, »den alten Mythen ihre Unerbittlichkeit nehmen« wollten (*Bukolisches Tagebuch und weitere Schriften zur Natur.* Berlin 2017, S. 175). Die literarische Konfrontation mit dem nicht weniger dunklen, zumal uneingestandenen Mythenbestand der Moderne – jenes Bestandes, wie ihn einhundert Jahre später Roland Barthes in den *Mythologies* freilegen wird – hat, wie mir scheint, den Märchenerzähler Storm zu ganz ähnlichen Rücksichten bewogen.

4 Walter Benjamin hat sein Lob des Märchens in die Abhandlung über den Erzähler aufgenommen (vgl. *Gesammelte Schriften.* Hg. v. Rolf Tiedemann u. Hermann Schweppenhäuser. Frankfurt a. M. 1974 ff., Bd. II.2, S. 438–465, hier S. 458). »Der befreiende Zauber« der Märchen, heißt es dort weiter, »bringt nicht auf mythische Art die Natur ins Spiel, sondern ist die Hindeutung auf ihre Komplizität mit dem befreiten Menschen«. Benjamin nimmt damit einen Gedanken Siegfried Kracauers auf, der bereits 1927 die schöne These vorgetragen hat, die Vernunft der französischen Aufklärung habe, als sie auf die Erzählungen aus *Tausendundeiner Nacht* stieß, in der »Vernunft der Märchen« die eigene erkannt (*Das Ornament der Masse* (Abschnitt III). In: Ders.: *Werke.* Hg. v. Inka Mülder-Bach u. Ingrid Belke. Bd. 5.2: *Essays, Feuilletons, Rezensionen.* Berlin 2011, S. 617 f.).

5 So Hegel in den *Vorlesungen über die Ästhetik* (*TWA* Bd. 15, S. 392 f.). Unter Verweis auf dieses Zitat hat Wolf Lepenies die Konkurrenzsituation erschlossen, in die literarische und soziologische Weltbeschreibungen im Verlauf des 19. Jahrhunderts geraten sollten. Während die Soziologie sich schon aufgrund ihrer Herkunft aus dem Positivismus an das Paradigma des Zählens, Messens und Rechnens hielt, um die Gesellschaft rein als Funktionssystem darstellen und mit entsprechender Exaktheit erfassen zu können, habe, so Lepenies, Balzac als Schriftsteller für die Gesellschaft erreichen wollen, was einhundert Jahre zuvor Georges Louis Buffon (1707–1788) für die Zoologie geleistet hatte: »die sozialen Gattungen« zu analysieren, »aus denen die französische Gesellschaft

besteht«, und »jene wahrhafte Geschichte der Sitten« zu erzählen, »welche die Historiker, fixiert auf Glanz und Elend ihrer Haupt- und Staatsaktionen, meist zu schreiben vergessen«. Der Vorsatz entsprang keineswegs einer verschrobenen Künstlerästhetik; vielmehr handelte es sich um den Versuch, die *Literatur* – neben Philosophie und Wissenschaft – als ebenbürtiges Organ des Wissens zu etablieren. Lepenies erinnert daran, dass noch Émile Zola (1840–1902) seine Romane als Beiträge zu einer eigenständigen, eben: literarischen *sociologie pratique* verstanden wissen wollte (*Gefährliche Wahlverwandtschaften. Essays zur Wissenschaftsgeschichte.* Stuttgart 1989, S. 65 u. 68).

Zeitgenössische Leser haben das welterschließende Potential des modernen Romans gleichfalls gesehen und bestätigt, allen voran Friedrich Engels und Karl Marx. Ihr Urteil über die *Menschliche Komödie* ist wohltuend frei von ideologischen Scheuklappen. Obwohl ein Konservativer und noch dazu Katholik, habe Balzac mit beispielloser Klarheit geschildert, schreibt Friedrich Engels Anfang April 1888 an Margaret Harkness, wie »die letzten Überreste« der adeligen Gesellschaft »allmählich dem Eindringen des vulgären, reichen Emporkömmlings nachgaben und von ihm zersetzt wurden«; um Bilder wie dieses habe er »eine vollständige Geschichte der französischen Gesellschaft« gewoben, aus der »ich« – bekennt Engels – »sogar in den ökonomischen Einzelheiten [...] mehr gelernt habe als von allen berufsmäßigen Historikern, Ökonomen und Statistikern dieser Zeit zusammengenommen« (Karl Marx, Friedrich Engels: *Werke.* Berlin 1959 ff., Bd. 37, S. 42 ff. *[MEW];* ähnlich bereits an Laura Lafargue, 13. Dezember 1883).

6 Der Begriff der Entzweiung ist zentral für Hegels philosophische Gegenwartsdiagnostik und liefert ihm das vielleicht stärkste Argument für die Zeitgenossenschaft der Philosophie. Die »notwendige Entzweiung«, konstatiert Hegel 1801, »ist *ein* Faktor des Lebens«, und es ist an der Philosophie, sie als notwendige und deshalb hinzunehmende Form der Selbstentäußerung begreiflich zu machen, die – so Hegels tröstliche Botschaft – bei sich selbst nicht stehenbleibt.

Anders als Balzac, für den mit der Moderne eine andere Zeit begonnen hat, setzt Hegel die postrevolutionären Turbulenzen zu Durchgangsstationen herab, die der zu sich selbst kommende Geist auf der Schlussetappe seines Weges nun noch zu durchlaufen hat, bevor er in der durch den Vernunftstaat stabilisierten Ordnung der bürgerlichen Gesellschaft endgültig zu sich selbst kommt. Kein Epochenbruch, nicht einmal der von 1789, war demnach stark genug, die Sukzessivität der richtig verstandenen Geschichte zu gefährden. Selbst im Augenblick des blutigen Exzesses, so die Botschaft Hegels, behielt die Vernunft in der Geschichte die Oberhand. Erfolgreich stellte sie sich »gegen das absolute Fixieren der Entzweiung durch den Verstand« und sorgte, als das durchgehaltene Prinzip der historischen Zeiten, im Augenblick des Sturms auf die Bastille wie eh und je dafür, dass selbst die Augenblicke, in denen das Extrem triumphierte, durch die nie gefährdete Rückbindung an den Prozess des allmählich Gestalt annehmenden, »allumfassenden Zusammenhangs« zuverlässig überwunden wurden (vgl. *TWA* Bd. 2, S. 21 ff.).

Zwar bietet die mit der Revolution heraufgezogene bürgerliche Gesellschaft, wie Hegel in der Rechtsphilosophie einräumt, »in diesen Gegensätzen und ihrer Verwicklung das Schauspiel ebenso der Ausschweifung, des Elends und des beiden gemeinschaftlichen physischen und sittlichen Verderbens« (§ 185; *TWA* Bd. 7, S. 341). Indem sich jedoch die einmal entbundenen Extreme sogleich aufreiben, sorgen sie hinter dem Rücken der Beteiligten dafür, dass Maß und Mitte sich stets von neuem einstellen und selbst in der Gestalt der »*negativen* Mitte« (*TWA* Bd. 3, S. 154) dem Vernunftanspruch der geschichtlichen Stunde gerecht werden. Dass dieser ganze Prozess mit den heftigsten Konflikten einhergeht, ist für diesen Beobachter der historischen Zeiten geschenkt. Hegel, wie gewohnt illusionslos und trocken, spricht von der »harten Arbeit« der »Bildung« (§ 187; *TWA* Bd. 7, S. 341).

7 Gegen Schluss seiner Vorrede zur *Menschlichen Komödie* aus dem Jahr 1842 gliedert Balzac sein Romanwerk in drei Abteilungen: »Sittenstudien« *(Études des mœurs)*, »Philosophische Studien« *(Études philosophiques)* und »Analytische Studien« *(Études analytiques)*. Mit Blick vor allem auf diese letzte Gruppe kündigt er bereits für die nächste Zukunft »eine ›Pathologie des sozialen Lebens‹« an: eine ganze und, wie er einräumt, ihrerseits unermessliche *Pathologie de la vie sociale* (Honoré de Balzac: Vorrede zur Menschlichen Komödie. Übers. v. Claudia Schmölders. In: *Über Balzac*. Hg. v. Claudia Schmölders. Zürich 1977, S. 255–269, hier S. 268). Die Pathologie sollte das Schlussstück eines Gesamtwerks bilden, wie Balzac am 26. Oktober 1834 an die polnische Gräfin Evelina Hanska schrieb, »das die *Märchen aus Tausendundeiner Nacht* des Abendlandes sein wird«.

8 Mit dieser Formulierung eröffnet Theodor W. Adorno seine »Balzac-Lektüre« (*Gesammelte Schriften.* Hg. v. Rolf Tiedemann. Frankfurt a. M. 1973, Bd. 11, S. 139–157, hier S. 139). Exemplarisch, so Adorno, demonstriere die Comédie humaine die Eigensinnigkeit literarischer Produktion, die sich eben nicht darin erschöpft, vorzugsweise von sozialwissenschaftlicher Seite vorgetragene Einsichten und Programme publikumswirksam aufzubereiten. Ebenfalls in den *Noten zur Literatur* heißt es weiter: »Indem das Kunstwerk nicht unmittelbar Wirkliches zum Gegenstand hat, sagt es nie, wie Erkenntnis sonst: das ist so, sondern: so ist es. Seine Logizität ist […] die […] der immanenten Stimmigkeit: nur durch diese hindurch […] bezieht es Stellung« (S. 270).

9 Honoré de Balzac: *Vater Goriot.* Aus dem Französischen v. Rosa Schapire. Zürich 2007, S. 14, das folgende Zitat S. 13. – Wie Eugénie Grandet oder Père Goriot zeichnet Balzac auch die Figur der Madame Vauquer als Spielball von Mächten, die wie Naturgewalten über sie hinweggegangen sind und ihnen viel genommen, aber wenig gegeben haben. Das gilt vor allem für ihre Sprache. Ohne zu ahnen, wie ihnen geschieht, nehmen sie die Ereignisse hin und erdulden ohne ein Wort, was immer auf sie zukommen mag.

10 Dass die Namhaftmachung des Übermaßes ein leichtes, seine *Darstellung* hingegen schwierig sei, bemerkt einhundert Jahre zuvor bereits Jonathan Swift. »Die Bühne, auf der andere Torheiten und Laster über die Grenzen der Natur und Wahrscheinlichkeit hinaus vertreten sind«, schreibt Swift Anfang Februar 1711 im *Examiner,* »bleibt bei der Darstellung der Habgier« – *avarice* – »weit hinter der Wirklichkeit zurück« (Jonathan Swift: »Über den unersättlichen Hunger nach Geld«. In: Ders.: *Respektlose Schriften.* Aus dem Englischen übers. v. Gottfried Graustein u. Otto Wulck. Hg. v. Anselm Schlösser. Leipzig 1979, S. 59–64, hier S. 59). Was demnach die Darstellung der aufgekommenen *extravagances* erschwert, ist ihre neue Geläufigkeit, die von den Beteiligten mitgetragen und ohne viel Aufhebens bestätigt wird. Die eben noch anstößigen Extreme werden, einmal zu Normalitäten geworden, unsichtbar und entziehen sich der Aufmerksamkeit. Swift behilft sich, indem er noch einmal den klassischen, offenkundig stoisch eingefärbten Katalog der Tugenden ins Feld führt. »Kein Mann von wirklicher Tapferkeit und wirklichem Verstand, bei dem sich dieses Laster unbemerkt eingeschlichen hat, wird es, sobald er es in sich erkannt hat, auch nur eine Stunde in seiner Brust dulden« (S. 64). Balzac kann so

nicht mehr sprechen. Statt Erinnerungsbilder einer vermeintlich intakt gebliebenen Ethik heraufzubeschwören, setzen seine Romane auf die Auffassungsgabe und Komplizenschaft ihrer Leser.

11 Ganz ähnlich beschreibt wenig später der junge Marx, offenbar beeindruckt von Hegels Maßlogik, die veränderte Situation: »Die *Quantität* des Geldes wird immer mehr seine einzige *mächtige* Eigenschaft; wie es alles Wesen auf seine Abstraktion reduziert, so reduziert es sich in seiner eignen Bewegung als *quantitatives* Wesen. Die *Maßlosigkeit* und *Unmäßigkeit* wird sein wahres Maß.« (*MEW* EB I, S. 547.)

12 Die deutsche Übersetzung schreckt vor der Schärfe zurück, mit der Delacroix seine Eindrücke zu Papier gebracht hat. Mit Blick auf »selbsternannte Neuerer« wie Berlioz und Hugo notiert der Maler der berühmten *Liberté,* der einst selbst die Rolle des Kunstrebellen gespielt und das Publikum durch eine nie zuvor gesehene Sprache der Farben schockiert hatte: *ils ont fait croire à la possibilité de faire autre chose que vrai et raisonnable* (so im *Journal.* Hg. v. André Joubin. Bd. 1. Paris 1932, S. 290). Die Feier des Übermaßes, argwöhnt Delacroix, hat zwischenzeitlich die Ansprüche künstlerischen Schaffens erreicht und sie ebenfalls korrumpiert. Die Gefahr besteht demnach darin, dass die Kunst sich fortan weniger durch das auszeichnet, was sie zu sagen hat, als durch die Entschlossenheit, mit der sie Konventionen ignoriert, Tabus bricht und Schranken niederreißt. War der Wechsel vom »Sei gut« zum »Sei anders!« (vgl. Raymond Klibansky, Erwin Panofsky und Fritz Saxl: *Saturn und Melancholie. Studien zur Geschichte der Naturphilosophie und Medizin, der Religion und der Kunst.* Übers. v. Christa Büschendorf. Frankfurt a. M. 1990, S. 91 f.) als ein traditionell im Reich der Kunst geduldetes Privileg des Genies gerechtfertigt, so erschöpft sich die ins Stadium der Maßlosigkeit geratene Kunst – so die Sorge Delacroix' – in mutwillig herbeigeführten Skandalen: in der ermüdenden und letztlich ruinösen Erregung von Aufmerksamkeit.

13 Albert Camus: *Der Mensch in der Revolte. Essays.* Aus dem Französischen v. Justus Streller. Hamburg 1969, S. 238. Das Buch erschien erstmals 1951. Im Schlussstück über das »mittelmeerische Denken« ist dem Thema »Maß und Maßlosigkeit« – *Mesure et démesure* – ein eigener Abschnitt gewidmet.

In den *Freibeuterschriften* Pier Paolo Pasolinis (Berlin 1975) haben Überlegungen wie diese ein publizistisches Echo gefunden. Pasolini beklagt die »›kulturelle‹ Gleichschaltung« (S. 34) durch den Konsum, der die Menschen demütigt, indem er sie der Herkunftswelt entfremdet und ihnen mit ihrem Stolz auch ihre Lebensfreude nimmt. In einigen seiner Filme hat Pasolini der Moral dieser aussterbenden Figuren ein Denkmal gesetzt. »Das bäuerliche und subproletarische Leben«, erklärt er 1974 in einem Interview (ebd., S. 38 u. S. 138), »vermochte noch eine Art ›realen‹ Glücks in den Leuten auszudrücken. Heute ist dieses Glück der ›Entwicklung‹ zum Opfer gefallen.« Im Hintergrund steht die alte, geradezu beim Wort genommene Sorge der stoischen Lebenskunst: Wer den Boden des Maßes aufgibt und sich fortreißen lässt, liefert sich der Willkür fremder Gewalten aus.

14 Camus' Lesart hat Tradition. Nachdem er die Nemesis von Ate und den Eumeniden, aber auch von Fortuna streng unterschieden hat (so in der zweiten Sammlung der *Zerstreuten Blätter* von 1786, Abschnitt IV), stellt bereits Herder die Nemesis als »Göttin des Maßes« vor: als »Machthaberin« über das »Unglück«. Die Nemesis sei die »Bewahrerinn vor dem Uebermaaße« und »gleichsam die Zunge an der Glückswaage; kurz *Die Göttin des Maasses und Einhalts,* die strenge Aufseherin und Bezähmerin der Begierden, eine Feindin alles Ubermuths und Uebermaaßes in menschlichen Dingen [...], die sobald sie dieses gewahr wird, das Rad kehret und ein Gleichgewicht herstellt«.

15 *Der Mensch in der Revolte,* a. a. O., S. 18 u. 21. Camus' Kritik dürfte einerseits durch Nietzsches Bemerkungen zum revolutionären »Hass gegen Maass und Schranke« (vgl. *Kritische Studienausgabe.* Hg. v. Giorgio Colli u. Mazzino Montinari. 2. Aufl., Berlin 1988, Bd. 2, S. 182 [Nr. 221]) angeregt sein, zum anderen vom vierten Kapitel in Max Schelers Abhandlung über *Das Ressentiment im Aufbau der Moralen* (2. Aufl., Frankfurt a. M. 2004, S. 66 f.). Ungeachtet seiner Distanzierung teilt Camus die Vorbehalte Schelers gegen die zeitgenössische Verschleifung der Begriffe, die den Entwicklungsprozess der theoretischen Sprache, statt ihn fortzusetzen, wortlos abreißen lässt. Das gilt für den Begriff des Maßes ebenso wie für die Revolte. Die geläufige Gedankenverbindung der Revolte mit Aufruhr, Anarchie, Chaos und Terror, insistiert Camus, verfehlt deren Idee. »Die Bewegung der Revolte« verlange »Klarheit und Einheit«. Und weiter: »Selbst der primitivste Aufstand drückt paradoxerweise das Streben nach einer Ordnung aus.« (S. 22)

Kapitel Fünf – Maß und Mensch

1 Selbst die Tugend kann zum Laster werden – mit diesem Paradoxon eröffnet Michel de Montaigne (1533–1592) seinen Essai über das Maßhalten (*De la modération;* I30; vgl. *Essais.* Übers. v. Hans Stilett. Frankfurt a. M. 1998, S. 105). »Jene, die sagen, nie könne es ein Übermaß *[exces]* an Tugend geben, weil es keine Tugend mehr sei, wenn sich das Übermaß ihr beigeselle, spielen nur mit Worten«.

»Jene« – das sind die Anhänger des Aristoteles, der in der *Nikomachischen Ethik* zwischen Maß und Übermaß klar unterschieden hatte. Aus aristotelischer Sicht ist die Formel »zu viel des Guten« selbstwidersprüchlich, denn das Gute und »das Maß für alle« sind eins (1176 a 17; vgl. *Die Nikomachische Ethik.* Übers. v. Olof Gigon. 2. Aufl., München 1995, S. 331 f.). Wo hingegen die Tugend beginnt, sich an den anderen abzuarbeiten und, wie an der Schwelle zur Moderne, schließlich in den Dienst des politischen Terrors tritt, hört sie auf, Tugend zu sein. Der aristotelische Begriff des Guten schließt die Rücksicht auf das Maß, auf das Gemäße und das Gemäßigte, grundsätzlich ein.

Dieses Begriffsverständnis überzeugt auf dem Boden der Neuzeit nicht mehr. Lange Zeit vor dem historischen Auftritt Robespierres sehen die Vertreter der französischen und ebenso der englischen Moralistik (so Shaftesbury; vgl. *An Inquiry Concerning Virtue and Merit,* 1699, II 2) eine Variante der Tugendhaftigkeit kommen, die den Exzess als politisches Mittel einsetzt und ihn nicht bloß zulässt, sondern den »Freunden des Volkes« ausdrücklich ans Herz legt. Damit erscheint eine Moral auf der Weltbühne, die ihren Aktionsraum mit Hilfe einer Prämisse entgrenzt, die bei den Vertretern der klassischen Ethik auf blankes Unverständnis gestoßen wäre: mit der Erwartung, dass der Tugend alles erlaubt sei.

Die einmal als Gesinnung in Erscheinung getretene Tugend erfasste Politik und Moral gleichermaßen und fand ihr Echo selbst in der entlegensten Provinz. Rund hundert Jahre nach dem Sturm auf die Bastille entwarf Theodor Fontane eine Romangestalt, die in der Zurückgezogenheit der schleswigschen Ostseeküste den strengen Grundsätzen der Herrnhuter Brüdergemeine nachlebt. Es zeigt sich aber, dass gerade sie, die erklärte Traditionalistin, der modernen Versuchung der Komparative schon nicht mehr widerstehen kann. Die schöne Seele muss erfahren, dass ihre Verhärtung gegen die Momentwahrheiten des Zeitgeistes ganz eigene Erscheinungsformen des Extremismus hervortreibt: den Extremismus des Hochmuts und der sozialen Blindheit. Auf die entscheidende, von ihr selbst bloß rhetorisch gemeinte Frage, ob man denn überhaupt »des Guten zu viel tun« könne, lautet der Bescheid: »Gewiß kann man das. Jedes Zuviel ist vom Übel. Es hat mir, solang ich den Satz kenne, den größten Eindruck gemacht, daß die Alten nichts so schätzten wie das *Maß der Dinge.*« (Theodor Fontane: *Unwiederbringlich.* 2. Aufl., Frankfurt a. M., Berlin, Wien 1982, S. 59, Kapitel 8; s. a. Kapitel 23.) Ebendieses Maß aber – der Titel des Romans spricht es aus – ist verloren. Überhaupt ist *Unwiederbringlich* ein tieftrauriger Roman. Der leitmotivische Konflikt zwischen der moralischen Überfeinerung der schönen Seele, in deren Gemütsleben sich Demut und Hochmut heillos verwirrt haben, und dem Erlebnishunger nonchalanter Weltläufigkeit führt schließlich eine Situation herbei, in der auch das letzte Mittel noch versagt, das den Romanfiguren Fontanes ansonsten den Trost der Klarheit spendet: der Freimut des gesprochenen Wortes.

2 Vgl. Gordon Matta-Clarke: *You Are the Measure.* Hg. v. Elisabeth Sussmann. Whitney Museum of American Art. New York 2007; s. a. Philip Ursprung: »Gorden Matta-Clarke und die Grenzen der Architektur«. In: *Nach Feierabend. Zürcher Jahrbuch für Wissenschaftsgeschichte* 5 (2009), S. 101 – 113. Herausgefordert war die Aufmerksamkeit des Publikums durch die Neuformulierung des Protagoras-Satzes, die eine klangliche Verbindung herstellt zur Sprache der Bibel (»Du bist meine Burg«, »Ihr seid das Salz der Erde«) und des Kirchenliedes (»Du bist das Licht der Welt«). Die museale Umgebung tut ein übriges, indem sie den Satz modernistisch umadressiert und zur kontextbefreiten Parole verdichtet. Ausgerichtet wie ein gestreckter Zeigefinger, wird der Satz zu einer Anrede, die an all die Einzelnen gerichtet ist und sie aufruft, sich selbst als ihr eigenes Maß zu empfinden. Angekommen in der digitalen Wirklichkeit, sehen die Menschen das ihnen angetragene Selbstbild ironisch bestätigt: *You,* ruft die Werbung ihnen mit schelmischem Augenzwinkern zu, *are your data* (Mark McClusky: »The Nike Experiment: How the Shoe Giant Unleashed the Power of Personal Metrics«. In: *Wired* [22. Juni 2009]; online unter http://www.wired.com/2009/06/lbnp-nike; abgerufen am 22. August 2020). Das sozialwissenschaftliche Konzept der »außen-geleiteten Lebensweise«, das David Riesman in der Mitte des letzten Jahrhunderts entwickelt hat (*Die einsame Masse. Eine Untersuchung der Wand-*

lung des amerikanischen Charakters. Aus dem Amerikanischen v. Renate Rausch. Darmstadt, Neuwied 1956, insbes. S. 201 ff.), gewinnt damit aufs neue Brisanz in Gestalt eines Verhaltenstypus, der seinen Eigenwillen zurücknimmt, um seine Lebensentscheidung auf der Grundlage datenbasierter, von dritter Seite vorformulierter Optionen zu treffen. Was vor einem halben Jahrhundert beschrieben wurde, kommt heute zur Evidenz: Das individuelle Leben geht auf in den Informationen, die anonyme Datensammler zusammengetragen und zu persönlich adressierten Kauf- und Verhaltensempfehlungen aufbereitet haben.

3 2013 lockte die Fachzeitschrift *Politische Ökologie* mit dem Schwerpunktthema »Das rechte Maß«, ohne allerdings anzugeben, worin die umweltpolitische Brisanz des Begriffs bestehen könnte. Aber selbst Funde wie dieser sind selten. Der Begriff des Maßes, für den man doch in einer »*Wissenschaft von den Beziehungen des Organismus zur umgebenden Aussenwelt*« (so Ernst Haeckels klassische Definition der Ökologie; vgl. *Generelle Morphologie der Organismen.* Bd. 2. Berlin 1866, S. 286), ein lebhaftes Interesse vermuten sollte, ist, wie die Zwischenbilanz von Joachim Radkau (*Ära der Ökologie. Eine Weltgeschichte.* München 2011) bestätigt, im Diskurs der politischen Ökologie eine Randerscheinung geblieben. Wie dieses Desinteresse zu erklären ist, wird die Ideengeschichte der Umweltbewegungen zu zeigen haben.

Einen ersten Hinweis bietet der Zuschnitt des ökologischen Diskurses selbst, die Stoßrichtung seines Narrativs. Seinem Selbstverständnis nach hat dieser Diskurs die Klärung der Sachfragen hinter sich und widmet sich nun der Überzeugungsarbeit: der großen, weltumspannenden Gesellschaftsreformation. An dieser Stelle kommen die Zahlen ins Spiel, die in der Umweltpolitik von heute eine beispiellose Symbolkraft entfalten. Einmal zur Nachricht geworden, funktionieren die regelmäßig vermeldeten Richt-, Grenz- und Durchschnittswerte wie Bilder: Eine Zahl sagt mehr als tausend Worte. Es sind die Zahlen, die rein als solche dem Publikum vor Augen führen, was auf dem Spiel steht: ›das Schicksal der Menschheit‹, ›der Zustand des Planeten‹, ›die Rettung der Welt‹.

Wer solche Töne anschlägt – Töne, die Programm sind –, muss das bedachtsame Auftreten der Maßethik als Provokation empfinden, als Ignoranz, als Verschleppung und Sabotage. Der Weg des Maßes ist tragisch verstellt: Seine Ethik kann der klimapolitischen Mission, um deren Tenor aufzugreifen, *nicht genug* sein.

4 Das Gedankenspiel Valérys nutzt die Freiheiten autobiographischer Deutung. In kühnem Wurf den Abstand zwischen Singularität und Repräsentativität überbrückend, lässt Valéry aus dem handelnden Einzel-Ich das Zeit und Raum umspannende ICH der Menschheit hervorgehen: den protagoreischen Anthropos. Indem wir die Welt »mühelos und ohne Überlegung« vermessen, und das heißt an dieser Stelle: indem die Welt sich dem messenden Geist ergibt, gewinnen wir das »Maß aller Dinge und ein Maß für uns selber«. Wir erweitern unseren Horizont und gelangen über uns selbst hinaus.

Offenkundig entfaltet der Vortrag aus dem Jahr 1933, der wenig später unter dem Titel »Inspirations méditerranéennes« erschien (in: Ders.: *Werke.* Hg. v. Jürgen Schmidt-Radefeldt. Übers. v. Karl August Horst. Frankfurt a.M. 1995, Bd. 7, S. 453–472, hier S. 462 f.), die Gedankenwelt eines Cartesianers. Valéry stilisiert die Urszene des Messens als Begegnung zwischen einem depersonalisierten Ich und einer objektivierten, rein aus der Erwartung der Berechenbarkeit heraus verstandenen Welt. In diesem, von Kontingenzen befreiten Aktionsraum wird das Subjekt dem Menschen zur Maske: Die Praxis des Messens verschafft ihm freie Bahn, indem sie ihm die Dinge bereits im Zugriff als Objekte seiner Willkür präsentiert und es ihm gestattet, nicht nur seine Instrumente erfolgreich einzusetzen, sondern seine Macht – die Macht des ICH – mit jedem Messvorgang zu mehren.

5 Die Bemerkung fällt in der »Apologie für Raymond Sebond«, und zwar nicht zufällig an der Stelle, an der die Aussichten philosophischer Erkenntnis erwogen werden (*Essais* II 12, S. 252). Montaignes Autoritätskritik beruft sich auf den Autonomieanspruch einer Vernunft, die über jedes Zustimmungsverlangen hinaus ist. Der Selbstbehauptungsanspruch der Vernunft widersetzt sich allem, was bloß nachgesprochen ist: Meinung, Dogmatismus, Rechthaberei. Zugleich wirbt der Autor der *Essais* für ein Denken, das nie vergisst, wie er aus Ciceros *Timaios*-Übersetzung zitiert, »daß wir Menschen sind«: für ein Denken, welches das Maß des Zuträglichen und Auskömmlichen stets im Blick behält. Mit Aristoteles, der ihm als Stichwortgeber der Scholastik ansonsten suspekt ist, teilt Montaigne die Einsicht, »daß viel zu wissen« uns der Gefahr aussetzt, alsbald nur umso mehr – und das heißt an dieser Stelle: an unmäßig vielem – »zu zweifeln«. Dass gerade der Skeptiker so spricht, ist bemerkenswert. Was uns vor dem Nichtwissen ebenso bewahrt wie vor dem gleichfalls unzulänglichen Vielwissen, ist der Sinn für das Maß.

6 Das gilt auch für die Version im *Kratylos* (386a; vgl. Platon: *Werke in acht Bänden.* Hg. v. Gunther Eigler. Übers. v. Friedrich Schleiermacher u. a. 3. Aufl., Darmstadt 1990, Bd. 3, S. 405) und den Kommentar, den Sextus Empiricus (ca. 200–250) in seinem *Grundriß der pyrrhonischen Skepsis* bietet (übers. v. Malte Hossenfelder. Frankfurt a. M. 1984, S. 145 f.; I216–219). Hinsichtlich dieser und anderer Fragen, die das Verhältnis zwischen Sokratik und Sophistik betreffen, folge ich den sprachgeschichtlich aufschlussreichen Untersuchungen von Joachim Dalfen (*Parmenides – Protagoras – Platon – Marc Aurel. Kleine Schriften zur griechischen Philosophie, Politik, Religion und Wissenschaft.* Stuttgart 2012, S. 397 ff. u. 413 ff.), Klaus Meister (*»Aller Dinge Maß ist der Mensch«. Die Lehren der Sophisten.* München 2010) und Thomas Buchheim (*Die Sophistik als Avantgarde normalen Lebens.* Hamburg 1986). Die Systematik, aus der heraus sich Platons Zurückweisung des sophistischen Maßbegriffs versteht, erschließt Martin Fürchtegott Meyer: *Philosophie als Meßkunst. Platons epistemologische Handlungstheorie.* Münster, New York 1994, S. 80 ff. u. 130 f.

Die Gesamttendenz der jüngeren, in dieser Frage vor allem auf Kurt von Fritz (*Grundprobleme der Geschichte der antiken Wissenschaft.* Berlin, New York 1971, S. 222) rekurrierenden Forschung geht dahin, im Gegenzug gegen den ideengeschichtlichen Mainstream der Vergangenheit »die Sophisten vollends zu rehabilitieren« (Meister, a. a. O., S. 13). Auf ihre Weise verdeutlichen diese Versuche die Höhe des Einsatzes, um den es im Streit zwischen den philosophischen Parteien ging. Tatsächlich scheint der Homo-mensura-Satz den meisten Philosophen der Antike geläufig gewesen zu sein. Wenn Sokrates also den Namen des Protagoras nennt, nimmt er es damit doch keineswegs nur mit diesem auf; der »Krieg« (Hegel), den er gegen den Sophisten führt, versteht sich als die exemplarische Abfertigung eines schon seinerzeit verbreiteten, gedankenlos nachgesprochenen Gemeinplatzes.

Die Rehabilitationsversuche der Philologen sind aufschlussreich – aufschlussreich vor allem im Blick auf die sokratische Erwiderung –, ändern jedoch am Verlauf der Ideengeschichte und ihrer Realitäten nichts. Aussichtslos wäre der Versuch, gegen die Lektüren einer zweitausendjährigen Rezeptionsgeschichte Recht bekommen oder sie gar ungeschehen machen zu wollen. Von den Grundströmungen des westlichen Denkens ist das Urteil der Sokratik durch die Jahrhunderte getragen worden und hat seine Wirkung getan. Dieser Geschichte lässt sich widersprechen, korrigierbar ist sie nicht.

Umso dringender ist allerdings die Klärung der Frage, was zu den Präferenzen der Wahrnehmung Anlass gab. Die philologische Spurenlese kann die Vorstöße und Zuspitzungen aufzeigen, die bestimmten Lesarten zugutekamen – Lesarten, die in der Bildungssprache überdauert haben und bis heute unser Vorverständnis prägen. Das gilt exemplarisch für den Wortlaut der deutschsprachigen Standardübersetzung. Die bereits angesprochene Fassung Schleiermachers ändert die Wortfolge der griechischen Vorlage und legt den Nomina bestimmte Artikel bei, die dem Original fremd sind. Die Hypostase »des« Menschen, die auf diese Weise entstand, ist reines Rezeptionsprodukt (vgl. Georg Picht: *Wahrheit, Vernunft, Verantwortung. Philosophische Studien.* 2. Aufl., Stuttgart 1996, S. 108–134; Lutz Käppel: »Schleiermachers Platon-Übersetzungen«. In: *Schleiermacher Handbuch.* Hg. v. Martin Ohst. Tübingen 2017, S. 157–165). Verstärkt werden derlei Anachronismen durch die suggestive Wortstellung, die gleichfalls von der Vorlage abweicht. Schleiermacher eröffnet die Sentenz mit »dem Menschen«, während der sokratisch-platonische Protagoras die »Dinge« und sogar »alle Dinge« nach vorn stellt: *pánton chremáton.* Eine entsprechend bereinigte Übersetzung, wie sie Dalfen anbietet, könnte lauten: »Aller (seienden) Dinge Maß ist (der) Mensch, der seienden, dass und wie sie sind, der nicht seienden, dass und wie sie nicht sind.«

7 So die Formulierung Buchheims (a. a. O., S. 48), der auch die Angemessenheit des Situationsbegriffs erläutert (S. 78 f.). Wie sehr das Konzept der Situation der gedanklichen Verbindung von Maß und Mensch entgegenkommt, lässt sich der Begriffsgeschichte entnehmen. Aufschlussreich ist insbesondere die Rede Maurice Merleau-Pontys von der menschlichen Situiertheit: »Seiend in einer Situation, sind wir eingekreist, unfähig, uns selbst transparent zu werden« (*Phänomenologie der Wahrnehmung.* Aus dem Französischen v. Wolfgang Boehm. Berlin 1966, S. 435). Was daraus folgt, ist die existenzphilosophische Variante des von der reflexiven Moderne gegen sich selbst gerichteten Pathologieverdachts. Die Aufgabe, vor die sich eine auf Zeitgenossenschaft bedachte Philosophie gestellt sieht, lautet entsprechend: *Situationserhellung.*

8 Vgl. Bernhard Groethuysen: *Philosophische Anthropologie.* München, Berlin 1931, insbes. S. 149–159. In seiner Einleitung zu den

Schriften des Nikolaus von Kues (*Die Kunst der Vermutung. Auswahl aus den Schriften.* Bremen 1957, S. 35 f. u. 62) hat Hans Blumenberg die Gedankenfigur bis zu der cusanischen Kommentierung des Protagoras-Satzes weiterverfolgt.

Demnach ist auch Cusanus der sokratischen Relektüre verpflichtet. Der »Geist«, von dem diese spricht, ist – mit den Worten Max Schelers – Ausdruck ebenjener »*existenziellen Entbundenheit vom Organischen*«, die es dem Menschen ermöglicht, sich »von dem Bann, von dem Druck, von der Abhängigkeit vom *Organischen,* vom ›*Leben*‹ und allem, was zum Leben gehört«, zu befreien (*Die Stellung des Menschen im Kosmos.* Bern, München 1976, S. 32). Während die Sophistik den Menschen, indem sie ihn zum Maß aller Dinge erklärte, als das *festgestellte,* in den Grenzen seines natürlichen Maßes eingeschlossene Wesen ansprach, deutet sich bereits bei Sokrates die dann von der philosophischen Anthropologie favorisierte Vorstellung an, dass der Mensch, sofern er Geist besitzt, das grundsätzlich *nicht-festgestellte,* das »weltoffene« Wesen ist, das seine Grenzen in dem Augenblick, in dem es sich ihrer bewusst wird, potenziell auch schon überwunden hat. Der Einwand hat auch diejenigen überzeugt, die sich ansonsten mit dem von der Ideengeschichte zum intellektuellen Überwesen stilisierten Sokrates schwertaten. Es sei ja doch bloß, gibt Nietzsche den geistigen Nachfahren der Sophistik zu bedenken, eine »lächerliche Unbescheidenheit«, von unserer, der menschlichen »Ecke aus zu dekretiren, dass man nur von dieser Ecke aus Perspektiven haben *dürfe*« (*Die fröhliche Wissenschaft.* In: Ders.: *Kritische Studienausgabe.* Hg. v. Giorgio Colli u. Mazzino Montinari. 2. Aufl., Berlin 1988, Bd. 3, S. 627; § 374).

9 Georg Wilhelm Friedrich Hegel: *Vorlesungen über die Geschichte der Philosophie I.* In: Ders.: *Theorie Werkausgabe.* Red. Eva Moldenhauer u. Karl Markus Michel. Frankfurt a. M. 1970, Bd. 18, S. 429 *[TWA].* »Es ist also hier«, kann Hegel an gleicher Stelle sagen, »der große Satz ausgesprochen, um den sich von nun an alles dreht« (S. 430). Der Originalfassung deutlich näher als Schleiermacher, bietet Hegel den Protagoras-Satz in folgender Übersetzung: »Von allen Dingen ist das Maß der Mensch; von dem, was ist, daß es ist, – von dem, was nicht ist, daß es nicht ist.«

Während Hegel, der von ihm selbst angebahnten Konvergenz von Philosophie und Philosophiegeschichte folgend, den Satz des Protagoras rehabilitiert, indem er ihm den Status einer Vorleistung zubilligt, setzt Martin Heidegger (1989 – 1976) den Homo-mensura-

Satz als die Äußerung eines Hüters der Kosmoswelt ins Recht, der es gewagt habe, sich dem andrängenden und, wie sich gezeigt habe, siegreichen Sokratismus zu verweigern. »Der Mensch des griechischen Grundverständnisses zum Seienden« – gemeint ist der *ánthropos* des Protagoras – »ist *métron* (Maß), insofern er die Mäßigung auf den ichhaft beschränkten Umkreis der Unverborgenheit übernimmt und somit die Verborgenheit von Seiendem [...] anerkennt.« (*Holzwege.* 6. Aufl., Frankfurt a. M. 1980, S. 102 f.) Was immer sich rückblickend in das Theoriebruchstück des Protagoras hineinlegen lässt – die Rezeption hat einen anderen Weg genommen. Der Wille, es mit dieser ganzen Geschichte der Sokratik aufzunehmen, sagt, wie mir scheint, mehr über das Selbstverständnis des Lesers Heidegger als über den Homo-mensura-Satz des Sophisten Protagoras.

10 Wie Hannah Arendt richtig bemerkt, hat der historische Sokrates die Dinge keineswegs untersucht, »um sich oder Andere besser zu machen« (*Das Böse. Eine Vorlesung zu Fragen der Ethik.* München 2006, S. 94). Die für das trivialisierte Fortschrittsbewusstsein kaum mehr erschließbare Haltung des Sokrates erklärt sich aus diesem Selbstverständnis. Wie später Rousseau und Nietzsche gehört auch Sokrates zu denjenigen Philosophen, die nicht durch die Mitteilung von Forschungsergebnissen oder die Einführung letzter Instanzen (›Gott‹, ›Mensch‹, ›Geschichte‹, ›Evolution‹) überzeugen, sondern durch das Beispiel ihrer, wie Sokrates sagt, ›Lebensweise‹. Als Mittel zum Zweck wäre die sokratische Kritik deshalb gründlich missverstanden. Ihre intellektuelle Schärfe zielt – negativ – auf die Vermeidung von Irrtümern und – positiv – auf die Sicherstellung geistiger Beweglichkeit. Formelhaft gesagt: Sokratisch und in diesem Sinn kritisch ist die Suche nach Wissen, nicht jedoch das Haben von Wissen. Vladimir Jankélévitch bestimmt denn auch die sokratische Vorgehensweise als reine »Mobilisierung«, die das Verlangen nach Verfestigung und Dogmatisierung gezielt unterläuft. »Es ist Sokrates, [...] der die Bürger wahnsinnig macht, der sie mit Dialektik und scharfen Ideen trunken macht; es gibt nunmehr Platz in Griechenland für die beweglichen und losgelösten Ideen, für die fruchtbare Kritik. [...] Es ist also nunmehr vorbei mit dem Dämmerzustand, dem Ausruhen und dem Glück« (*Die Ironie.* Aus dem Französischen v. Jürgen Brankel. Berlin 2012, S. 13).

11 Hannah Arendt (*Sokrates. Apologie der Pluralität.* Aus dem Englischen v. Joachim Kalka. Berlin 2016, S. 44) zieht eine klare Trenn-

linie zwischen Sokrates und seinem Schüler Platon. Während Platon nur »die ewige Wahrheit« habe gelten lassen, habe Sokrates die Meinungen der Bürger erschüttern wollen, ohne damit den Anspruch zu verbinden, der Wahrheit jemals habhaft zu werden. Der Einsatz dieser Unterscheidung ist hoch: In den Anläufen, Erwägungen und Erprobungen der Sokratik sieht Arendt das Maß der philosophischen Erkenntnis zutage treten: »Etwas durchgesprochen zu haben, über etwas geredet zu haben, über die *doxa* des Bürgers – das schien Ergebnis genug« (ebd., S. 50; s. a. Donatella Di Cesare: *Von der politischen Berufung der Philosophie.* Berlin 2020, insbes. S. 40 ff.).

12 Das platonische Höhlengleichnis malt die Tötungsabsicht in grellen Farben aus, hält sich aber auf der Ebene des Erwägens und der Spekulation: »würde man ihn [den Rückkehrer] nicht auslachen und [...] sagen [...], es lohne nicht, daß man versuche hinaufzukommen; sondern man müsse jeden, der sie [die Gefangenen] lösen und hinaufbringen wollte, wenn man seiner nur habhaft werden und ihn umbringen könnte, auch wirklich umbringen? / So sprächen sie ganz gewiß, sagte er.« (*Pol.* 517a; vgl. *Werke,* a. a. O., Bd. 5, S. 563.)

Die Szene greift nicht nur auf das persönliche Schicksal des Sokrates voraus, sondern verdeutlicht auch die Eigendynamik des Übermaßes. So ist die Tötungsabsicht derer, die ihre Gewohnheiten gefährdet sehen, in einem trivialen Sinn maßlos; aber gilt nicht das Gleiche auch für eine Philosophie, die das Höhlendasein, dessen Auskömmlichkeit zu keiner Zeit in Frage steht, nicht auf sich beruhen lassen kann? Liegt nicht eine eigene Form der Anmaßung darin, den Zauber der Ahnungslosigkeit brechen zu wollen, die Leute aus der Fassung zu bringen und dem, wovon alle Welt im stillen überzeugt ist, ohne Rücksicht auf die Folgen den Boden zu entziehen? Spricht nicht aus der fraglosen Erwartung, das Vernunftgemäße, wie Herder gelegentlich sagt, den Leuten »heilsam aufzuzwingen«, ein eigener, charakteristisch »philosophischer Extremismus« (Hans Blumenberg: *Höhlenausgänge.* Frankfurt a. M. 1989, S. 132; s. a. S. 143)? Aus der prekären, von Sokrates exemplarisch vorgelebten Form der Ironie wird Hegel den Schluss ziehen, dass Wirklichkeit und Vernünftigkeit keineswegs von Natur aus harmonieren; sie müssen, wie es in der Vorrede zur *Rechtsphilosophie* heißt (vgl. *TWA* Bd. 7, S. 24), in einem langen, zumutungsreichen Prozess überhaupt erst zusammenfinden. Dieser Prozess heißt ›Geschichte‹, und es wird klar, warum er aus Hegels Sicht unumgänglich ist. Die Geschichte – und zwar, wie Hegel gleich zu Anfang seiner Vorlesungen zur Geschichtsphilosophie betont, die empirische Geschichte – trägt die ganze Last der Sorge um die Annäherung von Vernunft und Wirklichkeit in der Zeit.

13 »Dieses neue Prinzip«, fährt Hegel fort, »ist in Widerspruch mit dem bisherigen, [und] erscheint als auflösend; die Heroen erscheinen also als gewaltsam, die Gesetze verletzend. Sie finden individuell ihren Untergang; aber dieses Prinzip dringt selbst, wenngleich in anderer Gestalt, durch und untergräbt das vorhandene. [...] Die Entwicklung dieses Prinzips ist die ganze folgende Geschichte.« (*Vorlesungen über die Geschichte der Philosophie, TWA* Bd. 18, S. 515.)

14 Ebd., S. 457. Hegel legt Wert auf die Feststellung, dass die Konsequenz dieser Objektivierungsleistung nicht – und gerade nicht – konstruktivistisch ausgelegt werden darf. »Das Prinzip des Sokrates ist, daß der Mensch [...] zur Wahrheit durch sich selbst gelangen müsse. Es ist die Rückkehr des Bewußtseins in sich, die [...] bestimmt ist als ein Heraus aus seiner besonderen Subjektivität [...]. Objektivität hat hier den Sinn der anundfürsichseienden Allgemeinheit, nicht *den* äußerlicher Objektivität; so ist die Wahrheit gesetzt als vermittelt, als Produkt, als gesetzt durch das Denken.« (Ebd., S. 443.)

15 Wiederum Blumenberg erinnert daran, dass bereits die Scholastik die Irrtumsanfälligkeit des Menschen als Zeichen seiner Gefallenheit deutet, mit der er den ursprünglichen, »konstitutiv auf Wahrheit« angelegten Grundzug seiner Natur verspielt habe. Die Paradiessituation kennt den Irrtum nicht. Erst der vertriebene Mensch erleidet »die Not, Urteilen und Handeln nicht mehr ausschlagen zu können, ja mit dem Willen stets der Erkenntnis voraus zu sein. An diesem Zusammenhang zeigt sich«, so Blumenberg weiter, »daß Erkenntnis nicht primär in bezug zur Wahrheit, sondern zur Selbsterhaltung steht« (»Der kopernikanische Umsturz und die Weltstellung des Menschen. Eine Studie zum Zusammenhang von Naturwissenschaft und Geistesgeschichte«. In: Ders.: *Schriften zur Technik.* Hg. v. Alexander Schmitz u. Bernd Stiegler. Frankfurt a. M. 2015, S. 71).

16 Bacon traut dem Unternehmen der Wissenschaft die Entwicklung und alsbaldige Bereitstellung jener »einstweilen noch unbekannten Verfahrensweisen« zu (I 110), die nur wenige Jahre später Descartes

Abb. 12: Maarten van Heemskerck, *Natura*, 1572, Staatliche Kunstsammlungen Dresden

in seinem *Discours de la méthode* (1637) tatsächlich konkretisieren und auf den seither terminologischen Begriff der ›Methode‹ bringen wird.

Am Beispiel der *Natura* des niederländischen Malers Maarten van Heemskerck (1498–1574; vgl. *Abb. 12*) hat Horst Bredekamp die Übertragung der Heilsperspektive auf die Technik ideengeschichtlich nachvollzogen (»Der Mensch als ›zweiter Gott‹. Motive der Wiederkehr eines kunsttheoretischen Topos im Zeitalter der Bildsimulation«. In: *Interface 1. Elektronische Medien und künstlerische Kreativität.* Hg. v. Klaus Peter Dencker. Hamburg 1992, S. 134–147). Der vielbrüstigen Mutter Natur auf der rechten Seite, die das Menschenkind nährt, steht auf der linken die schwebende Kugel des Kosmos gegenüber, die auf ihrer Oberfläche all die Instrumente schon fertig bereithält, die der Mensch benötigt, um sich zurechtzufinden und die Welt seinen Bedürfnissen entsprechend einzurichten. Wie das *Maß*, das die Menschen in der Zuversicht bestärkte, dass der

Schöpfer ihnen trotz des Sündenfalls seine Gunst nicht ganz und gar entzogen hat, so ist auch die *Technik* als Zeichen einer durch die lebenserleichternde Funktion der Instrumente erwiesenen Weltgunst deutbar. Die damit gefasste Zuversicht ist auch dogmengeschichtlich aufschlussreich. Die auf den Sündenfall hin verhängte Strafe der Mühsal und Arbeit, von der im Genesisbericht die Rede ist, wird durch die Bereitstellung technischer Verfahren entscheidend gemildert. Die Tauglichkeit der Gerätschaften bestärkt die Menschen in dem Glauben, dass ihnen von höchster Stelle die Mittel an die Hand gegeben sind, die ihnen die Last der Daseinsbewältigung erleichtern und überdies die Chance bieten, der Ordnung der Dinge forschend auf die Spur zu kommen.

Kapitel Sechs – Auftritt des Homo Faber

1 Das Wahre, heißt es 1807 in der *Phänomenologie des Geistes* (Vorrede; vgl. Georg Wilhelm Friedrich Hegel: *Theorie Werkausgabe.* Red. Eva Moldenhauer u. Karl Markus Michel. Frankfurt a. M. 1970, Bd. 3, S. 23 *[TWA]*), »ist das Werden seiner selbst, der Kreis, der sein Ende als seinen Zweck voraussetzt und zum Anfange hat und nur durch die Ausführung und sein Ende wirklich ist«. Ebendiese Figur bemüht Hegel auch in der Rechtsphilosophie (1820; *TWA* Bd. 7, § 2 Zus.). Die Philosophie, heißt es dort, bildet »einen Kreis: [...] Sie ist eine Folge, die nicht in der Luft hängt, nicht ein unmittelbar Anfangendes, sondern sie ist sich rundend«. Feuerbachs Replik erfolgt in den *Grundsätzen* (vgl. *Gesammelte Werke.* Hg. v. Werner Schuffenhauer. Berlin 1969 ff., Bd. 9, S. 264–341, hier § 49 *[GW];* sämtliche Hervorhebungen stammen von Feuerbach). – Zeitgenössische Leser berichten von einer selbständigen Publikation der *Grundsätze,* der als Motto der Homo-mensura-Satz vorangestellt gewesen sei (vgl. Francesco Tomasoni: *Ludwig Feuerbach. Entstehung, Entwicklung und Bedeutung seines Werkes.* Übersetzung aus dem Italienischen v. Gunnhild Schneider. Münster, New York 2015, S. 296).

Akribisch führt Feuerbach zu Ende, was die Aufklärer und was vor allem Johann Gottfried Herder und Moses Mendelssohn vorbereitet hatten. Namentlich Mendelssohn geht so weit, aus dem modifizierten Homo-mensura-Satz den Emanzipationsanspruch der Aufklärung herauszulesen. »Ich setze allezeit die Bestimmung des

Menschen als Maaß und Ziel aller unserer Bestrebungen und Bemühungen, als einen Punkt, worauf wir unsere Augen richten müssen, wenn wir uns nicht verlieren wollen.« (»Ueber die Frage: Was heißt aufklären?«. In: Ders.: *Ausgewählte Werke. Studienausgabe.* Hg. v. Christoph Schulte u. a. Darmstadt 2009, Bd. 2, S. 207–214, hier S. 211). Derart in das philosophische Großprojekt des Zeitalters eingewoben, verändert sich mit dem Begriff auch der Status des Maßes. Spätestens in diesem Augenblick ist das Maß den Menschen nicht länger als ein immer schon Bereitliegendes *mitgegeben,* sondern als ein überhaupt erst zu Definierendes *aufgegeben.* Der Weg ist frei für die ›Normen und Werte‹, mit denen die Moderne ihren moralischen Ansprüchen nachzukommen sucht. Im Vorgriff auf diesen Schwenk greift bereits Mendelssohn die Methoden des Quantifizierens auf. Ganz im Sinn jener cartesianischen Vision einer *morale définitive* und wohl auch inspiriert durch die Ethik Spinozas, regt er eine an die Formelsprache der Mathematik angelehnte Morallehre an, die sinnigerweise in Proportionalsätzen spricht. »Je mehr Güter, je stärker und je länger sie genossen werden, desto größer ist die Glückseligkeit.« (Dieser und weitere Belege bei Eberhard Reichmann: *Die Herrschaft der Zahl. Quantitatives Denken in der deutschen Aufklärung.* Stuttgart 1968, S. 43.) Mendelssohn selbst wirft die Frage der Angemessenheit solcher Komparativschraubereien auf, hält aber die Formalisierung für unumgänglich, wo es gelte, die Weltweisheit des vorneuzeitlichen Denkens auf die Höhe der Zeit zu führen. Den Bruch in der Geschichte der Ethik, den er damit riskiert, spricht der Aufklärer offen an: Über die Quantifizierung hoffe er zu einer Aufstellung moralischer Regeln zu gelangen, die »ohne die Betrachtung« gelten, »daß ein Gott sei, der dieselben befehle«.

2 Feuerbach hat gut daran getan, die über die figurative Metaphorik von Kreis und Ellipse erschlossene Analogie nicht weiter zu strapazieren. Kepler war sich dessen bewusst, dass die Figur der Ellipse, wie die des Kreises, ebenfalls eine Idealisierung ist, und behandelte – weit davon entfernt, aus der Unterscheidung ein ideengeschichtliches Spektakel zu machen – den Kreis als Sonderfall der Ellipse. (Vgl. Thomas de Padova: *Das Weltgeheimnis. Kepler, Galilei und die Vermessung des Himmels.* München, Zürich 2009, S. 214 ff. und Reto Rössler: »Hypothese, Abweichung und Traum. Keplers Ellipsen«. In: *Kosmos & Kontingenz. Eine Gegengeschichte.* Hg. v. Reto Rössler, Tim Sparenberg u. Philipp Weber. Paderborn 2016, S. 65–76.)

Fritz Krafft, der im Begleitwort zur Neuausgabe der *Astronomia Nova* (übers. v. Max Caspar. Wiesbaden 2005) den Weg zur Ellipse minutiös nachvollzieht, erläutert Keplers Berechnungen als Versuche, das überlieferte Weltbild durch eine astronomische Reform zu retten, und das konnte für Kepler nur heißen: »den in der Schöpfung verwirklichten göttlichen Plan der Harmonien des Kosmos als Ursache auch für Anzahl, Größe und Bewegung der Planeten(-sphären) aufzudecken« (S. XXXVIII; s. a. Friedrich Ohly: »Deus Geometra. Skizzen zur Geschichte einer Vorstellung von Gott«. In: *Tradition als historische Kraft. Interdisziplinäre Forschungen zur Geschichte des früheren Mittelalters.* Hg. v. Norbert Kamp u. Joachim Wollasch. Berlin, New York 1982, S. 1–42, insbes. S. 15 ff.). Was die Berechenbarkeit des Weltganzen betrifft, blieb Kepler zeitlebens skeptisch. Die Quantifizierung galt ihm lediglich als Erkenntnismittel, dem sich die wahre Bedeutung seines Gegenstandes niemals erschließt. »Die Frage nach dem ›Wie‹ (wie groß, wie schnell, wie weit usw.), der seine sogenannten Gesetze der Planetenbewegungen folgen, war für Kepler allerdings nie Selbstzweck gewesen – darin unterschied er sich wesentlich von Galileo Galilei, der deshalb für Keplers Denkweise auch kein Verständnis fand, vielmehr mit seiner Bescheidung auf das ›Wie‹ den Weg zu Isaac Newtons reduktionistischer Methodik wies. Die Einsicht in den Ablauf einer Bewegung war Kepler stets Mittel zum eigentlichen Zweck gewesen, zur Frage nach dem ›Warum‹ (oder gar ›Wozu‹), [...] dessen [...] Nachvollzug der Gotteserkenntnis und dem Lobpreis des Schöpfers diene.« (A.a.O., S. XLIX.)

3 »Die neue Philosophie macht [...] die *Anthropologie* [...], *mit Einschluß der Physiologie,* zur Universalwissenschaft.« (*GW* Bd. 9, S. 337.) An gleicher Stelle heißt es: »Die bisherige Philosophie hat schon der *Form* nach Philosophie sein wollen« (S. 238). Und weiter: »Im Gegensatze zu dieser auf die Form erpichten Philosophie behaupten wir gerade, daß uns die *sich selbst verleugnende* Philosophie, *die* Philosophie, der man es *nicht ansieht,* daß sie Philosophie ist, die *wahre* ist.« Deutlicher als viele andere hat Feuerbach die prekäre Lage erkannt und beschrieben, in die das philosophische Denken mit dem Tod Hegels geraten war. Nach dem mit Hegel erreichten Gipfel ihrer Vollendung schien der Philosophie allein noch übrigzubleiben, den Zweifel an sich selbst in ihr Selbstverständnis aufzunehmen und sich ganz neu, nämlich als *Philosophie nach der Philosophie* zu präsentieren.

4 Die Natur, sagt Feuerbach, ist »der *Grund* des Menschen«, und so ist es »nur der *Widerschein deines Auges,* der dir die Natur als *das Werk deines* Auges erscheinen läßt« (vgl. Ralf Becker: *Der menschliche Standpunkt. Perspektiven und Formationen des Anthropomorphismus.* Frankfurt a.M. 2011, S. 188f.). Mit diesem Bekenntnis zum Objektivismus findet Feuerbach in gedankliche Bahnen, die theologisch längst zugestanden waren und den metaphysischen Goldgrund erklären helfen, von dem der Erwartungsüberschuss des technisch ausgerichteten Fortschritts bis heute profitiert. Prominent hergestellt hat diese Gedankenverbindung bereits Thomas von Aquin (1225–1274): »Da Gott die Welt und den Menschen in eine Maßform gebracht hat«, mit diesen Worten referiert Horst Bredekamp den gedanklichen Hintergrund, »ist der Mensch harmonisch gestaltet, kann selbst aber nicht wie Gott den Wesen der Natur das harmonische Maß geben, sondern allein der Welt des Künstlichen: ›non mensurans […] res naturales, sed artificiales tantum‹ (»Der Mensch als ›zweiter Gott‹. Motive der Wiederkehr eines kunsttheoretischen Topos im Zeitalter der Bildsimulation«. In: *Interface 1. Elektronische Medien und künstlerische Kreativität.* Hg. v. Klaus Peter Dencker. Hamburg 1992, S. 134–147, hier S. 136). Feuerbachs vermeintliche ›Umkehrung‹ erweist sich als ›Umbesetzung‹ im Rahmen eines konstanten Stellensystems. Schon lange vor Feuerbach, ja, lange vor Beginn der Neuzeit ist dem Menschen zugestanden, sich die Messbarkeit der Welt zunutze zu machen und in den Grenzen seiner Möglichkeiten das Maß zu veranschlagen, das der als Schöpfung verstandenen Naturwirklichkeit mitgegeben ist. Auch an dieser Stelle beerbt Feuerbach die Religion, die er im Namen des Menschen so spektakulär verabschiedet. In seiner Erzählversion hat die Natur mit dem Menschen *unbewusst* das Wesen hervorgebracht, das es ihr schließlich erlaubt hat, sich ihrer selbst *bewusst* zu werden. Nun ist es am Menschen, diese, und das soll heißen: seine *wahre* Herkunft zu erkennen und seine Chance zu nutzen.

5 *GW* Bd. 5, S. 59. *Das Wesen des Christentums* erschien 1841. In seiner sechzehn Jahre später erschienenen *Theogonie* bekräftigt Feuerbach noch einmal seine Aufforderung, die Prädikate Gottes als menschliche Selbstentwürfe zu entschlüsseln und den Menschen zurückzuerstatten. »Nur wo der Mensch den Zorn überhaupt, auch an sich selbst, verwirft, entfernt er ihn auch von seinem Gotte, seinem Ideale, seinem Wunschwesen, denn er verneint nur von Gott,

was er an sich selbst verwünscht. ›Die Lüge‹, sagt Plato […], ›wird nicht nur von den Göttern, sondern auch von den Menschen gehaßt‹, aber sie wird nur deswegen von den Göttern gehaßt, weil von den Menschen. So ist der Mensch das Maß und Original Gottes.« (*GW*, Bd. 7, S. 284.) Auch hier vertraut Feuerbach auf die Figur der ›Umkehrung‹, die den Gedanken eines höchsten Wesens nicht aufgibt, sondern umadressiert: Demnach ist nicht, wie spätere Feuerbach-Leser unterstellen werden, die Fortschrittsgeschichte die illegitime Erbin der *Heilsgeschichte;* sondern – genau andersherum – die Heilsgeschichte ist der im Irrtum gefangene Vorspann der *Menschheitsgeschichte.*

Die konstruktivistischen Schlussfolgerungen, denen die Moderne und dann, nochmals verstärkt, die Postmoderne zuneigt, hat allerdings weder Hegel noch seine kritische Schülerschaft gezogen. Der Mensch wirft nicht das Netz seiner Eingebungen über die Welt, um diese dann nach Belieben zu modellieren, sondern erweist sich als Maß aller Dinge gerade dadurch, dass er, ganz im Sinn der älteren Begriffsgeschichte, mit dem Apparat seiner Sinne am Maß der Dinge *teilhat.* Feuerbach kann die Eindrücke der Sinne geradezu als »objektive Empfindungen« ansprechen, die »an ein gewisses Maß des Objektes gebunden« seien; werde »dieses überschritten, so *vergeht* einem *Sehen und Hören*« (*GW* Bd. 3, S. 288). Auf der gleichen Linie bewegt sich der junge Marx: »Das Tier«, heißt es in den *Ökonomisch-philosophischen Manuskripten* (*MEW* EB I, S. 517), »formiert nur nach dem Maß und dem Bedürfnis der species, der es angehört, während der Mensch nach dem Maß jeder species zu produzieren weiß und überall das inhärente Maß dem Gegenstand anzulegen weiß; der Mensch formiert daher auch nach den Gesetzen der Schönheit«. Das Wort vom »inhärenten Maß« der Dinge, dem bei Feuerbach die Rede vom »eingeborenen Maß« entspricht (vgl. *GW* Bd. 5, S. 437), folgt dem herkömmlichen Verständnis des Maßes und seiner ontologisch gesicherten Ethik.

Marx hält an diesen Vorgaben auch da noch fest, wo er – etwa in der *Deutschen Ideologie* (*MEW* Bd. 3, S. 26 f.) – die Abhängigkeit der »Vorstellungen, Ideen pp.« vom »wirklichen Lebensprozeß« statuiert. Mit dem Anspruch, das Maß auf zeitgemäße Weise zur Geltung zu bringen, nimmt er den thematischen Faden auf, den Hegel zunächst in der Vorrede zur *Phänomenologie des Geistes* (vgl. *TWA* Bd. 3, S. 40 ff.) und später in seiner *Wissenschaft der Logik* ausgelegt hatte. Im Anschluss an die in den dreißiger Jahren des vorigen Jahrhunderts angestellten Studien Alfred Sohn-Rethels haben Frank Engster und Andreas Schröder die These vertreten, dass noch der Marx der Politischen Ökonomie der seinerzeit gezogenen Linie gefolgt sei. Seine Kritik habe gezeigt (»Maß und Messung. Die Naturalisierung von Gesellschaft und Kultur«. In: *Zeitschrift für Kritische Sozialtheorie und Philosophie* 1 [2014], S. 109–147, hier S. 117), dass »das Verhältnis der kapitalistischen Gesellschaft und der neuzeitliche Naturbegriff« beide »im Maß und in der Technik des Messens« gründen. Das wäre nun doch eine deutliche Abweichung von den Prämissen Feuerbachs. Während dieser, im Einvernehmen mit den Überzeugungen seiner Zeit, vom Primat der *Natur* auf das Primat der Naturwissenschaft schloss, hätte Marx weitergegraben, um der »Genesis der naturwissenschaftlichen Geltungsformen« (S. 116) auf die Spur zu kommen.

Tatsächlich finden sich erste Anzeichen dieser Kritik bereits in dem Schreiben, das der junge Marx am 10. November 1837 an seinen Vater gerichtet hat – dem ersten bekannten Schriftstück von Marx überhaupt. Offenkundig unter dem Eindruck einer intensiven Hegel-Lektüre formuliert Marx die Erwartung, die philosophische Theorie müsse »die Vernunft des Dinges selbst« zur Geltung bringen und zeigen, wie es sich »als in sich Widerstreitendes« fortbewegt, um ebendamit »in sich seine Einheit« zu finden (*MEW* EB I; S. 5). Der Mathematiker hingegen, der an der Idealität seiner Formen und Figuren jederzeit festhalte, dringe zur »Sache selbst« gar nicht durch und begnüge sich mit der »bloßen Vorstellung«. Die Unzulänglichkeit dieser Wirklichkeitsbeschreibung, so der kühne Schluss des jungen Marx, offenbare »die unwissenschaftliche Form des mathematischen Dogmatismus«.

6 Aus Feuerbachs Sicht ist diese Erwiderung zwingend. Sie stützt den zentralen Gedanken, demzufolge der Mensch sich die absolute Macht nach seinem Bild erschaffen hat, um sich anschließend ebendiesem, von ihm selbst entworfenen Bild zu unterwerfen. Die »Hinwegsetzung« des Menschen über sein Maß, schreibt Feuerbach, »ist nur eine Illusion« (*GW* Bd. 5, S. 52) – aber, und darauf kommt es ihm an, eine vielsagende Illusion. Der Bildersaal seiner Phantasie ist voller Gegenstände, die nur darauf warten, als authentische Hervorbringungen des Menschen entschlüsselt und ihm als ihrem wahren Urheber zugesprochen zu werden. Die Religion ist der Ort, an dem die ursprüngliche Verkennungsstruktur exemplarisch zutage tritt und deshalb für Feuerbach wie auch für Marx der

entscheidende Angriffspunkt. Feuerbachs entschlossene Humanisierung des Maßes nimmt unmittelbar auf diesen Zusammenhang Bezug: »Der Mensch, insbesondre der religiöse, ist das Maß aller Dinge, aller Wirklichkeit.« (Ebd., S. 59).

7 Schleiermacher publizierte seine *Theaitetos*-Übersetzung erstmals 1805 im zweiten Band der wenig später abgeschlossenen Gesamtausgabe der Werke Platons. Es ist durchaus bezeichnend für das Profil und das Selbstverständnis der im deutschen Sprachraum verbreiteten Religionskritik, dass mit Feuerbach einer ihrer profiliertesten Vertreter von der Platon-Übersetzung eines protestantischen Theologen angeregt war.

8 Zu den Risiken dieses Kitzels gehört, dass er die Selbstwahrnehmung trübt. Einmal in der Eindimensionalität der technisch hochgerüsteten und unablässig drängenden Unruhe gefangen, können die Menschen sich schon bald nicht mehr vorstellen, »wo eine grosse Kraft freiwillig vor dem Maasslosen und Unbegrenzten stehen blieb –, wo ein Überfluss von feiner Lust in der plötzlichen Bändigung und Versteinerung, im Feststehen und Sich-Fest-Stellen auf einem noch zitternden Boden genossen wurde. Das *Maass* ist uns fremd, gestehen wir es uns; unser Kitzel ist gerade der Kitzel des Unendlichen, Ungemessenen.« (Friedrich Nietzsche: *KSA* Bd. 5, S. 160.)

Otto Friedrich Bollnow hat Nietzsches Beobachtung kulturkritisch, Gerald Hartung anthropologisch ausbuchstabiert (vgl. Otto Friedrich Bollnow: *Maß und Vermessenheit des Menschen. Philosophische Aufsätze.* Göttingen 1962; Gerald Hartung, »Unendlichkeit oder Maßlosigkeit? Anthropologische Überlegungen«. In: *Unendlichkeit. Interdisziplinäre Perspektiven.* Hg. v. Johannes Brachtendorf u. a. Tübingen 2008, S. 113–128).

9 Georg Forster hat den 1764, neun Jahre nach dem Erdbeben von Lissabon entstandenen Aufsatz Buffons ins Deutsche übertragen und 1781 als Einleitung zu seiner *Vorlesung über die Anfangsgründe der Thiergeschichte* veröffentlicht (vgl. *Werke. Sämtliche Schriften, Tagebücher, Briefe.* Hg. v. der Akademie der Wissenschaften der DDR. Berlin 1984, Bd. 8, S. 77–97, insbes. S. 95). Die Zitate entnehme ich dieser Übersetzung.

Das Wort vom *maître du domaine de la terre* spielt an auf die berühmte Formulierung aus dem sechsten Teil des *Discours de la méthode* (1637). Deutlicher noch als Buffon hatte Descartes die Gegenstellung eines Konzepts betont, das die »spekulative«, und das sollte an dieser Stelle heißen: die längst der Lebensferne verdächtige Theorie durch ein erklärtermaßen »praktisches« Wissen ersetzen will, dem zugetraut werden darf, »das allgemeine Beste aller Menschen zu befördern«. Descartes ruft dazu auf, es mit der organisierten Nutzung der Naturkräfte ebensoweit zu bringen wie die Handwerker mit ihrem Erfahrungswissen, »so daß wir sie auf eben dieselbe Weise zu allen Zwecken, für die sie geeignet sind, verwenden und uns so zu Herren und Eigentümern der Natur« machen: zu den dann von Buffon gefeierten *maîtres et possesseurs de la nature.*

Unter den Naturforschern seiner Zeit bildet Buffons Reverenzerweis schon die Ausnahme. Unter dem Eindruck des Quantifizierungsgeschehens werden die Fragen der Philosophie zusehends als Störung eines Erkenntnisfortschritts empfunden, der verlangt, dass die Wissenschaft strikt und unbeirrbar dem Programm folgt, das ›Methode‹ heißt. Die Beschränkung der theoretischen Neugierde – und nicht deren Erweiterung – ist die Garantie des Erfolgs. Dietrich von Engelhardt (»Die Naturwissenschaft der Aufklärung und die romantisch-idealistische Naturphilosophie«. In: *Idealismus und Aufklärung. Kontinuität und Kritik der Aufklärung in Philosophie und Poesie um 1800.* Hg. v. Christoph Jamme u. Gerhard Kurz. Stuttgart 1988, S. 80–96, hier S. 85) zitiert den Naturforscher und Gelegenheitsdichter Albrecht von Haller (1708–1777), der die Bruchlinie, die seit den Tagen der Frühaufklärung die Ordnungen des Wissens quert, im *Tagebuch seiner Beobachtungen* hervorhebt und unmissverständlich Partei ergreift: »bequemere Sternröhre, ründere Glastropfen, richtigere Abtheilungen eines Zolles, Spritzen und Messer thaten mehr zur Vergrößerung des Reiches der Vernunft, als der schöpferische Geist des Descartes, als der Vater der Ordnung Aristoteles, als der belesene Gassendt«.

10 Wie er sich die Rolle des Überwesens dachte, hat Platon in der *Politeia* näher ausgeführt: »Offenbar also ist Gott einfach und wahr in Wort und Tat und verwandelt sich weder selbst, noch hintergeht er andere, weder in Erscheinungen noch in Reden noch indem er ihnen Zeichen sendet, weder im Wachen noch im Schlaf.« (382e) Worte wie diese hat das philosophisch interessierte Christentum, speziell unter dem Einfluss des Neuplatonismus (vgl. Dietrich Mahnke: *Unendliche Sphäre und Allmittelpunkt. Beiträge zur Genealogie der mathematischen Mystik.* Halle 1937, S. 74 f.), als Vorgriff auf das Verständnis eines Gottes verstehen wollen, der, wie noch bei Descartes, für die Wahrheit des Weltwissens einsteht. Ebendieser

Gedankenlinie hat Blaise Pascal (1623–1662) widersprochen und vor einem Gottesverständnis gewarnt, das im absoluten Wesen nur noch die Systemstelle im Rahmen einer verselbständigten, ihrer Eigenlogik verpflichteten Wissensordnung erkennen mochte. Der Gott der Christen, erwidert er in der 556. Pensée, dürfe nicht, wie der Gott der Philosophen, auf die Rolle des Urhebers der geometrischen Wahrheiten eingeschränkt werden; er müsse – und das ist mit Bedacht auf dem Boden der neuen Zeit gesagt – der Gott sein und bleiben, der die Menschen »im Innern ihr Elend und seine unendliche Barmherzigkeit spüren läßt«.

11 Auch die Bibelverse scheinen auf das Provokationspotenzial des Protagoras-Satzes reagieren und feststellen zu wollen, dass das Maß der Verfügbarkeit des Menschen entzogen sei. Folglich darf der Mensch es nutzen, denn dazu ist es ihm gegeben; nicht aber darf er es ›sein‹ wollen. Indirekt ist damit der Gedanke vorgreifend abgewehrt, der Mensch dürfe sich »an Gott sein Maß nehmen« (Rainer Marten: »Endlichkeit, Unendlichkeit und die Frage nach dem menschlichen Maß des Lebens«. In: *Endliches Leben. Interdisziplinäre Zugänge zum Phänomen der Krankheit.* Hg. v. Markus Höfner, Stephan Schade u. Günter Thomas. Tübingen 2010, S. 65–76, hier S. 69 ff.).

12 Platons Missbilligung ist unmissverständlich. In der *Politeia* ist von »Mietlingen« die Rede, die, statt der Weisheit zu folgen, der »Menge« gefällig sind und ihr sagen, was sie hören will (vgl. 493 a, b). Auf dem Spiel steht der Eigensinn der Philosophie, den, so Platon, die Sophistik für kleines Geld preisgibt. Deutlich abgeklärter – und damit ganz im Geist der Maßethik – urteilt Aristoteles, der den Homo-mensura-Satz als Großtuerei abtut, die auf einem Missverständnis beruhe. Wenn Protagoras sage, heißt es in der *Metaphysik* (X1; s. a. XI 6), »der Mensch sei das Maß aller Dinge, so heißt das soviel wie, der Wissende oder der sinnlich Wahrnehmende sei das Maß […]. So scheint der Ausspruch etwas besonderes zu enthalten, ohne es doch wirklich zu enthalten.«

Kapitel Sieben – Flucht aus der Mitte

1 Es geht hier nicht um dogmatische Fragen. Um Missverständnisse auszuschließen, muss aber doch gesagt werden, dass die Delegation eine theologische Lösung weder war noch sein konnte. Der

von den Menschen ins Amt gerufene und mit bestimmten Aufgaben betraute Gott ist genau das, was das Alte Testament einen Götzen nennt. »Wer sich einen Gott macht«, so lautet die Warnung im zweiten Teil des Jesajabuches (44, 10–11), »und sich ein Götterbild gießt, / hat keinen Nutzen davon. // Seht her, alle, die sich ihm anschließen, / werden beschämt, / die Schmiede sind nichts als Menschen. // Sie sollen sich alle versammeln und vor mich treten; / dann werden sie alle von Schrecken gepackt und beschämt.« Der Begriff der Delegation erfasst den Gottesglauben aus einer Perspektive, die erst Ludwig Feuerbach abschließend standardisiert hat: durch den Blick von außen, der sich weniger für Inhalte interessiert als für Funktionen.

2 Das Plinius-Zitat entstammt der *Naturalis historia* (II 2). »Protagoras«, schreibt Montaigne an gleicher Stelle (*Essais.* Übers. v. Hans Stilett. Frankfurt a. M. 1998, S. 278; II 12), »hat uns wahrhaftig einen schönen Bären aufgebunden, als er den Menschen zum Maß aller Dinge machte! Wenn aber nicht er das Maß aller Dinge ist, wird sein Stolz nie gestatten wollen, daß dieses Privileg einem anderen Geschöpf zufalle. Doch da er ständig sich selber widerspricht und bei ihm ein Urteil unablässig das andere über den Haufen wirft, erwies sich diese Schmeichelei bloß als Witz, der uns erst für die Nichtigkeit des Meßgeräts wie des Vermessers *[la neantise du compas et du compasseur]* die Augen geöffnet hat« [Übersetzung bearbeitet; R. K.].

3 »Diese Welt«, so lautet das entsprechende Fragment 58/30 Heraklits in der Übersetzung Wilhelm Capelles (*Die Vorsokratiker. Die Fragmente und Quellenberichte.* Stuttgart 1968, S. 142), »hat weder der Götter einer noch der Menschen einer gemacht, sondern sie war immer und ist und wird immer sein ein ewig lebendiges Feuer, nach Maßen sich entzündend und nach Maßen erlöschend.«

4 Überlegungen seines Frühwerks folgend (vgl. *Valerius Terminus. Von der Interpretation der Natur.* Englisch-Deutsch. Übers. v. Franz Träger u. Hildegard Träger. Hg. v. Franz Träger. Würzburg 1984, S. 42/43), erläutert Bacon im Schlussaphorismus des *Novum Organum* (1620) das Unternehmen der Wissenschaft als Restitution. Wenn Bacon, wie nur konsequent, vor der Vermischung des Göttlichen und des Menschlichen warnt (ausdrücklich im 65. Aphorismus des ersten Teils; vgl. *Neues Organon.* Lateinisch-Deutsch. Hg. v. Wolfgang Krohn. Übers. v. Rudolf Hoffmann u. Gertraud Korf. Hamburg 1990, Bd. 1, S. 134/135), dann gilt dieser Vorbehalt ganz

ebenso der in Reichweite gerückten Protagoras-Formel. Im Gegensatz zu dem, was diese suggeriere, sei der Mensch gut beraten, seinen Verstand beständig zu prüfen und sich vor jenen Übereiltheiten, die sich ihm wie von selbst aufdrängen, in acht zu nehmen (vgl. Aph. I 41 u. 52).

5 Die populäre Entgegensetzung von dogmatisch-geschlossenem und aufgeklärt-offenem Weltbild greift zu kurz. Mit Montaigne hat ein Autor, der weit außerhalb solcher Schematisierungen steht und von dem Bacon sich erkennbar anregen ließ (vgl. Charles Whitney: *Francis Bacon. Die Begründung der Moderne.* Frankfurt a.M. 1989, S. 101 ff.), die Mahnung ausgesprochen, dass die göttlichen Wohltaten missbrauche, wer das von der Vorsehung gesetzte Maß überschreite – *que c'est abuser des faveurs de Dieu, de leur vouloir faire perdre la mesure qu'il leur a prescrite* (*Essais* I, 47). Nicht die Sorge um den Einfluss der Kirche treibt Montaigne um, sondern die Befürchtung, die moralische Entwicklung des Menschen werde hinter der Dynamik der technischen Entwicklung zurückbleiben. Ähnlich zurückhaltend äußert sich noch Immanuel Kant: »Von dem Prometheus der neuern Zeiten, dem Hrn. Franklin, an«, schreibt er 1756 (»Fortgesetzte Betrachtung der Erderschütterungen«. In: Ders.: *Werke. Akademie-Ausgabe.* Berlin 1902 ff., Bd. 1, S. 463–472, hier S. 472), »der den Donner entwaffnen wollte, bis zu demjenigen, welcher das Feuer in der Werkstatt des Vulkans auslöschen will, sind alle solche Bestrebungen Beweisthümer von der Kühnheit des Menschen, die mit einem Vermögen verbunden ist, welches in gar geringem Verhältnis dazu steht, und führen ihn zuletzt auf die demüthigende Erinnerung, wobei er billig anfangen sollte, daß er doch niemals etwas mehr als ein Mensch sei.« In seinen Spätschriften scheint sich Kant damit abgefunden zu haben, dass die Trennung von Können und Sollen, von Messen und Maß unwiderruflich sei. Der »gestirnte Himmel«, zu dem der messende Mensch aufschaut, und das »moralische Gesetz«, das der um Maß und Mitte besorgte Mensch in sich trägt – so das berühmte Fazit der *Kritik der praktischen Vernunft* von 1788 (ebd., Bd. 5, S. 161 f.) –, sind wohl »unmittelbar mit dem Bewußtsein meiner Existenz« verbunden, darum aber noch lange nicht untereinander.

6 An gleicher Stelle lässt Simmel durchscheinen, dass das Kalkül der Mitte schon nicht mehr das fraglos gegebene, Welt- und Menschenkenntnis bündelnde Maß ist. Nach der Marginalisierung der Maßethik richten sich die Beteiligten in einem »mittleren Zustand

zwischen Wissen und Nichtwissen« ein (*Soziologie*. In: Ders.: *Gesamtausgabe*. Hg. v. Otthein Rammstedt. Frankfurt a.M. 1989ff., Bd. 11, S. 393), um die Situation pragmatisch zu bewältigen: »Der moderne Kaufmann, der mit dem andren ein Geschäft entriert; der Gelehrte, der mit einem andren zusammen eine Untersuchung unternimmt; der Führer einer politischen Partei, der mit dem einer andren ein Abkommen [...] trifft – alle diese wissen [...] über ihren Partner genau das, was zu wissen für die zu knüpfende Beziehung erforderlich ist. [...] Das Fundament an persönlichen Qualitäten, von dem prinzipiell eine Modifikation des Verhaltens innerhalb der Beziehung ausgehen könnte, kommt nicht mehr in Betracht, die Motivierung und Regulierung dieses Verhaltens hat sich so versachlicht, daß das Vertrauen nicht mehr der eigentlich personalen Kenntnis bedarf.« (Ebd., S. 394.) Die depersonalisierte, auf eine spontan gebildete Mitte bauende Vorerwartung, von der Simmel spricht, wird ein knappes Jahrhundert später zu ihrem Namen kommen: Systemvertrauen.

7 Ich folge der Darstellung Otfried Höffes: *Aristoteles*. 3. Aufl., München 1996, insbes. S. 224ff.; dazu außerdem Ursula Wolf: »Über den Sinn der Aristotelischen Mesoteslehre (II)«. In: *Aristoteles. Die Nikomachische Ethik*. Hg. v. Otfried Höffe. Berlin 1995, S. 83–108 und Lázlo Tengelyi: »Maß, Ordnung und Mitte bei Platon und Aristoteles«. In: *Phänomenologische Forschungen* (2003), S. 39–53. Bereits Joachim Ritter hat den von Aristoteles entfalteten Begriff der Mitte als Versuch gedeutet, die Gleichwertigkeit zwischen den Anwendungsbezügen des Messens und der Ethik des Maßes, zwischen Quantität und Qualität auf Dauer sicherzustellen (*Metaphysik und Politik. Studien zu Aristoteles und Hegel*. Frankfurt a.M. 1977, S. 20ff.).

8 Hans Blumenberg (*Die Genesis der kopernikanischen Welt*. Frankfurt a.M. 1981, S. 214) bezieht sich unter anderem auf das sechste Buch der *Nikomachischen Ethik:* »Denn es gibt andere Lebewesen, die ihrer Natur nach noch viel göttlicher sind als der Mensch, etwa am sichtbarsten jene, aus denen der Kosmos gebildet ist.« (1141b 1)

9 Potentiell tritt damit der Mensch schon bei Seneca als der »Mitspieler« hervor, als den ihn dann Francis Bacon in der heilsgeschichtlich getönten Weltbeschreibung der Neuen Wissenschaft ansprechen wird. Es ist, schreibt Bacon in der Vorrede (*Neues Organon*, a.a.O., Bd. 1, S. 33) »als wenn die göttliche Natur sich an dem unschuldigen und harmlosen Spiel der Knaben ergötzte, die sich ver-

stecken, um gefunden zu werden, und als ob sie in ihrer Nachsicht und Güte gegenüber den Menschen den menschlichen Geist zu ihrem Mitspieler *[collusor]* in diesem Spiel auserwählt hätte«. Einen Unterschied ums Ganze macht allerdings das von Bacon zwischengeschaltete Versteckspiel. Während der stoische Mensch frei und unbefangen in die Natur hinaustritt, erkennt der von Bacon eingeführte Spielpartner im Maß das Instrument, das es ihm erlaubt, die Natur zu überlisten. Bacons wiederholt erklärte Absicht, der Natur die Kenntnisse zu entlocken, die es braucht, um sie zu besiegen (*naturam vincere;* vgl. I 3 u. pass.), liegt dem stoischen Weltbetrachter fern. Der schauende, durch Maß und Mitte in seiner Rolle gehaltene Mensch begegnet einer Natur, die ihn ihre Schätze bereitwillig sehen lässt und auf deren Fülle und Fürsorglichkeit unbedingt Verlass ist.

10 Mit Recht betont Pierre Hadot (*Philosophie als Lebensform. Antike und moderne Exerzitien der Weisheit.* Frankfurt a. M. 2002) die enge Verbindung, die Seneca zwischen der Stellung des Menschen und der vom Sehen angeleiteten Erkenntnis der Natur herstellt. Ethische, epistemologische und spirituelle Elemente fließen zusammen, wenn Seneca in seinen *Naturales Quaestiones* die Erkenntnis »der himmlischen Dinge« als Erhebung der menschlichen Seele beschreibt, mit der sie sich als würdig erweise, »in die Gemeinschaft der Götter aufgenommen zu werden« (zit. ebd., S. 79 f.).

11 Ich zitiere die auf der Editio princeps (1496) beruhende Neuübersetzung von Gerd von der Gönna (*De hominis dignitate – Über die Würde des Menschen.* Lateinisch-Deutsch. Stuttgart 2012, S. 9). Den geistesgeschichtlichen Hintergrund vergegenwärtigt Ernst Cassirer (*Individuum und Kosmos in der Philosophie der Renaissance.* In: Ders.: *Gesammelte Werke. Hamburger Ausgabe.* Hg. v. Birgit Recki. Hamburg 1998 ff., Bd. 14, S. 96 ff.), der auch die Einschätzung Burckhardts überliefert.

12 Picos Gottesmonolog stellt die imperiale Geste des Weltschöpfers vor Augen, der sagt, was zu geschehen hat und unweigerlich auch geschieht. Der Paternalismus der Szene, die charakteristische Mischung aus Betreuung und Beherrschung, entstammt dem Bilderreich der Bibel. »Ich bin es, der die Erde erschaffen hat samt den Menschen und den Tieren, die auf der Erde leben, durch meine gewaltige Kraft und meinen hoch erhobenen Arm«, heißt es im Buch Jeremia (27,5), »und ich gebe sie, wem ich will.« Referenzen wie diese bestätigen die Beiläufigkeit, mit der Pico dem Traum der

Neuzeit so früh schon Gestalt gibt: »von jeder Einschränkung frei« und doch zugleich von der absoluten Macht gehalten und ins Recht gesetzt zu sein.

13 Als entscheidende Implikation der Mitte erweist sich einmal mehr der Raum, genauer: der Raum der überhaupt erst durch die Mitte gestifteten Beziehungen. Als Versuch, das Konzept von substantialistischen Zuschreibungen zu befreien und das »Unschaubare« zu enträtseln, lässt sich die sozialphilosophische Konkretisierung der Mitte als Mitsein verstehen (vgl. Kurt Röttgers: *Das Soziale denken. Leitlinien einer Philosophie des kommunikativen Textes.* Weilerswist 2021, S. 19ff. u. 77ff.). Demnach entfaltet die Mitte ihr Potential realmetaphorisch: durch den Entwurf eines Raums ohne Raum, in dem die ›Mitte‹ einsteht für die menschlichen Strukturbeziehungen eines generalisierten ›Mit‹. Die Mitte, so Röttgers, ist ein gestaltungsoffenes Zwischen.

14 Zum Folgenden vgl. Herfried Münkler: *Maß und Mitte. Der Kampf um die richtige Ordnung.* Berlin 2012, S. 76f. u. 108ff. Die politische Besetzung der Mitte ist, wie Münkler schreibt, ein Novum der Französischen Revolution. »Nun begann der Kampf um die politische Mitte, und er wurde von den Flügeln her geführt.« Das geläufige Schema der politischen Richtungen – ›links‹ die Veränderer, ›rechts‹ die Bewahrer – bildet die damalige Sitzordnung der aus den Ereignissen von 1789 hervorgegangenen Nationalversammlung ab.

15 Der revolutionäre Hass auf die »Gemäßigten« entlädt sich in der Rede, die Robespierre am 5. Februar 1794 vor dem Konvent gehalten hat (die Übersetzung von Kurt Schnelle erschien 2000 in Hamburg; s. dort, insbes. S. 27ff.). Unter dem Eindruck der aufkommenden Geschichtsphilosophien, darauf weist ebenfalls Münkler hin (a.a.O., S. 110f.), erhält die Raummetapher der Mitte Konkurrenz durch die Zeitmetapher des Pfeils, der die Richtung des Fortschritts anzeigt. Der Fortschritt, von dem seit den Tagen der Revolution die Rede ist, wird konkret als Emanzipation: als die entschiedene, prinzipiell gewordene Lossagung von allem Vorgefundenen, Überlieferten und Bestehenden. In dieser Funktion ist der vorwärts und nach vorn, in die Zukunft weisende Pfeil in der Ikonographie der politischen Linken obligatorisch geworden. An die Stelle der alten, energisch bekämpften Metaphysik der räumlichen Mitte tritt die gleichfalls metaphysisch aufgeladene Vorstellung einer unbedingt vertrauenswürdigen Aufstiegsbewegung in der Zeit. Der Pfeil der Zeit zeigt die Richtung an, in der es weitergeht, und soll verhindern,

dass das Erbe der Revolution von Biedermeier, Mittelmaß und Justemilieu – von den Nachfolgern der Moderaten – vertan wird.

16 Der moderne Geist der Unruhe mit »seinem Hass gegen Maass und Schranke« sei »auf allen Gebieten zur Herrschaft gekommen«, konstatiert Nietzsche 1878, »zuerst entzügelt durch das Fieber der Revolution und dann wieder sich Zügel anlegend, wenn ihn Angst und Grauen vor sich selbst anwandelte, – aber die Zügel der Logik, nicht mehr des künstlerischen Maasses.« (*Kritische Studienausgabe.* Hg. v. Giorgio Colli u. Mazzino Montinari. 2. Aufl., Berlin 1988, Bd. 2, S. 182.) Das Foucault-Zitat findet sich in der ersten, auszugsweisen deutschen Übersetzung (*Vom Licht des Krieges. Zur Geburt der Geschichte.* Hg. u. übers. v. Walter Seitter. Berlin 1985, S. 15), der dann 1999 unter dem Titel *In Verteidigung der Gesellschaft* vollzählig erschienenen Vorlesungen (Frankfurt a. M. 1999). Allerdings fehlt in dieser Standardausgabe der angeführte Satz.

Foucault ermittelt die Diskurseigenschaften neuzeitlicher Politik, die »eine binäre Konzeption der Gesellschaft« einführt (links / rechts – vorwärts / rückwärts – Freund / Feind – wir / ihr – unten / oben – …) und das Schema fortlaufend umbesetzt, anpasst und erneuert. Die Politik, so lautet kurz gefasst die These Foucaults, pflegt ihren eigenen, auf Kosten der Mitte stabilisierten Mythos: den Mythos der Entgegensetzung, des Kampfes und der sozialen Polarität. Nachdem dieser Mythos einmal zum Wesen des Politischen erklärt war, hat er in allen Bereichen der Gesellschaft, einschließlich Kunst und Wissenschaft, sein Echo gefunden und seine Wirkung getan.

Kapitel Acht – Die Messbarkeit der Welt

1 In der Konsequenz steht nun der Mensch vor grenzenlos offenen Räumen. Ernst Cassirer zitiert den englischen Physiker und Experimentator William Gilbert (1544–1603), der den von Picos Redner mitgeteilten Umbau des Weltmodells mit seltener Entschiedenheit bestätigt: »Nicht der Ort ist es, der in der Natur der Dinge wirkt und schafft […]. Der Ort ist ein Nichts, er existiert nicht« – *locus nihil est, non existit* (*Das Erkenntnisproblem in der Philosophie und Wissenschaft der neueren Zeit.* Bd. 1. In: Ders.: *Gesammelte Werke. Hamburger Ausgabe.* Hg. v. Birgit Recki. Bd. 2. Hamburg 1999, Bd. 2, S. 301 *[ECW]*). Der Verlust der Mitte folgt letztlich nur diesem ersten, weit umfassenderen Verlust: dem Verlust des Ortes.

2 So Hans Blumenberg: »Technik und Wahrheit«. In: Ders.: *Schriften zur Technik.* Hg. v. Alexander Schmitz u. Bernd Stiegler. Berlin 2015, S. 42–50, hier S. 49. Der Mensch, heißt es an gleicher Stelle (S. 44) weiter, ist »auf die bloße *Ökonomie* seiner Selbstbehauptung zurückgeworfen, und die ›Wahrheit‹ wird verstanden als *Funktion* dieser Ökonomie, das heißt: sie steht im Dienst der Bewältigung der Wirklichkeit und empfängt von hier ihren Sinn. Anstelle der ›*Natürlichkeit*‹ der Wahrheit tritt die Wahrheit als Ergebnis von ›*Arbeit*‹ im weitesten Sinne, die Wahrheit, die uns ›comme maîtres et possesseurs de la nature‹ macht, wie *Descartes* es formulieren wird.«

3 Johann Christoph Gottsched: *Schriften zur Literatur.* Hg. v. Horst Steinmetz. Stuttgart 1972, S. 70 f. Zur Rezeption der Bibelstelle vgl. Heribert M. Nobis: »Umwandlung der mittelalterlichen Naturvorstellung. Ihre Ursachen und ihre wissenschaftsgeschichtlichen Folgen.« In: *Archiv für Begriffsgeschichte* 13 (1969), S. 34–57, hier S. 46 und Johannes Zahlten: *Creator mundi. Darstellungen der sechs Schöpfungstage und naturwissenschaftliches Weltbild im Mittelalter.* Stuttgart 1979, S. 103 ff. u. 153 ff.; Felix Heinimann (»Mass – Gewicht – Zahl«. In: *Museum Helveticum. Schweizerische Zeitschrift für klassische Altertumswissenschaften* 32 [1975], S. 183–196) hat den Weg der prominenten Begriffstrias vom Buch der Weisheit zurückverfolgt bis in die vorplatonische Literatur. Sie findet sich sowohl bei Sophokles als auch bei Euripides, die beide im fünften vorchristlichen Jahrhundert lebten. In den Büchern der Bibel hat sie ein mehrfaches Echo gefunden (Hiob 28,25 f., Jes 40,12–14), darüber hinaus und wiederum richtungsweisend in den Schriften des Augustinus.

4 Hans Blumenberg (*Die Lesbarkeit der Welt.* Frankfurt a. M. 1983, S. 53 f.) zitiert den Frühscholastiker Hugo von St. Viktor (1096–1141): *Universum enim mundus iste sensibilis quasi quidam liber est scriptus digito Dei.* Den Weg vom *digitus* (»Finger«) Gottes zu den Pathosformeln der Digitalität skizziert Horst Wenzel (»Von der Gotteshand zum Datenhandschuh. Zur Medialität des Begreifens«. In: *Bild, Schrift und Zahl.* Hg. v. Sybille Krämer u. Horst Bredekamp. 2. Aufl., München 2009, S. 25–56, insbes. S. 29 ff.).

5 Das gilt speziell für die heute vergessene Physikotheologie, die zwei Jahrhunderte lang das Erscheinungsbild der Naturwissenschaften prägte. Die Ausgangsintuition dieser von naturkundlich interessierten Laien, aber auch von reformfreudigen Gruppen beider christ-

licher Konfessionen getragenen Protowissenschaft besagt, dass Gott sich zweifach offenbart habe: in der *Schrift* und in seinem *Werk*. Auf der Basis dieser Idee einer doppelten Offenbarung entstand eine Naturlehre, die, methodisch durchaus auf der Höhe ihrer Zeit, über die Erforschung der natürlichen Zusammenhänge auf die Absichten dessen schließen zu können hoffte, der einst diese vollkommene und, wie ihre Vertreter betonten, überwältigend schöne Natur erschuf. Charakteristisch ist die Auskunft Johann Gottlieb Krügers, der 1741 *Physikotheologische Betrachtungen einiger Tiere* vorlegte und sich gleich einleitend zu der Tradition jener »Mathematici und Naturkündige« bekannte, die »einmahl für allemahl den Vorhang von dem Weltgebäude hinweggezogen, und uns alle Räder, Gewichte und Triebfedern gezeiget, dadurch diese gantze Maschine regiert wird« (zit. nach Matthias Wehry: »Das Buch der Natur als Bibliothek der Wissenschaft. Methodik und Typologie der Physikotheologie des 18. Jahrhunderts. In: *Methoden der Aufklärung. Ordnungen des Wissens – Vermittlung und Erkenntnisgewinnung im langen 18. Jahrhundert.* Hg. v. Silke Fischer u. Nina Hahne. München 2013, S. 152–183, hier S. 181).

Interessant im Rahmen einer Geschichte des Maßes ist die Physikotheologie in ihrem Versuch, die »Erbauung durch die Natur« mit der »Erforschung der Natur« zu verbinden und das eine durch das andere ins Recht zu setzen (so Anne-Charlott Trepp: *Von der Glückseligkeit alles zu wissen. Die Erforschung der Natur als religiöse Praktik in der Frühen Neuzeit.* Frankfurt a. M., New York 2009, S. 22). Das Opfer dieses Versuchs war die Maßethik. Die Physikotheologen standen schon nicht mehr *in*, sondern *vor* der Welt, um von hier aus nach dem Blickpunkt zu suchen, wie Krüger erläuterte, »da man seyn müste, wenn man die Welt sehen wolte, wie sie ist«.

Wie anregend dieser neue Realismus der Weltbetrachtung zu seiner Zeit gewesen ist, zeigt das Beispiel der flämischen Malerschulen. Svetlana Alpers (*Kunst als Beschreibung. Holländische Malerei des 17. Jahrhunderts.* Aus dem Amerikanischen v. Hans Udo Davitt. Köln 1983) hat gezeigt, wie der Anspruch der Wissenschaften, erbaulich sein zu wollen, die Naturbeobachtung schulte und den Künstlern die Richtung wies. Die Natur- und Landschaftsstudien dieser Maler wollten nicht einfach Kunst sein und schon gar nicht autonom, sondern verstanden sich als Versuche, Kunst, Religion und Wissenschaft in einem von den Bildern getragenen Gesamtkonzept zusammenzuführen. Man fühlte sich der Aufforderung

Bacons verpflichtet, »daß man«, wie es in der Distributio operis zum *Novum Organum* abschließend heißt, »das geistige Auge niemals von den Dingen selbst wegwende und deren Bilder so aufnehme wie sie sind«. Allerdings ist die Reduktion des Maßes auf das Messen in dieser Neuausrichtung des Sehens bereits stillschweigend vorausgesetzt. Mit der Neuen Wissenschaft teilten die weltfrommen Physikotheologen die Überzeugung, dass das Wissen nur durch die reine und kalte, von Wertmaßstäben freie Beobachtung der Weltdinge zu gewinnen und zu mehren sei.

Die Historiker der Wissenschaft neigen dazu, die Physikotheologie als Kuriosum zu behandeln, das sich mit der Durchsetzung des Objektivitätsanspruchs spätestens zu Beginn des 19. Jahrhunderts erledigt habe. Für den Begriff selbst und die unmittelbar von ihm angeregten Studien mag das zutreffen. Ungeachtet dessen leben die Intuitionen der Physikotheologie in den Naturbeschreibungen auch da bis heute fort, wo sie als objektive Wissenschaft auftreten. Um die Kontinuität zu wahren, genügt eine gewisse Vorliebe für Finalsätze, die dem Verhalten der Lebewesen zeitlose, für Natur und Kultur gleichermaßen gültige Sinnstrukturen unterlegen. Die Vorstellung einer natürlichen, die Individuen ohne ihr Wissen anleitenden Weltweisheit stützt sich auf ein unauffällig plaziertes »Um-zu«. Das hört sich dann so an: »Wie bei den Menschen« – so der Untertitel eines einschlägigen Beitrages in der *Frankfurter Allgemeinen Zeitung* vom 24. Dezember 2019 – »kommen Schwertwale offenbar in die Wechseljahre, um die Enkel besser versorgen zu können«. Das ist kein Scherz: Die Zeitung zitiert aus einem Forschungsbericht des Center for Whale Research (Washington State).

6 Die richtungsweisende Hypothese einer auch ohne die Gegenwart Gottes bestandsfähigen Schöpfung formuliert Hugo Grotius (1583–1645; vgl. Heimo Hofmeister: »›Etsi Deus Non Daretur‹. Zum Verhältnis von Philosophie und Theologie«. In: *Neue Zeitschrift für Systematische Theologie* 21 [1979], S. 272–285, hier S. 275 ff.).

7 Novalis: *Werke und Tagebücher.* Hg. v. Hans-Joachim Mähl. München, Wien 1978, Bd. 2, S. 791. – Mit der Verzögerung von anderthalb Jahrhunderten und an unvermuteter Stelle, nämlich in der Konstitutionsphase des Strukturalismus, haben die Überlegungen des Romantikers Novalis ein Echo gefunden. In einem Papier, das er 1955 für die Programmzeitschrift der UNESCO schrieb, hat

Claude Lévi-Strauss eine für die Geisteswissenschaften taugliche Mathematik gefordert – eine, wie er formulierte, »qualitative Mathematik« oder »Geistesmathematik« (»Die Mathematik vom Menschen«. In: *Kursbuch* 8 [1967], S. 176–188, hier S. 182f.). Keineswegs plädiert Lévi-Strauss, wie ihm unterstellt worden ist, für die Mathematisierung der Geisteswissenschaften. Seine Überlegungen gipfeln in einem Aufruf, dem sich die Frühromantiker problemlos hätten anschließen können: in dem Aufruf, »eine neue Mathematik zu schaffen«.

8 So die Formulierung Émile Durkheims (*Erziehung, Moral und Gesellschaft. Vorlesung an der Sorbonne 1902/1903.* Aus dem Französischen v. Ludwig Schmidts. Neuwied, Darmstadt 1973, S. 63), der das »rein negative«, als »einfache Subtraktion« von »zufälligen und parasitären Elementen« angelegte Konzept des rationalistischen Fortschritts für unzureichend hält. Es gelte, auch für den Respekt gegenüber den Regeln von Kultur und Gesellschaft, der einmal durch die großen Erzählungen motiviert gewesen sei, zeitgemäße Entsprechungen zu finden. Durkheim verdichtet seine Überlegungen zu einer geistespolitischen Devise, deren zeitkritischer Tenor unschwer herauszuhören ist: »Es genügt nicht auszuscheiden, man muß ersetzen.« (S. 66)

9 Jürgen Mittelstrass zitiert aus dem Anhang zur vierten Regula, wonach, wie Descartes sagt, die Zeit »einer allgemeinen Wissenschaft« gekommen sei, »die all das entwickelt, was bezüglich Ordnung und Maß *[circa ordinem et mensuram]* noch ohne einem besondern Gegenstand zugesprochen zu sein, zum Problem gemacht werden kann« (»Die Idee einer Mathesis universalis bei Descartes«. In: *Perspektiven der Philosophie. Neues Jahrbuch* 4 [1978], S. 177–192, hier S. 173). Demnach braucht die *Mathesis universalis,* wenn sie nur konsequent ihrer Eigenlogik folgt, gar nichts vorauszusetzen. Descartes nennt den damit gewiesenen Weg ›Methode‹ und vergisst auch den metaphysischen Rahmen nicht, dem dieses Welterschließungsprogramm zu danken sei. Die Methode erbringe den Beweis, schreibt er, dass dem menschlichen Geist »etwas irgendwie Gotterfülltes *[nescio quid divini]*« mitgegeben sei. Die Ausrichtung der Erkenntnis an der Zahl ist mit der Erwartung verbunden, den Verlust dessen ausgleichen zu können, was, dem Mythos zufolge, die Menschen einst mit dem Einsturz des babylonischen Turms (vgl. Gen 11, 1–9) verloren: die Einheitlichkeit einer einzigen, weltumspannenden Sprache.

10 Mit dem Argument des Ausschlusses potenzieller Irrtümer wirbt bereits Francis Bacon in der Vorrede zum *Novum Organum,* wie wenig später auch Descartes, für methodische Strenge. Das Gebot ist ambivalent: Mit der Konsistenz der theoretischen Darstellung sichert es den Anspruch der Autonomie, erschwert aber zugleich die Wahrnehmung von Kontextbezügen, die gerade von den ›harten‹ Wissenschaften um ebendieser Strenge willen geflissentlich ignoriert werden. Der Begriff ist entsprechend umstritten. Zu seiner Rechtfertigung vgl. Stefan Hildebrandt: *Wahrheit und Wert der mathematischen Erkenntnis.* München 1995, S. 20 ff.

11 In der Freisetzung dieser Eigenlogik, bestätigt bereits Hermann von Helmholtz, besteht aus erkenntnistheoretischer Sicht der wissenschaftspraktische Beitrag des Messens. »Die grosse Vereinfachung und Uebersichtlichkeit der Auffassung, die wir durch Rückführung der bunten Mannigfaltigkeit der uns vorliegenden Dinge und Veränderungen auf quantitative Verhältnisse erreichen, ist tief im Wesen unserer Begriffsbildung begründet. [...] Wenn wir ein physisches Verhältnis als benannte Zahl auffassen, haben wir aus dem Begriff ihrer Einheiten auch alles entfernt, was ihnen als verschieden in der Wirklichkeit anhaftet. Sie sind Objecte, die wir nur noch als Exemplare ihrer Classe betrachten, und deren Wirksamkeit nach der untersuchten Richtung hin auch nur davon abhängt, dass sie solche Exemplare sind. In den aus ihnen gebildeten Grössen bleibt dann nur der zufälligste der Unterschiede, der der Anzahl stehen.« (*Die Tatsachen der Wahrnehmung. Zählen und Messen, erkenntnistheoretisch betrachtet.* Darmstadt 1959, S. 112.) Dem Tenor dieser Darstellung des Physikers und Wissenschaftstheoretikers Helmholtz folgend, hat Ernst Cassirer zwischen Maßbegriffen und Dingbegriffen systematisch unterschieden (vgl. Cassirer, »Maßbegriffe und Dingbegriffe«, in: *ECW,* a. a. O., Bd. 10, S. 1–19). Anders als das Ding, das als etwas vor uns steht, das selbst etwas ist, erläutert Cassirer, wird der wissenschaftlich präparierte Gegenstand »durch den jeweiligen Gesichtspunkt der Erkenntnis erst bestimmt«. Folgerichtig treibe das Nebeneinander der Einzelwissenschaften autonome »Systeme von Objekten« hervor, die das, was sie sind, »spezifischen logischen Bedingungen« verdanken. Die Objekte »sind ersichtlich [...] theoretische Setzungen und Konstruktionen, die darauf gerichtet sind, das bloß Empfindbare in ein Meßbares und damit erst in einen ›Gegenstand der Physik‹, d. h. in einen solchen *für* die Physik zu verwandeln« (S. 7 f.).

12 Kant hat die methodologisch angezeigte Konsequenz der Reduktion unter dem Stichwort ›Einäugigkeit‹ diskutiert und als philosophisch unzureichend bemängelt (vgl. Jean-François Goubet: »Der wunderliche Zyklop des Professor Kant. Technische Bildung, Schranken der Erkenntnis und Sinn für Perspektive beim Gelehrten«. In: *Der Zyklop in der Wissenschaft. Kant und die* anthropologia transcendentalis. Hg. v. Francesco Valerio Tommasi. Hamburg 2018, S. 65–75). Seine Verehrer haben ihm dankbar bescheinigt, in der Nachfolge des Sokrates am »zweiten Auge« festgehalten und das Universum des Wissens vor der Beschränktheit des »Cyclopentums« (Friedrich Paulsen) bewahrt zu haben (vgl. ebd., S. 66).

13 An diesen Augenblick, in dem die Revolutionen der Gesellschaft und der Wissenschaft zusammenfielen, erinnert der Artikel »Messung« in dem von Michel Serres und Nayla Farouki herausgegebenen *Thesaurus der exakten Wissenschaften.* Frankfurt a. M. 2001, insbes. S. 613.

Die Details dieser Geschichte lesen sich wie eine Umsetzung der revolutionären Parolen, an erster Stelle der Forderung nach Gleichheit. Speziell der Académie des Sciences, die 1666 gegründet worden war, drohte das Konzept zum Verhängnis zu werden. Rein als solche und gleichsam im Vorgriff auf das wenig später lautwerdende Ressentiment gegen die Elfenbeintürme geriet die Académie in Verdacht, eine elitäre, dem Geist des Aristokratismus verhaftete Einrichtung zu sein. Derart in ihrer Existenz bedroht, versuchte sich die Académie als Beratungsgremium der Politik unentbehrlich zu machen. Entschlossen griff sie die gelegentlich schon früher vorgetragene Forderung auf, die Maße zum Wohl von Handel und Industrie zu vereinheitlichen und allgemein festzulegen. Nachdem die Nationalversammlung die Anregung aufgegriffen hatte, wurde 1791 als das Maß der Maße der Meter definiert, dem 1795 der *mètre provisoire et légal* und schließlich, kurz vor der Jahrhundertwende, der *mètre vrai et definitif* folgte (weitere Details bieten Hans-Peter Sang: »Die Französische Revolution und die Akademie«. In: *Technik und Staat.* Hg. v. Armin Hermann u. Hans-Peter Sang. Düsseldorf 1992, S. 60–76, hier S. 65, und Ken Alder: *Das Maß und die Welt. Die Suche nach dem Urmeter.* Aus dem amerikanischen Englisch v. Yvonne Badal. München 2003, insbes. Kap. 5).

Als »wahr« und »endgültig« verstand sich dieser Meter insofern, als er auf der Basis natürlicher Gegebenheiten gewonnen war. Das Urmeter sollte gerade nicht eine willkürliche Setzung sein, nicht lediglich ein ›Konstrukt‹, sondern, dem Beispiel der antiken Kosmologie folgend, ein immer schon Gegebenes, das nun, gleichsam am historischen Kreuzpunkt von Natur und Geschichte, im rechten Augenblick *gesehen* und erkannt wurde. Als ›Meter‹ bestimmte die Nationalversammlung den zehnmillionsten Teil des longitudinalen Erdquadranten, um ebendarauf jene Dezimaleinteilung zu gründen, die der Philosoph Marie Jean Condorcet sogleich als Basiseinheit der endlich durchgesetzten Universalsprache der Wissenschaft begrüßte (vgl. Alder, a.a.O., S. 182ff.). Der Atavismus dieser Findungspraxis ist nicht zu unterschätzen. Der eingeführte Meter versteht sich als Urmaß, das, soweit es die Ordnung des Raums betrifft, allen weiteren Maßeinheiten als Vorlage dient. Seine Deklaration weist den Weg in die zahlenbasierte Ordnung einer Gesellschaft, die den Unterschied zwischen sozialem, historischem und natürlichem Gesetz überwunden hat.

Trotz ihres Entgegenkommens gelang es den Akademikern nicht, das Misstrauen der Jakobiner zu zerstreuen. Auf Betreiben ihrer heftig agitierenden Gegner – unter ihnen Jean-Paul Marat und Jacques Louis David – wurde die Académie 1793 geschlossen. Führende Köpfe wurden in den Tod getrieben (Condorcet, 1794) oder aufs Schafott geführt (Lavoisier, ebenfalls 1794). Nach dem Niedergang des Jakobinismus erfolgte die Neugründung des Institut National, in dessen Klassen die physikalisch-mathematischen Wissenschaften die stärkste Gruppe bildeten. Was blieb, war das, wie ein zeitgenössischer Protagonist erklärte, gegen »die Diversität, die Uneinheitlichkeit und Ungenauigkeit« (vgl. Michael Meinzer: *Der französische Revolutionskalender (1792–1805). Planung, Durchführung und Scheitern einer politischen Zeitrechnung.* München 1992, S. 27) der traditionellen Maßeinheiten gerichtete Bestreben der Uniformierung. Das Verlangen nach Gleichheit und Einheitlichkeit erwies sich als das eigentliche Erbe der Revolution: »Die Eroberer unserer Tage wollen«, so kommentierte Benjamin Constant die beschlossenen Veränderungen, »daß ihr Reich eine einheitliche Oberfläche erhält, auf der das stolze Auge des Machthabers sich ergeht, ohne irgendeiner störenden, die Aussicht behindernden Unebenheit zu begegnen. Das gleiche Gesetzbuch, die gleichen Maßnahmen, die gleichen Verordnungen und, wenn möglich, auch nach und nach noch die gleiche Sprache – darin sieht man die Vollendung aller sozialer Organisation [...] Das Gebot der Stunde lautet Gleichförmigkeit.« Das ist im Jahr 1813 geschrieben. (»Vom

Geist der Eroberung«. In: Ders.: *Werke in vier Bänden.* Hg. v. Axel Blaschke u. Lothar Gall. Deutsch v. Eva Rechel-Mertens. Berlin 1972, Bd. 3, S. 231–405, hier S. 278).

14 Sprechend ist das Bekenntnis, das der vielgeehrte Lord Kelvin 1883 vor der Institution of Civil Engineers abgegeben hat: »Ich sage oft, wenn Sie das, worüber Sie sprechen, messen und es in Zahlen ausdrücken können, dann wissen Sie etwas darüber; wenn Sie es aber nicht messen und es nicht in Zahlen ausdrücken können, dann ist Ihr Wissen dürftig und unbefriedigend; es mag der Beginn von Wissen sein, aber mit Ihren Gedanken sind Sie kaum auf die Stufe der Wissenschaft emporgestiegen, was auch immer der Gegenstand sein mag.« (Zit. nach Markus Krajewski: »Genauigkeit. Zur Ausbildung einer epistemischen Tugend im ›langen‹ 19. Jahrhundert«. In: *Berichte zur Wissenschaftsgeschichte* 3 [2016], S. 211–229, hier S. 221.) Die aristotelische, in der Neuzeit verblasste und sogar bestrittene Unterscheidung zwischen dem, was sich *wissen*, und dem, was sich *messen* lässt, findet sich in der *Metaphysik,* 1057a.

15 Georg Simmel: *Lebensanschauung.* In: Ders.: *Gesamtausgabe.* Hg. v. Otthein Rammstedt. Frankfurt a. M. 1989 ff., Bd. 16, S. 216. Simmel führt die Dilemmatik der Situation geradewegs auf das von Bacon gestartete Projekt der Naturbeherrschung durch Mess- und Rechenkunst zurück: »der Satz, daß wir die Natur beherrschen, indem wir ihr dienen, hat den fürchterlichen Revers, daß wir ihr dienen, indem wir sie beherrschen« (*Philosophie des Geldes.* In: Ebd., Bd. 6, S. 637).

16 Vitruv: *De architectura libri decem* (zit. nach Benno Reudenbach: »In mensura humani corporis. Zur Herkunft der Auslegung und Illustration von Vitruv III 1 im 15. und 16. Jahrhundert«. In: *Text und Bild. Aspekte des Zusammenwirkens zweier Künste in Mittelalter und früher Neuzeit.* Hg. v. Christel Meier u. Uwe Ruberg. Wiesbaden 1980, S. 651–688, hier S. 651; zur Stellung Vitruvs in der Geschichte der antiken Anthropometrie vgl. Friedrich Hiller: »Maß und Freiheit. Anthropometrie in der griechisch-römischen Antike«. In: *Der ›vermessene‹ Mensch. Anthropometrie in Kunst und Wissenschaft.* München 1973, S. 33–41, sowie die materialreiche Monographie von Alste Horn-Oncken: *Über das Schickliche. Studien zur Geschichte der Architekturtheorie.* Göttingen 1963, insbes. Kap. 1 u. 6).

17 So, wie der Begriff heute und auch in dem Vitruv-Kommentar von Frank Zöllner (»Anthropomorphismus. Das Maß des Menschen in

der Architektur von Vitruv bis Le Corbusier«. In: *Ist der Mensch das Maß aller Dinge? Beiträge zur Aktualität des Protagoras.* Hg. v. Otto Neumaier. Möhnesee 2004, S. 307–344) verwendet wird, benennt er erkenntnistheoretische Defizite, Sichtblenden und Selbsttäuschungen. Das Interesse Vitruvs und seiner Zeit ist jedoch nicht primär erkenntnistheoretisch. Die spätantike Architekturtheorie entwirft die idealen Züge einer vom Menschen errichteten Welt, in der, weil sie natürlichen Regeln folgt, ganz selbstverständlich auch auf ihn selbst Rücksicht genommen ist. Dieser als ›Anthropomorphismus‹ verworfene Gedankenhintergrund war das Opfer, das für den Objektivitätsanspruch der modernen Wissenschaft zu bringen war.

18 Albrecht Dürer: *Schriften und Briefe.* Leipzig 1971, S. 158 f. [Übertragung R. K.] Ausführlich referiert Dürer die vitruvianischen Messmethoden und betont deren Rang. Vitruv habe die Glieder des Menschen auf eine Weise dargestellt, dass ihr heute so wenig wie damals zu widersprechen sei. – Die Seitenzahlen, die ich im weiteren angebe, beziehen sich auf diese Ausgabe.

19 Mit seinem Bekenntnis zur Fülle und Wissenschaftstauglichkeit der Malerei wusste sich Dürer einig mit Leonardo. »Variiere immer«, hatte Leonardo geschrieben (vgl. *Sämtliche Gemälde und die Schriften zur Malerei.* Hg. v. André Chastel. Aus dem Italienischen und Französischen übertr. v. Marianne Schneider. München 1990, S. 170; Nr. 52); »denn die Natur ist unendlich mannigfaltig; und [...] hat so viel Freude am Wechsel und verfügt über eine solche Fülle, daß man selbst unter den Bäumen derselben Art nicht eine Pflanze findet, die einer anderen annähernd gleicht [...]. Also gib darauf acht und variiere, so viel du kannst.«

20 Elena Filippi (vgl. *Denken durch Bilder. Albrecht Dürer als ›philosophus‹.* Münster 2013, S. 212), deren Übertragung ich an dieser Stelle übernehme, deutet den Selbstkommentar als Teil des Versuchs, die Spannung zwischen Humanismus und Christentum auszutragen und zur Grundlage einer dezidiert zeitgenössischen Bildersprache zu machen. Dabei sei es für Dürer selbstverständlich gewesen, »das Maß im Sinne der Proportion« und »das Maß im Sinne der Mäßigung« (ebd., S. 216) als Einheit zu begreifen.

Schluss – Vom Maß der Dinge

1 Georg Wilhelm Friedrich Hegel: *Phänomenologie des Geistes.* In: Ders.: *Theorie Werkausgabe.* Red. Eva Moldenhauer u. Karl Markus Michel. Frankfurt a. M. 1970, Bd. 3, S. 17. Nicht das Genügen ist das Problem (im Gegenteil), sondern das hypothetische Genügen am offenkundig Ungenügenden, das die Vorgabe von Maß und Vernunft wahlweise durch *Unterbietung* (durch dogmatisch verschärfte Reduktion) oder durch *Überbietung* (durch die Vermengung von Erkenntnis und Affekt) verfehlt. Beides, die angemaßte Exklusivität der *Mathesis universalis* und die dadurch herausgeforderte Reaktion der romantischen Gefühlsseligkeit, so die bemerkenswerte Wortwahl Hegels, »ziemt der Wissenschaft nicht«: Die Philosophie müsse »sich hüten, erbaulich sein zu wollen«.

2 Das »Unmaß des Geschehens« habe Sprache und Vorstellungskraft überfordert und es damit »dem Bewußtsein Ungezählter« leicht gemacht, »das scheinbar Unmögliche abzuweisen« (Theodor W. Adorno: *Gesammelte Schriften.* Hg. v. Rolf Tiedemann. Frankfurt a. M. 1975, Bd. 9.2, S. 158). Der durch die Jahrhundertkatastrophe geweckte Verdacht der begriffssprachlichen Unzulänglichkeit erneuert einen alten Vorbehalt der Philosophie. Bereits im platonischen *Kratylos* wirft Sokrates die Frage auf, ob, wenn man die Dinge einerseits durch Wörter und andererseits unmittelbar, nämlich »durch sie selbst« erkennen könne, dieser zweite Weg nicht der geeignetere wäre (439 a; vgl. *Werke in acht Bänden.* Hg. v. Günther Eigler. Darmstadt 1974, Bd. 3, S. 569; s. a. Jürgen Trabant: »Über das Ende der Sprache«. In: *»Der Mensch ist nur Mensch durch Sprache«. Zur Sprachlichkeit des Menschen.* Hg. v. Markus Messling u. Ute Tintemann. München 2009, S. 17–33). Im Rückblick tritt die Zweideutigkeit dieser Frage deutlich hervor. Auf der einen Seite ist sie lesbar als Anbahnung der messenden Wissenschaften, für die sich das hermeneutische Problem der Adäquatheit nicht stellt. Auf der anderen Seite enthüllt die sokratische Frage die Verlegenheit der Philosophie, eine Sprache für Sachverhalte finden zu müssen, über die man ebensowenig sprechen wie schweigen kann: eine Sprache für all das, was sich der methodischen Ausweisung als Faktum entzieht. Wie kaum einer war sich Adorno der Tragweite dieses Dilemmas, das er durch die Zeitgeschichte drastisch verschärft sah, bewusst. An der Philosophie ist es, schreibt er in der *Negativen Dialektik* (*Gesammelte Schriften,* a. a. O.,

Bd. 6, S. 25), »über den Begriff durch den Begriff hinauszugelangen«.

3 Jean-Jacques Rousseau: »Brief über die Tugend«. Deutsch von Henning Ritter. In: *Kulturkritik. Reflexionen in der veränderten Welt.* Hg. v. Ralf Konersmann. Leipzig 2001, S. 44–51, hier S. 48.

4 Walter Benjamin: »Erfahrung und Armut«. In: Ders.: *Gesammelte Schriften.* Hg. v. Rolf Tiedemann u. Hermann Schweppenhäuser. Frankfurt a. M. 1974 ff., Bd. II.1, S. 213–219, hier S. 216. Das von Benjamin kolportierte Wort von Eduard Fuchs: »›Die Wahrheit liegt im Extrem‹« (ebd., S. 483) ist, wie ich meine, vor dem Hintergrund der Jahre zuvor abgegebenen Loyalitätserklärung zu lesen. Der philosophische Extremismus erschöpft sich gerade nicht darin, Schlagzeilen verheißende ›Arbeit der Zuspitzung‹ zu sein. Vielmehr weiß auch er sich der Aufforderung verpflichtet, seine Grenzen – die *Grenzen der Vernunft* – jederzeit gegenwärtig zu halten. Das für das philosophische Selbstverständnis entscheidende Argument findet sich in Senecas 88. Brief an Lucilius: Mehr wissen zu wollen, als genug ist, ist eine Variante der Maßlosigkeit.

NAMEN

WÖRTER UND SACHEN